东亚儒学视域中的徐复观及其思想

黄俊杰 著

孔學堂書局

本书获2022年贵州省出版传媒事业发展专项资金资助
本书获贵州省孔学堂发展基金会资助

图书在版编目（CIP）数据

东亚儒学视域中的徐复观及其思想 / 黄俊杰著. —
贵阳：孔学堂书局，2024.3
（孔学堂文库 / 郭齐勇主编）
ISBN 978-7-80770-450-8

Ⅰ.①东… Ⅱ.①黄… Ⅲ.①徐复观（1903-1982）
—思想评论 Ⅳ.①B261

中国国家版本馆CIP数据核字(2023)第118381号

孔学堂文库　　郭齐勇　主编

东 亚 儒 学 视 域 中 的 徐 复 观 及 其 思 想　　　黄俊杰　著
DONGYA RUXUE SHIYU ZHONG DE XUFUGUAN JI QI SIXIANG

策　　划：张发贤
责任编辑：陈　真　禹晓妍
版式设计：刘思妤
责任印制：张　莹

出版发行：孔学堂书局
地　　址：贵阳市乌当区大坡路27号
印　　制：北京世纪恒宇印刷有限公司
开　　本：787mm×1092mm 1/16
字　　数：240千字
印　　张：14.75
版　　次：2024年3月第1版
印　　次：2024年3月第1次
书　　号：ISBN 978-7-80770-450-8
定　　价：68.00元

简体新版序

这部书增订新版的简体字版，经过多年的安排，终于能在大陆出版，是非常令人高兴的一件事。我要首先感谢挚友郭齐勇教授的提携安排，也要感谢孔学堂书局张发贤副总编辑与他的同仁，为这部书的出版所投下巨大的心力。在简体字版出版前夕，我想就我学习徐复观先生思想的因缘与心得，略加说明，以就教于本书的广大读友。

在20世纪风狂雨骤的时代所诞生的"当代新儒家"诸君子，虽然学思历程与取向各有异趣，但他们都怀抱"国族无极愿无穷，江山辽阔立多时"（徐复观改订梁任公诗句）的家国情怀。在20世纪历史的狂风暴雨、历史扉页快速翻动的时刻，"当代新儒家"以生命拼搏，挺立民族文化的慧命。我在18岁大学一年级时，接触熊十力先生的《读经示要》与《十力语要》，诵读马一浮先生的《复性书院讲录》等书，这些经典著作中所发出的中国学问的召唤，曾触动我的心灵，使我心驰神往，载欣载奔。后来我有机会亲炙唐君毅、徐复观、牟宗三等"当代新儒家"大师的风范，对于他们在苦难的时代里，擎起中国文化的火炬的悲愿心仪不已，对徐复观先生1966年赋诗"岂意微阳动寒谷，顿教寸木托岑楼"中的气魄承担最受震撼，对于徐先生1969年赋诗"闭门犹著十年书"诗句中，对潜心学问的愿力，深受感动。这部书可以说是在以上这种主观的感佩、感动之下，所进行的客观研究，是理性与感性交融之下的作品。

在20世纪中韩日各地儒家学者之中，徐复观先生的人格、风格与思想，都具有极其鲜明的特质。徐先生出身湖北浠水农村，他的生命深植在农村之中，他是"大地的儿子"，在1949年后栖迟台岛，心心念念眷怀故乡，他在1952年写作《谁赋豳风七月篇——农村的记忆》，我在1965年读到这篇文章，深受感动，他所描写的农村的人与事，对于成长于台湾南部乡下的我，非常熟悉而亲切，我在读大学的时代，也因为关心三农问题,而旁听台大农业推广学系杨懋春老师所授的《乡村社会学》课程。徐先生说"流亡者的灵魂安息的地方……摆在你所流亡出来的故乡故土",道尽他对故土的眷恋之情,他在 1980 年 10 月 28 日的日记中说:"我们精神上最大的挫折,在于我们没有可归的故乡,因而没有真正的家。"这是浪迹台岛、栖迟香江的大陆知识分子共同的无声的呐喊。徐先生关怀农村,心系农民,关心农业,他研究中国儒学史,强调从具体的生命与生活而不是从形上学接近孔子的思想世界,他强调中国文化人在精神上都流着农民的血液,他在 20 世纪儒家学者之间,确实别树一帜。

在徐先生所开启的诸多学术课题之中,"儒家民主如何可能"这个问题,最近 30 年来在海内外知识界最受重视,探讨这项课题的各种语文的著作或论文之出版,如雨后春笋,此起彼落,蔚为一时之盛。进入21 世纪以后,世界许多民主国家或地区,都在发生所谓"民主的衰退"(democratic recession,斯坦福大学教授 Larry Diamond 所创的名词)的现象,徐复观先生致力于以儒家价值补西方民主之不足,从而开出"儒家民主"的祈向,在 21 世纪确实具有新时代的"现代相关性",深具发展的潜力。

徐先生已经离开我们 40 多年,但我相信他关怀三农问题的"旧梦",他所揭示的"儒家民主"的愿景,以及其他许多学术课题,都将在 21 世纪获得新的动力。如果本书的出版,可以在徐复观思想与 21 世纪读者之间,搭起沟通的桥梁,将是我馨香以祷之事!

黄俊杰

2024 年 2 月 19 日

序于台北文德书院

增订新版序

這部書的中文初版於 2009 年 11 月由台灣大學出版中心出版，至今已經九易寒暑。目前本書已有法文譯本［Diana Arghirescu and Ting-sheng Lin, trans., *Xu Fuguan et sa pensée dans le contexte du confucianisme de l'Asie de l'Est* (Quebec: Presses de l'Université Laval, 2015)］、日文譯本（緒形康譯：《儒教と革命の間：東アジアにおける徐復観》，集広舎 2018 年版），及英文譯本［Diana Arghirescu, trans., *Xu Fuguan in the Context of East Asian Confucianisms* (Honolulu: University of Hawaii Press, 2019)］。法文譯本系根據本書初版譯出，但日文譯本及英譯本則是根據增訂新版所譯。我非常感謝加拿大魁北克大學蒙特利爾分校 Diana Arghirescu 教授與日本神戶大學緒形康教授，他們和我一樣對徐復觀先生充滿了無限的敬意，他們的努力使英文、法文與日文的廣大讀友，對徐先生的人格與思想，獲得進一步的了解，我衷心感謝。

本書初版發行至今，國內外學術界有關徐復觀研究的論著增加很多，我自己對本書的章節安排與論述內容，也有了一些新的想法。這次增訂新版改寫的過程中，我盡量參考並吸納近年來最新的研究成果，其中改訂幅度較大的部分如下：中文原版的第一章較為簡短，我將這一章與原版的第二章合併為增訂新版的第一章。中文原版的第三章分量太大，為減輕讀者的負擔，並突顯論述的要旨，我將原版第三章拆解為兩章：第二章在二十世紀中國思想史脈絡中，析論徐復觀對中國文化的解釋及其特色；第三章在二十世紀日本與戰後台灣經驗的脈絡中，論述徐復觀的中國文化觀及其自我定位。最後，在修訂第七章《結論》時，我以"健動精神"一詞總括徐先生的人格特質與思想風格，以"人文主義"一詞，總攝徐先生的生命目標與思想方向。我也以"脈絡化"（contextualization），形容徐先生的中國思想史研究方法。

這次大幅增刪修訂本書完成之日，上距 1967 年 12 月 22 日晚上初謁徐先生，竟正好是五十年前的同一天，我也早已过了"从心所欲，不逾矩"之年。七十星霜容易过，"残岁无端动别情"（先师萧公权先生诗），时光流逝之无情，诚可敬、可畏、可叹也！半世纪以来，世局剧变，随着中国之再起与亚洲之复兴，国际秩序已从战后单极主导的旧格局，迈向二十一世纪多极并立新世界的形成之路。世事如棋，白云苍狗，历史的变迁从不因为人的感叹而停下脚步。

徐先生毕生治学对太史公司马迁常怀无限景仰钦迟之心，他晚年以万钧笔力所撰写的《论〈史记〉》大作，文长八万余字，深扣太史公"历史的心魂"，阐扬太史公史学弘扬孔子修《春秋》以"史的审判"取代"神的审判"之精神，全文胜义纷披，发人深省，论太史公史学最为精审、最扣人心弦！在修订本书之际，我深深感受徐先生的精神生命，从他留下的文字之间，对我所发出的召唤。

在二十一世纪人类历史的狂流之中，徐复观先生为后世所留下的学术遗产，将与时俱进召唤知识分子，起而重访徐先生所开启的那一个落英缤纷的思想世界，其中与二十一世纪世局关系最为重大、影响最为深远的，当是徐先生所提出的"儒家民主政治"的愿景，这个新愿景也是二十世纪中国"当代新儒家"心中念兹在兹的巨大课题。近年来知识界有所谓"政治儒学"与"心性儒学"的提法，有时不免将两种版本的儒学，视为光谱之两端而失之二分。但是，从"儒家整体规划"（用余英时先生语）的立场来看，"心性儒学"是"政治儒学"的基础，两者不可分亦不能分。徐先生的儒学研究论著，一再启示我们："修己以敬"正是"修己以安人""修己以安百姓"的基础。是的，"自我的转化"正是"世界的转化"的基础与起点！我祈愿经过我们这一代人的努力，使这一项儒门通义，成为未来人类共许之价值理念。

黄俊杰

2017 年 12 月 22 日

序于文德书院

自　序

　　《东亚儒学视域中的徐复观及其思想》这部书，对我自己来说，是情理交融的作品。我在理性而客观地分析徐复观思想之时，不免怀念昔日感性的情怀。1965年9月，我从高雄乡下来到台北，进入台大历史系读书，那个时代的大学校园弥漫着浓烈的西化氛围，大学同学读的是加缪、萨特的存在主义小说，写的是意识流的散文，我虽然艳羡这些来自战后欧洲的新思潮，但终不能忘情于儒学与中国文化。在大学时代，我开始阅读钱穆先生的《国史大纲》，并经由熊十力先生的《十力语要》《读经示要》，而接上马一浮先生、唐君毅先生、牟宗三先生及徐复观先生等"当代新儒家"的著作，钱、唐、牟、徐等先生笔下所流露的传统的情怀与民族文化的悲愿，对于大学时代的我发出强烈的精神的"召唤"（韦伯所谓的 calling），使我走上中国思想史研究的道路。

　　我初谒徐复观先生是在1967年12月22日下午6时20分，在台北市许昌街的女青年会餐厅。当时是经由先父挚友湖北黄梅涂以仁叔叔的介绍安排，向徐先生请教为学之道。记得徐先生从《史记·伯夷列传》一路讲到中国哲学的特质，声如洪钟，双目炯炯有神，虽已阅四十二寒暑，徐先生墓木已拱，但当时徐先生亲切开示的场景，至今仍记忆犹新，历历在目。这次面谒之后，徐先生回信时说："中国哲学非出于思辨而出于功夫所得之体验。以西方哲学为标准来看中国哲学，则中国哲学非常幼稚，且与中国哲学之中心论题无关。"这些意见与当天面谈时的主要内容一脉相承，使我对"当代新儒家"的基本学术立场有第一手的认识。

　　在中国"当代新儒家"之中，徐复观先生生命力极为强韧，正是殷海光先生所说："他（徐复观）凶咆起来像狮虎，驯服起来像绵羊。"对于掌握权力的政治人物与践踏中国文化的知识分子，徐复观以狮虎之声对他们发出怒吼；对于备受欺凌哀苦无告的劳农群众，他像绵羊一样地抚慰他们心灵的创伤。几十年来，我从徐先生著作的字里行间，读出了他的一颗"感愤之心",和这颗"感愤之心"为二十世纪苦难的中国所留下来的文字见证。

这部书并不是通论性质的"思想传记"（所谓"intellectual biography"），而是我进入徐先生的思想世界，探索徐先生的"感愤之心"的学习心得。本书聚焦在徐复观先生对"中国文化往何处去"这个问题的探索，尤其集中在他融合"民族的"与"民主的"的思考。全书各章写作时间前后历经十余年，但各章在收入本书时均经过大幅增删改写，以与全书论述融为一体，第一及第七章则是最近在全书主体完成后所写。我以虔诚感恩之心，敬献本书于徐先生之灵前，并衷心期待读友诸君子的指正。

黄俊杰

2009 年 7 月 1 日

自序于日本大阪关西大学旅次

目　录

第一章　思想史家徐复观
——思想史方法论及其实践

　　近年来我所作的这类思想史的工作……主要是得力于"动的观点""发展的观点"的应用。以动的观点代替静的观点，这是今后治思想史的人所必须努力的方法。

——徐复观①

一、引　言

　　徐复观②在二十世纪港台新儒家学者中，不论在经历或思想上，都别树一帜，极具特殊性。作为中国当代新儒家的一员健将，徐复观和唐君毅（1909—1978）、牟宗三（1909—1995）等人一样地，面对二十世纪以降中国人所面临的由"道德的迷失""存在的迷失""形上的迷失"所构成的"意义的危机"（the crisis of meaning）的思想困局，③苦心孤诣努力重建具有中国文化特色的道德价值系统，以作为现代中国人安身立命的凭借。徐复观与唐君毅、牟宗三一样，都受到熊十力（1885—1968）的启示与感召，④以全副的生命为振兴中国文化而献身，⑤他们以毕生心血将他们对时代的悲愿化而为一部部思路绵密的著作，成为二十世纪中国心灵的见证。

　　但是，在二十世纪中国儒家学者中，徐复观与其他同时代的中国新儒家却又同中有异。徐复观与唐君毅、牟宗三在批判科学实证论时，固然都采取张灏所谓的"反实证的思考模式"（anti-positivistic

---

① 徐复观：《自叙》，《中国艺术精神》，（台湾）东海大学1966年版，第7页。
② 根据徐先生自述，徐复观出生的年月日是1904年1月3日。见黎汉基、曹永洋编：《徐复观家书集》，（台湾）"中研院"中国文哲研究所2001年版，第400页。
③ 参见Hao Chang, "New Confucianism and the Intellectual Crisis of Contemporary China," in Charlotte Furth ed.,*The Limits of Change: Essays on Conservative Alternatives in Republican China,ed.Charlotte Furth* (Cambridge: Harvard University Press, 1976), 276–304；张灏：《幽暗意识与民主传统》，（台湾）联经出版事业公司1989年版，第79—116页。
④ 杜维明（1940— ）认为熊十力的成就在于其"存有论的睿智"，参见Wei-ming Tu, "Hsiung Shih-li's Quest for Authentic Existence," in Charlotte Furth ed.,*The Limits of Change: Essays on Conservative Alternatives in Republican China,*242–275。
⑤ 唐、牟、徐三先生及张君劢（1887—1969）在1958年发表《为中国文化敬告世界人士宣言——我们对中国学术研究及中国文化与世界文化前途之共同认识》（《民主评论》1958年第9卷第1期），这份文献可以视为他们生命与学术的证言。

mode of thinking），①但是他们之间的对比也十分鲜明——这是历史学（徐）与形上学（唐、牟）的对比。另外，在历史研究领域里，徐复观与钱穆（宾四，1895—1990）的对比也颇为强烈——钱宾四强调中国知识分子与历代政权的和谐关系，而徐复观则侧重两者的紧张性。在二十世纪中国思想史中，徐复观是如此的突出：他是一个出身湖北浠水的农村子弟，他从泥土中获得生命的动力，②他好像一只土拨鼠，从中国农村的泥土里探出头来，以他镭射似的眼光与睿智，扫描传统中国文化的病根，诊断现代中国的苦痛，从思想史角度开出治疗病灶的药方，为这个时代留下了为数可观的著作。

从二十世纪东亚儒学的视野来看，徐复观的思想也有其特殊性。徐复观分析传统中国文化时，特别强调农业、农村、农民是中国文化的根本基础，他希望未来的中国能在自耕农阶级的基础之上，开出民主政治的花朵。二十世纪日本知识界中与徐复观一样对《论语》推崇备至的涩泽荣一（号青渊，1840—1931），放弃农本主义，转而期待《论语》与算盘的结合，能替未来的东亚开拓"义利合一"的儒家资本主义精神。另外，徐复观对近代西方文化展开极为凌厉的批判，但二十世纪日本知识界的启蒙思想家福泽谕吉（1835—1901）及著名汉学家内藤湖南（虎次郎，1866—1934），都对西方近代文化不胜其推崇向往之情，两者又构成鲜明的对比。

不论从二十世纪中国儒学或东亚知识界的角度来看，徐复观都是一个生意盎然、活力四射的学者与思想家。他的生命情调与他同时代中国当代儒家学者固然大异其趣，他的思想与他同时代的日本思想人物相较，更是具体突显中国文化在他生命中所打上的深刻烙印。

徐复观毕生的学思历程展现一项通贯性的终极关怀："中国文化往何处去？"这个问题几乎就是二十世纪绝大多数中国知识分子魂牵梦萦的问题，具体地体现在"'民族的'与'民主的'如何融合"这个问题之上。徐复观毕生殚精竭虑地思考的就是这个盘桓在二十世

---

①Hao Chang, "New Confucianism and the Intellectual Crisis of Contemporary China," 288.
②徐复观说他自己不怕被打倒，他"只要一倒在地上，闻到泥土的气味，就又会复活"，参见王晓波：《忆徐复观先生：他行走过厄难困顿的中国》，《大地生活》1982年第1卷第8期。

纪中国知识分子心头上的巨大问题。这个问题中所谓"民族的"指传统中国文化,"民主的"是指源自近两百年来西方的民主政治生活方式。如何从以农为本、以儒学为主流的传统中国文化中,开出现代的民主政治?这是从1919年五四运动以来中国人共同关怀的课题。徐复观探索这个问题而撰写的诸多著作,在二十世纪中国知识分子之中有其作为当代儒家学者的代表性,但是徐复观的学思历程中的日本因素,使他与其他同时代的当代中国新儒家学者又有了明显的区隔,又因他通过日文著作了解西方近代文化并以日本文化作为参照而思考中国文化,而有其特殊性。徐复观及其思想确实是二十世纪东亚儒学史中重要的一章。

为了刻画徐复观在二十世纪儒学史上的代表性与特殊性,我在这部书里基本上采取比较思想史的方法,将徐复观和他的思想,放在二十世纪中国儒学史以及东亚思想史的广袤视野中加以分析,并取之与他的思想论敌胡适(1891—1962)、傅斯年(1896—1950)互作比较,也与他的儒学同志唐君毅、牟宗三对勘,既观其同调,又论其异趣;我也将徐复观思想与近代日本启蒙思想家福泽谕吉及有"近代日本资本主义之父"之称的涩泽荣一的思想互作比较,以观察徐复观思想的"中国特质",检验传统中国文化以及他自己早年的农村经验在他的生命中所刻画的印记。

这部书共包括七章,第一章探讨徐复观的思想史方法论及其在诸多论著中的落实;第二、三章则在二十世纪中国思想史脉络以及日本与战后台湾脉络中,讨论徐复观对中国传统文化的解释,并分析他如何通过为中国文化定性而为他自己的自我定位,安顿他漂游在二十世纪中国的动荡与乖离之中的"流浪者的灵魂";第四章分析徐复观对西方近代文化的讨论,这是他思考"中国文化往何处去"这个问题时的第一个参照系;第五章接着检视徐复观对日本政治、社会与文化的评论,这是他思考"中国文化往何处去"时的第二个参照系;第六章进一步分析徐复观通过赋古典儒学以新义而探索中国文化创新的可能途径;第七章则综合本书各章的论述,聚焦在东亚文化交流中"自我"与"他者"的互动,以及"文化的特殊性"与"文化的普遍性"的辩论性关系,并以"健动精神"与"人文精神"两词,综括徐复观的人格与思想之特质。

这部书探讨的主题是徐复观对"中国文化往何处去"这个问题的看

法，但在讨论徐复观的论著及其具体论点之前，我们必须首先观察作为思想史家的徐复观。在本章论述中，我将扣紧徐复观学问世界中的思想史方法论这个课题，分析他如何将他所信持的方法论，在具体研究过程中加以实践。本章除第一节导言之外，第二节勾勒徐复观的人格特质、他的时代观以及他的学术研究事业；第三节析论徐复观的整体论研究方法（holistic approach）及其细部内涵与问题；第四节则分析徐复观思想史方法论的另一个侧面——比较的观点，以及比较观点之下所见的中国思想史的特殊风貌；第五节则提出结论性的看法。

徐复观是二十世纪中国思想史研究的重要对象，现有的研究专书多数集中在徐复观的政治思想，尤其是儒家思想与民主政治的关系。白安理（Umberto Bresciani，1942—）在2001年介绍当代新儒家运动的专书中，有专章介绍作为学者与评论家的徐复观，[1]倪培民（Ni Peimin，1954—）有论文通论徐复观的"经世的人文精神"，[2]刘鸿鹤（Honghe Liu）研究徐复观对儒家政治传统的批判，[3]谢晓东研究徐复观与殷海光政治哲学之异同。[4]李淑珍（Su-san Lee，1961—）的博士论文可视为徐复观一生的"思想传记"，但聚焦在1949年后漂泊台湾与香港（1969—1982）期间的思想历程。[5]陈昭瑛主编的两本论文集，[6]是徐复观研究的最新文献。

相对于现有研究专书而言，本书聚焦于徐复观对"中国文化往何处去"这个问题的思考，并探讨徐复观对近代西方文化与日本文化的评论，以作为参照系统。但是，在进入本书主题之前，我必须先分析徐复

---

[1]Umberto Bresciani, *Reinventing Confucianism: The New Confucian Movement* (Taipei: Ricci Institute for Chinese Studies, 2001), 331–358.

[2]Ni Peimin, "Practical Humanism of Xu Fuguan," in Chung-Ying Cheng and Nicholas Bunnin eds., *Contemporary Chinese Philosophy* (Oxford: Blackwell Publishers, 2002).

[3]Honghe Liu, *Confucianism in the Eyes of a Confucian Liberal: Hsu Fu-Kuan's Critical Examination of the Confucian Political Tradition* (New York: Peter Lang Publishing, 2001).

[4]参见谢晓东：《现代新儒学与自由主义：徐复观殷海光政治哲学比较研究》，东方出版社2008年版。

[5]Su-san Lee, "Xu Fuguan and New Confucianism in Taiwan: A Cultural History of the Exile Generation" (PhD diss, Brown University, 1998).

[6]陈昭瑛编：《徐复观的思想史研究》《徐复观的政治思想》，（台湾）台大高研院东亚儒学研究中心2018年版。

观的精神风貌及其思想史方法论。

二、徐复观的精神风貌及其学术

在讨论徐复观的精神风貌及其学术之前，我们必须对1949年以后港台的新儒家学者的共同特征及其思想特质，进行一番鸟瞰。

1949年以后港台当代新儒家学者的学术世界中，呈现两项共同的特征：第一，他们对中国文化都有强烈的认同感，在"中国文化往何处去"的共同关怀之下，儒学研究对他们而言不仅是"事实的描述"，同时也是一种"价值的认同"。换言之，在许多战后港台儒者的心目中，儒家思想不是一种对象性的客观存在，而是一种他们赖以安身立命，而且可以修己治人的价值系统。第二，他们对中国的现实状况怀抱强烈的关怀。他们研究儒学，不仅把儒学视为解释世界的系统，更把儒学视为改变世界的方案。现代中国儒家思想与时代巨变相激相荡，"若惊道术多迁变，请向兴亡事里寻"（冯友兰1972年诗），确是对实际状况的描写。徐复观这一辈的儒学研究者，经历时代巨变，他们希望从儒学研究中，为中国找寻出路。这两项精神特征，几乎通贯1949年以后港台所有的新儒家学者，而成为他们最突出的精神风貌。[①]

其次，当代新儒家也表现一些共同的思想倾向。[②]作为二十世纪中国的一种文化思潮，港台新儒家对民族文化所面临的变局，怀有一种深刻的危机意识。但是，相对于国粹派之从排外意识或种族立场出发，他们的态度更为积极，他们企图从普遍意识来重寻生命的意义。[③]作为一种哲学体系，新儒家对于二十世纪中国的科学主义（scientism）都严加批判，他们努力于通过康德（Immanuel Kant, 1724—1804）或黑格尔（Georg Wilhelm Friedrich Hegel, 1770—1831）重新创造二十世纪

[①]黄俊杰：《战后台湾关于儒家思想的研究》，《战后台湾的教育与思想》，（台湾）东大图书公司1992年版，第277—343页；Chun-chieh Huang, "Confucianism in Postwar Taiwan," 收入Chun-chieh Huang and Erik Zürcher eds., *Norms and the State in China* (Leiden: E. J. Brill, 1993), 141—167。

[②]对当代新儒家一般思想特质的讨论，参见郑家栋：《现代新儒家概论》，广西人民出版社1990年版，第3—122页；Ming-huei Lee, *Der Konfuzianismus im modernen China* (Leipzig：Leipziger Universitäts Verlag, 2001)。

[③]张灏：《幽暗意识与民主传统》，第80—81页。

儒学的文艺复兴，或通过中国思想史的再诠释，奠定复兴中国文化的基础。①作为一种方法论，港台新儒家对于乾嘉以降的考证学都有不同程度的抗拒或批驳。他们所崇仰的是从孔子（前551—前479）一直到宋明儒以及熊十力所表现的所谓"文化意识宇宙"，②他们对于欠缺生命力而精神委顿的清代学术——岛田虔次（1917—2000）称之为"sad civilization"③——都深表不满，痛加批判。以上我所说的文化危机意识、反科学主义以及对"文化意识宇宙"的向往这三种思想倾向，在不同的程度之内，也在不同的面向上，呈现在包括徐复观在内的港台新儒家思想之中。

从以上的背景出发，我们可以刻画徐复观的精神风貌与学术世界的几个特征。首先，任何人诵读徐复观的著作，都会感受到徐复观的那颗跃动中的"感愤之心"，他所有的学术著作及文化评论或政治评论，都源自二十世纪动荡中国所催逼而出的"感愤之心"。徐复观曾自述自己的心境：

> 在悲剧时代所形成的一颗感愤之心，此时又逼着我不断地思考文化上的问题，探讨文化上的问题，越发感到"学术亡国"的倾向，比其他政治社会问题更为严重……我以感愤之心写政论性的文章，以感愤之心写文化评论性的文章，依然是以感愤之心，迫使我作闭门读书著书的工作。最奈何不得的就是自己这颗感愤之心。④

①关于当代儒家与康德哲学的关系，参见李明辉：《牟宗三思想中的儒家与康德》，《当代儒家之自我转化》，（台湾）"中研院"中国文哲研究所1994年版，第53—88页；蒋年丰：《牟宗三与海德格的康德研究》，1990年12月"当代新儒学国际研讨会"宣读论文；李明辉：《儒家与康德》，（台湾）联经出版事业公司1990年版。关于当代研究儒家与黑格尔哲学的关系，参见蒋年丰：《战后台湾经验与唐君毅、牟宗三思想中的黑格尔》，赖泽涵、黄俊杰编：《光复后台湾地区发展经验》，（台湾）"中研院"中山人文社会科学研究所1991年版，第37—100页。
②牟宗三所创的名词，见牟宗三：《熊十力先生的智慧方法》，收入《师大学术讲演专集》（第二辑），台湾师范大学1986年版，第7页。
③［日］岛田虔次：《新儒家哲学について：熊十力の哲学》，同朋舍1987年版，第137页。
④徐复观：《文录自序》，徐复观著，萧欣义编：《徐复观文录选粹》，台湾学生书局1980年版，第2页。

在《中国思想史论集》的《再版序》中，徐复观也说：

> 我的这些文章，都是在时代激流之中，以感愤的心情所写出来的。对于古人的了解，也是在时代精神启发之下，所一步一步地发掘出来的。所以我常常想到克罗齐（B. Croce）的"只有现代史"的意见，因此，在我的每一篇文章中，似乎都含有若干有血有肉的东西在里面。①

这两段自述文字，将徐复观最突出的精神风貌完全彰显出来。徐复观所谓"感愤"的"愤"字应作何解呢？《方言》："愤，盈也。"②《说文》："愤，懑也。"③仅能说明"愤"的状态。朱熹（晦庵，1130—1200）注《论语·述而》"不愤不启"云"愤者，心求通而未得之意也"，较能得其深意。但何以"愤"？《论语·述而》有"发愤忘食"一句，清儒刘逢禄（1776—1829）撰《论语述何》云："吴楚猾夏，乱贼接踵，所以愤也。"④最能得孔子作《春秋》时所面对之历史背景。徐复观的"感愤之心"，一部分是来自于司马迁（子长，约前145或约前135—？）的史学传统，他在《两汉思想史》（卷三）的《论史记》一文中，对这一层"感愤之心"发挥最为透彻；另一部分则是来自他对时代巨变的深刻感受。他曾说他在1946年抗战胜利后的心情："自民国三十年起，对时代暴风雨的预感，一直压在我的精神上，简直吐不过气来。为了想抢救危机，几年来绞尽了我的心血。从三十三年到三十五年，浮在表面上的党政军人物，我大体都看到了。老实说，我没有发现可以担当时代艰苦的人才。甚至不曾发现对国家社会真正有诚意、有愿心的人物。"⑤在这样的时代压力之下，1946年徐复观的哥哥去世，母亲老病，他自己也离开大陆，人间沧

---

①徐复观：《再版序》，《中国思想史论集》，台湾学生书局1975年版，第3页。
②〔汉〕扬雄撰，〔晋〕郭璞注，〔清〕戴震疏证：《輶轩使者绝代语释别国方言》，《丛书集成简编》，台湾商务印书馆1996年版，第258页。据清武英殿聚珍版丛书影印。
③〔汉〕许慎撰，〔清〕段玉裁注：《说文解字注》，《续修四库全书》（经部小学类第207册），上海古籍出版社1995年版，第208页。
④程树德：《论语集释》（上册），（台湾）艺文印书馆1965年版，第416页。
⑤徐复观：《我的教书生活》，徐复观著，萧欣义编：《徐复观文录选粹》，第304—305页。

桑，白云苍狗。徐复观怀抱着这种对时代变局的"感愤之心"，从任教于东海大学中文系开始，正式展开中国思想史的教学与研究工作。

在徐复观的诸多著作之中，最能体现他以"感愤之心"从事研究的，首推他所写《两汉知识分子对专制政治的压力感》这篇论文。徐复观在这篇论文中首先指出，两汉与秦代最大的差别在于专制政治的建立及其对知识分子所造成的压力。他认为，"两汉知识分子的人格形态，及两汉的文化思想的发展方向，与其基本性格，都是在这种压力感之下所推动、所形成的"①。徐复观指出汉代知识分子所撰的赋正是代表他们对自己命运的"怨"的宣泄。他分析东方朔（前154—前93）的《答客难》、扬雄（前53—18）的《解嘲》、班固（32—92）的《答宾戏》等作品作为时代压力感之反映的意义。徐复观曾总结说："对此种大一统的一人专制政治的彻底把握，应当是了解两汉思想史的前提条件，甚至也是了解两汉以后的思想史的前提条件。"②这篇论文基本上可以视为徐复观在二十世纪中国的时代压力感的驱迫之下，以个人的时代经验投射到中国思想史研究的一个典型范例。徐复观在1944年任蒋介石幕僚，参与密笏。所谓"伤心最是近高楼"，当徐复观步入五十之龄，开始从事中国文化研究的时候，他早年的政治经验使他对辗转于大汉帝国专制政治之下的知识分子，有了感同身受的深刻体认。

第二，徐复观的学问世界方面甚广，但就治学方法而言，他反对清代乾嘉考据学的态度至为坚定。徐复观说：

> 中国学问，自西周初叶，以迄清代初叶，虽然其中有注重求知识，因而开有研究自然科学之门的这一方面，但这一悠久的传统文化，其中心乃在追求人之所以为人的道理，包括人与人之间，如何可以谐和共处在里面，并加以躬行实践；这只要稍有常识的人，便

---

① 徐复观：《两汉知识分子对专制政治的压力感》，《两汉思想史》（卷一），台湾学生书局1978年版，第282页。
② 徐复观：《两汉知识分子对专制政治的压力感》，《两汉思想史》（卷一），第292页。卫德明（Hellmut wilhelm，1905—1990）也认为赋可以反映汉代知识分子在政治上的挫折感，参见Hellmut Wilhelm, "The Scholar's Frustration: Notes on a Type of 'Fu'," John K. Fairbank ed., *Chinese Thought and Institutions* (Chicago: University of Chicago Press, 1957)。

可以承认的。但这一文化传统，在乾嘉学派手上，完全被否定了，这还有什么中国文化可言？但今日高踞学术坛坫的人，依然是以能作乾嘉学派的余孽而自豪自喜，这还有什么学术可言呢？[①]

徐复观认为乾嘉考据之学固然有其实事求是的一面，但是它的流弊甚大，未能掌握思想内涵的动态发展，他在《中国人性论史·先秦篇》这部书中，对傅斯年的研究方法的批判，也主要是根源他对乾嘉考据学的批判而来。

包括徐复观在内的港台新儒家，在治学方法论上对于乾嘉考证学，几乎都抱持批判的态度。对徐复观影响极大的熊十力在《读经示要》中就说："清儒之流毒最甚者，莫如排击高深学术一事。夫学以穷玄为极，而穷玄以反己自识为真源。尽其心，而见天地之心；尽其性，而得万物之性。斯为游玄而不失其居。"[②]熊十力是从乾嘉诸子之不讲生命中博厚高明的层次而立论。钱穆则从史学观点，认为乾嘉诸子学问只能了解史学的表象，他说："乾嘉时代自称其经学为汉学，其实汉儒经学，用心在治平实事上，乾嘉经学用心在训诂考据上，远不相侔。所以论儒学，当以清代乾嘉以下为最衰。因其既不讲心性，又不讲治平，而只在故纸堆中做考据工夫。又抱很深的门户见解，贡献少过了损伤。其时的史学，最多也只能考史、治史。道咸以下诸儒，因受章实斋影响，却转过头来讲经世实用，但仍走错了路，来专讲《公羊春秋》，仍在故纸堆中立门户。"[③]这一类的学术意见，是当代港台儒家的共识，徐复观在方法论上反乾嘉学术，也是这种共识的

---

① 徐复观：《中国历史运命的挫折》，《中国思想史论集》，第261页。
② 熊十力：《读经示要》卷二，（台湾）广文书局1970年版，第115页。
③ 钱穆：《中国史学名著》，《钱宾四先生全集》（第33册），（台湾）联经出版事业公司1998年版，第413页。

一种表现。①

第三，作为学者的徐复观基本上将中国思想史研究当作是解决现代中国问题的手段，也是未来中国文化发展希望之所寄。徐复观这样表达他的信念：

> 没有一部像样的中国哲学思想史，便不可能解答当前文化上的许多迫切问题，有如中西文化异同；中国文化对现时中国乃至对现时世界，究竟有何意义？在世界文化中，究应居于何种地位等问题。因为要解答上述的问题，首先要解答中国文化"是什么"的问题。②

---

① 由于徐复观坚定的反乾嘉学术立场，他在1956至1957年曾与毛子水（1893—1988）往返论辩考据与义理之问题。毛子水于1956年发表《论考据与义理》一文，诘难徐先生："谈到学问时，便扬义理而抑考据，以为考据是末是粗，而义理是本是精。"（收入毛子水：《毛子水全集·学术论文》，（台湾）台大中文系汇编1992年版，第274页）于是徐复观遂以笔名"李实"发表《两篇难懂的文章》一文加以答复［收入徐复观：《学术与政治之间》（乙集），（台湾）"中央"书局1963年版，第176—194页］。毛氏又发表《再论考据与义理》一文回复，并批判徐复观的治学方法（收入《毛子水全集·学术论文》，第275页）。徐复观又写了《答毛子水先生的〈再论考据与义理〉》一文加以批驳［收入《学术与政治之间》（乙集），第207—225页］。其间又加入了支持徐先生看法的陈拱，问梅（1925—1994）所发表的《关于义理之学》一文挑战毛子水［陈拱：《关于义理之学（上）——读毛子水先生〈再论考据与义理〉后》，《民主评论》1957年第8卷第8期］。而毛子水的弟子张春树则写《论义理与考据之争》，从西方语言学与逻辑的概念声援其师，徐复观随即发表《考据与义理之争的插曲》一文——批驳之［收入《学术与政治之间》（乙集），第241—263页］。这段往返辩论期间又加入了钱穆于《民主评论》发表《老子书晚出补证》一文，以清儒"考据通义理"之方法，欲打破"宋儒尚义理，清儒重考据"之"各有所偏"，想将"义理与考据一以贯之"。钱穆有意折中两造之争论，反对各立门户，认为考据与义理"殊途而同归"，欲超出汉、宋之争之外，所以对于清儒训诂之学诚然有轻忽义理探求之病，但他的态度是"求明古书义理，亦岂能遂舍训诂考据而不务""欲读圣人之书，斯必于圣人书有所训释考据，否则又何从由得其心"［钱穆：《自序》，《庄老通辨》，《钱宾四先生全集》（第7册），第6、12页］，所以他写《老子书晚出补证》一文，基本上是站在考据的方法上立论的，考证出老子书的著作年代晚出于庄子，从而更了解老子书中的"义理"。徐复观当然反对这种看法，因为"义理之学"的根源不在书本上，而是在人心上、生活上，质疑钱先生往常旧作如《宋明理学概述》是发挥义理之学的思想史研究工作，今却混而不分。见徐复观：《有关思想史的若干问题——读钱宾四先生老子书晚出补证及庄老通辨自序书后》，《中国思想史论集》，第93页，原载《人生》169、170期。关于以上这一段学术论辩，参见张崑将：《徐复观与当代学者关于"考据"与"义理"之论争其评议》，陈昭瑛编：《徐复观的思想史研究》。
② 徐复观：《序》，《中国人性论史·先秦篇》，台湾商务印书馆1969年版，第1页。

徐复观认为，当代中国人最重要的使命就是"把中国文化从历史的专制政治的污泥中澄汰出来"①。徐复观认为，中国思想史研究正是为中国文化注入新生命的根本方法，所以，徐复观在1968年6月5在写给"中研院"院长王世杰先生的一封公开信中，就公开呼吁：

> "中央研究院"应成立中国思想史研究所，以苏醒中国文化的灵魂，使孔、孟、程、朱、陆、王，能与"北京人""上洞老人"，同样地……在学术机构中，分占一席之地。凡在这一方面有研究成绩的人，都应当加以罗致。②

当徐复观提出这项建议时，他的态度是极其诚恳的，他的精神是严肃的，他基于对乾嘉时代以降中国学术的反省而提出这项呼吁。

总而言之，徐复观确是一个他自己所说的"任天而动"③的人，他那活泼的生命在当代中国的时代悲剧中翻滚，作为一个二十世纪中国人，徐复观备受不能自己的"感愤之心"的煎熬，他来自中国的农村，他是一个"大地的儿子"，④他奋起心志为中国文化的新生而献身。作为一个学者，徐复观不能同意乾嘉考据学者只谈训诂考证，少谈价值信仰的治学方法论，他反乾嘉之学的态度，与当代港台新儒家学者互相呼应，声气相求。作为一个思想史工作者，徐复观希望透过思想史研究来照明当代中国的困境，也为中国文化找寻一条出路。

三、整体论的研究方法及其实践：与傅斯年比较

现在，我们就进入徐复观的中国思想史学术世界里，探索他研究思想史的方法论及其落实。

---

① 徐复观：《〈民主评论〉结束的话》，徐复观著，萧欣义编：《徐复观文录选粹》，第197页。
② 徐复观：《徐复观文存》，台湾学生书局1991年版，第260页。
③ 徐复观：《我的读书生活》，徐复观著，萧欣义编：《徐复观文录选粹》，第314页。
④ 这是徐复观形容他自己的话，参见徐复观：《谁赋豳风七月篇——农村的记忆》，《学术与政治之间》（甲集），（台湾）"中央"书局1957年版，第61—69页；另参见陈昭瑛：《一个时代的开始：激进的儒家徐复观先生》，徐复观：《徐复观文存》，第362页。

徐复观的思想史方法论最基本的面向有二：一是整体论的立场；二是比较的观点。我们先分析他的整体论研究方法论。我所谓的"整体论"基本上是从整体的脉络来掌握个体或"部分"的意义。徐复观的思想史研究论著，常常强调在具体而特殊的整体历史背景中来思考思想史上的观念的意义。他一直努力于把思想或观念加以"脉络化"（contextualization），处处展现他的整体论者的立场。最先提出徐复观治学的整体论倾向的是陈昭瑛。她说：

> 整体与部分两者间的互动，成为徐复观先生掌握古代各门学问的方法论原则。他常通过古代政经结构去看文艺与思想，或通过文艺与思想去看政经结构。他也常提到他的方法是比较的观点，也是发展的观点。所谓比较的观点，即是结构的整体性。①

这一段分析可以视为徐复观的知己之言。我们以下的讨论就顺着陈昭瑛这个思路，进一步区分徐复观的整体论方法学的两个方面。

（一）发展的整体论

徐复观整体论方法学的第一个面向是"发展的整体论"。徐复观治思想史十分强调所谓"动的观点""发展的观点"，他说：

> 近年来我所作的这类思想史的工作，所以容易从混乱中脱出，以清理出比较清楚的条理，主要是得力于"动的观点""发展的观点"的应用。以动的观点代替静的观点，这是今后治思想史的人所必须努力的方法。②

但所谓"动的观点代替静的观点"的具体涵义是什么呢？为了回答这个问题，我们必须从徐复观与傅斯年的思想史方法论的差异说起。

---

① 陈昭瑛：《一个时代的开始：激进的儒家徐复观先生》，徐复观：《徐复观文存》，第368、370页。
② 徐复观：《自叙》，《中国艺术精神》，第7页。

徐复观与傅斯年治思想史都重视方法,[①]他们都是二十世纪中国史学界方法论意识高涨风潮下的学者,傅斯年更居学术领导之地位。所以,我们稍稍放宽视野,看看二十世纪中国史学界的方法论背景。

1927年1月16日,何炳松(1890—1946)为他的《历史研究法》写序时,曾以中国史籍浩繁而方法不发达为憾。[②]何炳松当时深感中国史学界对史学研究理论与方法论未加措意,因此,他的《历史研究法》也以介绍西洋史学方法为目标,[③]何炳松的书出版的次年(1928),"中研院"成立,人文学术研究开始迈向一个新的里程碑,历史学研究也进入一个新的阶段。"中研院"历史语言研究所创办人傅斯年曾说明"中研院"设立宗旨:

> "中央研究院"设置之意义,本为发达近代科学,非为提倡所谓固有学术。故如以历史语言之学承固有之遗训,不欲新其工具,益其观念,以成与各自然科学同列之事业,即不应于中央研究院中设置历史语言研究所,使之与天文、地质、物理、化学等同伦。今者决意设置,正以自然科学看待历史语言之学。[④]

以"发达近代科学"为目标而设置的"中研院",与二十世纪初期弥漫于中国思想界的"科学主义"思潮有深刻关系,[⑤]在历史学研究领域里,努力"新其工具,益其观念",激起了此后中国史学界对历史学研究方法及其理解的探讨兴趣,使史学方法论的相关论著如雨后春笋般地刊行。

自从1928年"中研院"历史语言研究所成立,傅斯年等人即引进

---

①徐复观认为中国思想史研究之未能产生优秀的综合性著作,"最主要的还是方法与态度的问题"(徐复观:《研究中国思想史的方法与态度问题(代序)》,《中国思想史论集》,第1页)。傅斯年著《性命古训辨证》,特别标榜"以语言学的观点解决思想史中的问题"(傅斯年:《引语》,《性命古训辨证》,台湾大学1951年版,第1页)。
②参见何炳松:《历史研究法》,商务印书馆1972年版,第3页。
③参见何炳松:《历史研究法》,第6页。
④傅斯年:《"国立中央研究院"历史语言研究所十七年度报告》,欧阳哲生编:《傅斯年全集》(第6卷),湖南教育出版社2003年版,第9页。
⑤D. W. Y. Kwok, *Scientism in Chinese Thought, 1900—1950* (New Haven: Yale University Press, 1960).

德国的史料学派，以史料学为史学研究的主要内容。德国近代史学方法论的大师如班海穆（E. Berheim, 1854—1937）、尼博儿（Barthold Geory Niebuhr, 1776—1831）及兰克（Leopold von Ranke, 1795—1886）以及法国史学家塞诺博（Charles Seignobos, 1854—1942）等人的学说，对二十世纪中国史学界的史学方法论发生主导性的作用，其中影响最为深远的就是主张"以自然科学看待历史语言之学"的傅斯年。傅斯年在《历史语言研究所工作之旨趣》一文中，明确地指出："近代的历史只是史料学，用自然科学供给我们的一切工具，整理一切可逢着的史料，所以近代史学所达到的范域，自地质学以至目下新闻纸，而史学外的达尔文论，正是历史方法之大成。"本于这样的观点，傅先生对历史学的性质提出两条基本看法："史学便是史料学"；"史学的方法以科学的比较为手段，去处理不同的记载"。①

　　傅斯年主张"以自然科学看待历史语言之学"，提出"史学便是史料学"的看法，对于1949年以前的中国大陆史学界及1949年以后的中国台湾史学界的史学研究造成深远的影响。②但这种看法的提出，也非一蹴而就。根据许冠三的研究，傅斯年对历史学提出的这种看法，大致肇端于1919年的"新潮社"时代，酝酿于1924年至1926年留学德国时期，形成于1927年至1930年之间。③傅斯年对历史学的看法，有其本土学术渊源以及外国史学思潮为其背景。前者是清代考据学者近三百年的学术传统，后者则是十九世纪德国的语言考证学派，前者则是后者得以顺利进入二十世纪中国史学界的本土资源。傅斯年对历

---

①傅斯年：《史学方法导论》，《傅孟真先生全集》（二），台湾大学1952年版，第3页。
②1949年以后，史料学派的研究方法论对台湾的历史研究造成深刻的影响。1970年代以后，台湾史学界除了在这一既有的学术传统上发展之外，更对史学研究的量化方法以及社会科学与史学的结合，产生很高兴趣。但是除了对西方近代史学方法与方法论的引介发挥之外，1949年以后的台湾史学界从发扬传统史学立场论述研究方法者亦颇不乏人，钱穆对于历史研究中的"意义"的强调，即为著例。关于战后台湾史学的一般性问题，参见王晴佳：《台湾史学五十年（1950—2000）：传承、方法、趋向》，（台湾）麦田出版社2002年版。关于1949年以后大陆史学界的史学方法论作品及其关怀的问题，参见逯耀东：《史学危机的呼声》［（台湾）联经出版事业公司1978年版］；王学典：《二十世纪后半期中国史学主潮》（山东大学出版1996年版）；余英时著，李彤译：《十字路口的中国史学》［（台湾）联经出版事业公司2008年版］。
③参见许冠三：《新史学九十年：一九〇〇—》（上册），香港中文大学出版社1987年版，第216页。

史学的看法，大体是以"实证主义"为其哲学基础。傅斯年拒斥形上学，将历史解释排除于历史学研究的范围之外，认为历史学的基本工作在于对经验事实的描述，而不是对历史事实的意义之解释，这些主张都是以"实证主义"为其哲学基础。他在《史学方法导论》一书中认为，中国及欧洲史学演进过程可归纳为以下三点：

> 史的观念之进步，在于由主观的哲学及伦理价值变做客观的史料学。
>
> 著史的事业之进步，在于由人文的手段，变做如生物学、地质等一般的事业。
>
> 史学的对象是史料，不是文词，不是伦理，不是神学，并且不是社会学。史学的工作是整理史料，不是作艺术的建设，不是做疏通的事业，不是去扶持或推倒这个运动，或那个主义。①

在以上这三点看法里，傅斯年将所谓"主观的哲学及伦理价值论"与"客观的史料学"区别开来，指出"史学的工作是整理史料……不是做疏通的事业"。在这种对历史学的看法主导之下，傅斯年指出"中研院"历史语言研究所的研究方向是："本所同仁之治史学，不以空论为学问，亦不以'史观'为急图，乃纯就史料以探史实也。史料有之，则可因钩稽有此知识，史料所无，则不敢臆测，亦不敢比附成式。"②

在上述的"实证主义的"方法论基础之上，傅斯年研究思想史企图"以语言学的观点解释一个思想史的问题"，因为"哲学乃语言之副产品"。③他的《性命古训辨证》就是继承清儒阮元（1764—1849）之后，以语言学的方法研究思想史问题的典范之作。

但是，傅斯年的研究方法论却引起徐复观强烈的批判。徐复观所著《中国人性论史·先秦篇》第一章，特别就傅斯年《性命古训辨

---

①傅斯年：《〈史料与史学〉发刊词》，《傅孟真先生全集》（四），第276页。
②傅斯年：《〈史料与史学〉发刊词》，《傅孟真先生全集》（四），第276页。关于傅斯年与"中研院"历史语言研究所的史学研究工作，参见Fan-sen Wang, *Fu Ssu-nien: A Life in Chinese History and Politics* (Cambridge: Cambridge University Press, 2000), 55–97。
③傅斯年：《引语》，《性命古训辨证》，第2页。

证》一书中的研究方法加以批判，指出语言训诂方法不能掌握思想发展的动态历程。徐复观说：

> 几十年来，中国有些治思想史的人，主张采用"以语言学的观点，解释一个思想史的问题的方法"，其根据系来自西方少数人以为"哲学乃语言之副产品"的一偏之论，以与我国乾嘉学派末流相结托。……采用这种方法的人，常常是把思想史中的重要词汇，顺着训诂的途径，找出它的原形原音，以得出它的原始意义；再由这种原始意义去解释历史中某一思想的内容。傅斯年的《性命古训辨证》，因为他当时在学术界中所占的权力性的地位，正可以作为这一派的典范著作。但夷考其实，这不仅忽略了由原义到某一思想成立时，其内容已有时间的发展演变；更忽略了同一个名词，在同一个时代，也常由不同的思想而赋予以不同的内容。尤其重要的，此一方法忽略了语言学本身的一项重大事实，即是语原的本身，也并不能表示它当时所应包含的全部意义，乃至重要意义。①

又说：

> 傅氏考证之疏，乃来自"以语言学的观点解决思想史中之问题"的方法之谬。……治思想史，当然要从语言训诂开始；同时即使仅就语言训诂的本身来说，也应从上下相关连的文句，与其形其声，互相参证，始能确定其意义，而不能仅靠孤立的形与声，以致流于胡猜乱测。何况更要"就其字义，疏为理论"，以张汉学家的哲学立场，那便离题更远了。并且由字原的探索，可能发现某种观念演变之迹，但这只是可以用到的方法之一，而清人与傅氏，正缺少演变的观念。②

徐复观在这里所强调的"演变的观念"，所表现的就是"发展的整体论"的方法学立场。徐复观认为思想史上的观念或字义，必须放在历史发展的整体脉络中才能掌握，而不能将字义或观念从思想家的思想系统或时代的思想氛围中抽离出来，单独加以统计分析，还原

---

① 徐复观：《中国人性论史·先秦篇》，第1—2页。
② 徐复观：《中国人性论史·先秦篇》，第11页。

其本义。徐复观深刻地认识到考据学的局限性，他说："治思想史的工作，当然要根据有关的文献；凡是关涉到文献而须训诂考据的，当然要通过训诂考据；但并非每一思想史的文献都须要作训诂考据的工作。并且这种工作，对治思想史而言，也只是起码的初步工作。因为仅有这步工作，并不能作出思想史。进一步的工作，便非清人'考据'一词所能概括。"①所以，徐复观与傅斯年在方法论上的对比，不仅是思想史与考据学的对比，也是脉络论（contextualism）与原子论（atomism）的对比。

由于徐复观坚持从"发展的整体性"的方法学立场研究思想史，所以他在《中国人性论史·先秦篇》中，将儒家安排在道家前面，并一直叙述到《大学》为止，因为他认为儒家思想，是由对历史文化采取肯定的态度所发展下来的，而道家则是采取否定的态度所发展下来的。他认为先把由肯定态度所发展下来的思想，顺其发展的历程，加以叙述，这对于历史文化发展的线索，比较容易看得清楚。②也同样从"发展的整体性"的立场出发，徐复观指出："两汉思想，对先秦思想而言，实系一种大的演变。演变的根源，应当求之于政治、社会。尤以大一统的一人专制政治的确立，及平民氏姓的完成，为我国尔后历史演变的重大关键，亦为把握我国两千年历史问题的重大关键。"③他为了撰写《两汉思想史》而先探讨周秦汉的社会政治结构的演变，尤其侧重封建制度的瓦解与汉代专制政治的建立，就是以他的方法论作为基础的。用他自己的话来说，"只有在发展的观点中，才能把握到一个思想得以形成的线索"④。我们细读他的《两汉思想史》三大卷，可以发现这三部书就是他的"发展的整体论"研究方法的具体实践。

（二）结构的整体论

徐复观的思想史方法论中"整体论"的另一个构成面向是陈昭

---

① 徐复观：《有关思想史的若干问题——读钱宾四先生老子书晚出补证及庄老通辨自序书后》，《中国思想史论集》，第90页。
② 参见徐复观：《序》，《中国人性论史·先秦篇》，第3—4页。
③ 徐复观：《自序》，《两汉思想史》（卷一），第1页。
④ 徐复观：《自序》，《两汉思想史》（卷二），台湾学生书局1976年版，第2页。

瑛所说的"结构的整体论"。所谓"结构的整体论"，在徐复观方法论中包括两项命题：思想体系的"部分"与"全体"共同构成"结构的整体"；思想体系与时代现实共同构成"结构的整体"。我们依序分析这两项命题及其落实。

1. "部分"与"全体"

徐复观在方法论上反乾嘉学术，本章第二节已加以剖析。但是，反乾嘉考据学的方法论根据何在？这个问题就涉及徐复观对思想系统中的"部分"与"全体"关系的看法了。徐复观基本上认为只通过考据训诂，不能完全掌握古人思想，而必须通过"部分"与"全体"之间的诠释的循环，才能进入古人的思想世界。徐复观对这个问题曾提出精审解释，他说：

> 我们所读的古人的书，积字成句，应由各字以通一句之义；积句成章，应由各句以通一章之义；积章成书，应由各章以通一书之义。这是由局部以积累到全体的工作。在这步工作中，用得上清人的所谓训诂考据之学。但我们应知道，不通过局部，固然不能了解全体；但这种了解，只是起码的了解。要作进一步的了解，更须反转来，由全体来确定局部的意义；即是由一句而确定一字之义，由一章而确定一句之义，由一书而确定一章之义；由一家的思想而确定一书之义。这是由全体以衡定局部的工作。即是赵岐所谓"深求其意以解其文"（《孟子题辞》）的工作，此系工作的第二步。此便非清人训诂考据之学所能概括得了的工作。①

徐复观以上这一段话见解很深刻，诚所谓"深造有得"之言。他所析论的治思想史的方法，可以归纳为以下两个论点：

一是，任何思想系统都是由"部分"与"全体"所构成的结构性的、整体性的意义之网。表述思想性概念的古籍的句、章与全书之间，构成一种永无终止的意义循环关系。

二是，正因为思想系统是一个意义之网，所以思想史研究者和他的研究对象之间存在一种对话的、互渗的，乃至互为主体性的关系。

---

①徐复观：《有关思想史的若干问题——读钱宾四先生老子书晚出补证及庄老通辨自序书后》，《中国思想史论集》，第113页。第116页亦表达上述看法。

为了具体阐释第一项论点，我们可以举徐复观在《中国人性论史·先秦篇》第四章中，对《论语》中两个"性"字的解析作为范例。徐复观开宗明义说："这两句话的意思，应从全部《论语》有关的内容来加以确定，而不应把它作孤立地解释。"①本于这种从"全体"看"部分"的立场，徐复观从《孟子·告子》及朱子的《论语集注》的解释，推论《论语·阳货》中的"性相近也"的"相近"是指"人心之所同然"，是指气质之性的相近。徐复观这个论断，具体地展示他从"全体"解析"部分"的涵义的方法论取向。

关于第二个命题，徐复观在他的论著中屡次强调研究思想史应善于运用"追体验"的工夫，以期与古人的心灵世界遥契。他说："治思想史的人，先由文字实物的具体以走向思想的抽象，再由思想的抽象以走向人生、时代的具体。经过此种层层研究，然后其人其书，将重新活跃于我们的心目之上，活跃于我们时代之中。我们不仅是在读古人的书，而是在与古人对话。孟子所谓'以意逆志'，庄生所谓'得鱼忘筌，得兔忘蹄，得意忘言'，此乃真是九原可作，而治思想史之能事毕矣。"②在徐复观看来，古代思想家的思想体系对于研究工作者而言，并不是一种对象性的存在。相反地，两者间是一种互为主体性的关系。研究者愈深入于自己的主体性，愈能进入他所研究的古人的思想世界；而愈深入于古人的主体性的研究者，也愈能拓深自己的主体世界。在徐复观所著《中国艺术精神》一书最精彩的第二章《中国艺术主体之呈现——庄子的再发现》的论述中，读者时时可感觉到徐复观的"追体验"方法的运用，使他可以直探庄子（约前369—前286）的艺术精神的世界。

2. 思想与现实

我们接着讨论"结构的整体性"的另一个面向：徐复观认为人的思想与现实之间，也经由不断地互动而形成一个结构的整体。徐复观一再强调思想与现实的不可分割，以下这一段话最具有代表性：

> 一个人的思想的形成，常决定于四大因素。一为其本人的气

---

① 徐复观：《中国人性论史·先秦篇》，第77页。
② 徐复观：《有关思想史的若干问题——读钱宾四先生老子书晚出补证及庄老通辨自序书后》，《中国思想史论集》，第116页。

质。二为其学问的传承与其功夫的深浅。三为其时代的背景。四为其生平的遭遇。此四大因素对各思想家的影响力，有或多或少的不同；而四大因素之中，又互相影响，不可作孤立地单纯地断定。①

在徐复观看来，思想或观念绝对不是象牙塔里的概念游戏，而是思想家面对现实问题苦思冥索所得的思想成果，因此，思想史研究必须处处顾及思想家所处的具体的社会政治经济环境。

通读徐复观的著作，我们发现他确已具体地实践了他的研究方法论。举例言之，徐复观研究贾谊（前200—前168）先论其时代背景，分析贾谊政治思想也特别扣紧现实政治问题。他研究董仲舒（前179—前104），特别将董仲舒思想置于大一统专制政治业已成熟的历史背景中加以衡量。此外，他研究扬雄、王充（27—约97）、刘向（约前77—前6）以及《盐铁论》中的贤良文学等，莫不从现实与思想的互动入手。②由于这种"结构的整体论"取向，所以徐复观的诸多著作中，特别重视思想的社会性与现实性的一面，对于思想之超越固然并非完全不顾，但相对而言较为忽视。

正是在主张思想与现实的不可分割性这一点上，徐复观与唐君毅及牟宗三出现了重大的差异。在徐复观眼中，人类的历史是人的思想或观念与现实战斗的血泪记录，而在唐、牟的著作中，历史基本上是永恒的天道在人间的展现。如果说徐复观将人视为在历史洪流中艰苦卓绝的战斗主体，那么可以说唐、牟是将人视为超越的存在。虽然同被归属为当代新儒家，但徐复观与唐、牟在这一点上的差异巨大而深刻。陈昭瑛曾形容徐复观是"激进的儒家"，并解释徐与唐、牟的差异说：

> 他（徐复观）思想中的现实主义、民粹主义是从他个人的现实生活、从先秦儒家而来，而不是从宋明理学而来。相对于激进的儒家（radical Confucianist），即以人、人民为根本去掌握事物的儒家，熊十力、牟宗三、唐君毅诸先生可称之为超越的儒家（transcendental Confucianist），因为他们是从超越的、先验的方面

---

① 徐复观：《王充论考》，《两汉思想史》（卷二），第563页。
② 参见徐复观《两汉思想史》（卷二）及《两汉思想史》（卷三）各章。

去掌握事物。①

这一段对比，虽然不免因过于二分而稍显僵硬，但是却很能道出徐与唐、牟的基本差异之所在。唐、牟有心于建构道德形上学的体系，徐复观则有某种反形上学的倾向。唐君毅曾自称他的研究方法（或信仰）是"即哲学史以论哲学"，"所谓即哲学史以论哲学者，即就哲学义理之表现于哲人之言之历史秩序，以见永恒的哲学义理之不同形态，而合以论述此哲学义理之流行之谓。既曰流行，则先后必有所异，亦必相续无间，以成其流，而其流亦当有其共同之所向"②。相对于唐君毅，徐复观的方法是"即社会政治史以论思想"，两者取径不同，成果自异。

由于徐复观将思想与现实看成"结构的整体"，所以他对于具有强烈现实性的思想，都能提出发人深省的创见。例如他曾研究周初的"敬"的观念之形成，提出"忧患意识"的名词，他说：

> 周人革掉了殷人的命（政权），成为新的胜利者；但通过周初文献所看出的，并不像一般民族战胜后的趾高气扬的气象，而是《易传》所说的"忧患"意识。……忧患心理的形成，乃是从当事者对吉凶成败的深思熟考而来的远见；在这种远见中，主要发现了吉凶成败与当事者行为的密切关系，及当事者在行为上所应负的责任。③

在中国古代思想史的研究文献中，徐复观以上这一项论断是重要创见，至今仍为中外学人所引用。④

四、比较观点下的中国思想史研究

除了上节所分析的整体论的方法论倾向之外，徐复观也同时强调

---

①陈昭瑛：《一个时代的开始：激进的儒家徐复观先生》，徐复观：《徐复观文存》，第366页。
②唐君毅：《中国哲学原论·原教篇》，新亚研究所1975年版，第7页。
③徐复观：《中国人性论史·先秦篇》，第20页。
④例如牟宗三在《中国哲学的特质》（台湾学生书局1963年版、1976年版，第12—13页）就引用徐复观的"忧患意识"这个名词，指出"中国哲学之重道德性是根源于忧患的意识"（第12页），并参见本书第六章第二节。

"比较的观点"的重要性，他说："只有在比较的观点中，才能把握到一种思想得以存在的特性。而发展比较两观点的运用，都有赖于分析与综合的工力。"①从这种"比较的观点"出发，徐复观对于中国思想史的特殊性格赋予高度重视，他认为对中国文化与中国思想的研究，必须从这种特殊性出发，方能得其肯綮。

我们要问：徐复观所认知的中国文化与中国思想的特殊性格是什么呢？

首先，徐复观注意到中国文化中"主客交融"的特质，他说："中国文化与西方文化最不同的基调之一，乃在中国文化根源之地，无主客的对立，无个性与群性的对立。'成己'与'成物'，在中国文化中认为是一而非二。"②他以《中国人性论史·先秦篇》及《中国艺术精神》两部书，分论中国儒家的道德主体与道家的艺术主体之内涵及其与客体世界的关系，胜义纷披，创见缤纷。

其次，徐复观注意到中国思想多来自具体的生活体验，而非客观的逻辑推理，他说：

> 中国的思想家，系出自内外生活的体验，因而具体性多于抽象性。但生活体验经过了反省与提炼而将其说出时，也常会澄汰其冲突矛盾的成分，而显出一种合于逻辑的结构。这也可以说是"事实真理"与"理论真理"的一致点、接合点。③

由于对中国思想的特殊性的重视，所以徐复观与1949年以前的冯友兰（1895—1990）和胡适在研究方法上有了根本的区别。

冯友兰在抗战以前写旧版《中国哲学史》，深受新实在论（neo-realism）的影响。④他在研究取向上走的是"以西摄中"的途径，他开宗明义地表示他的研究立场说：

---

① 徐复观：《自序》，《两汉思想史》（卷二），第2页。
② 徐复观：《中国艺术精神主体之呈现——庄子的再现》，《中国艺术精神》，第132页。
③ 徐复观：《研究中国思想史的方法与态度问题（代序）》，《中国思想史论集》，第2页。
④ 参见劳思光：《新编中国哲学史》，（台湾）三民书局1981年版、1988年版，第399—403页。

所谓中国哲学者，即中国之某种学问或某种学问之某部分之可以西洋所谓哲学名之者也。所谓中国哲学家，即中国某种学者，可以西洋所谓哲学家名之者也。①

在这种立场之下，冯友兰的旧版《中国哲学史》几乎等同于西方所谓"哲学"在中国之发展史。

胡适的中国哲学史研究则受到早期杜威（John Dewey, 1859—1952）将哲学等同于逻辑的影响，②认为中国哲学史研究的中心问题就是"名学方法"（或逻辑方法）的研究。③

从徐复观的观点看来，冯友兰和胡适由于都没有触及中国哲学史或中国思想史的中国特性（Chineseness），所以他们的研究都是隔靴搔痒。1977年6月，徐复观应他早期的学生杜维明（Tu Wei-ming 1940—）之邀，前往加州大学（柏克利）出席"中国十八世纪学术讨论会"，会后赋诗云：

满局棋输气未降，偶携微抱渡重洋。
物开眼底成新界，礼失天涯讨旧章。
慷慨难忘先圣烈，低徊真叹后贤盲。
人心颇信同今古，一笑声中是道场。④

诗中"满局棋输气未降"一句，最能烘托本章第一节所刻画的徐复观的"感愤之心"。"低徊真叹后贤盲"一句之下，徐复观自注"指梁任公、胡适之两先生"。1967年元月18日，徐复观在给我的信中，对胡、冯的中国哲学史研究均有所针砭，徐复观说："冯对中国哲学史的方向根本摸错了。他要在中国文化中找出与西方所谓哲学相合的东西来写成中国哲学史，殊不知西方哲学既非一途，而以思辨为主之正统，已被科学逼得走投无路。中国哲学非出于思辨，而出于由

---

①冯友兰：《西洋哲学史》，台北影印本，未标出版时地，第8页。
②Joseph Ratner ed., *Intelligence in the Modern World: John Dewey's Philosophy* (New York: Random House, 1939), 270.
③胡适：《中国古代哲学史》，台湾商务印书馆1966年版，第3页。
④徐复观：《瞎游杂记之三》，《华侨日报》1977年7月18—20日，诗刊于7月20日版。后收入徐复观：《徐复观杂文——忆往事》，（台湾）时报文化出版事业有限公司1980年版，第76页。

工夫所得之体验。以西方哲学为标准来看中国哲学，则中国哲学非常幼稚，且皆与中国哲学之中心论题无关。"徐复观在这封信右上角又说："冯较胡在态度上为平实，且较正常，其所以能取胡而代之的原因在此。"徐复观指出"中国哲学，非出于思辨而出于由工夫所得之体验"，他认为这是中国哲学的"自成一格的"（sui generis）的特殊性格，不能像胡、冯二先生一样用西方某一哲学流派的方法加以解析。

几乎所有的当代港台新儒家都非常强调中国文化与中国思想的特殊性。他们的精神导师熊十力在《原儒》中就已特别标举中国学问的特点：一曰中学在本体论中之天人不二义；二曰中学在宇宙论中之心物不二义，①认为这两点是中国哲学从《易经》（熊十力称之为"易海"）开出的哲学体系之特点。1958年牟宗三、徐复观、张君劢、唐君毅四先生所发表的《为中国文化敬告世界人士宣言——我们对中国学术研究及中国文化与世界文化前途之共同认识》，也特别强调中国文化之不同于西方文化的基本特征，乃在于它是"立人极之学"，"道德的主体"是人之生命最根本的要义。在许多学术意见上与其他新儒家颇有出入的钱穆，②也非常强调中国思想的特殊性。钱穆说：

> 中国思想，有与西方态度极相异处，乃在其不主向外觅理，而认真理即内在于人生界之本身，仅指其在人生界中之普遍者而言，此可谓之向内觅理。……我们该从中国思想之本身立场来求认识中国思想之内容，来求中国思想本身所自有之条理组织系统，进展变化与其派别之分歧。此始成为中国的思想史。③

钱宾四著述宏富，于中国思想的特殊性均再三拳拳致意。整体观之，钱宾四史学可视为中国传统矩矱在二十世纪中国之延续与发皇，既与以傅斯年为代表的"史料学派"互异，也与马克思（Karl Marx,

①熊十力：《原内圣第四》，《原儒》（下卷），（台湾）明儒出版社1971年版，第191页。
②参见余英时：《犹记风吹水上鳞——钱穆与现代中国学术》，（台湾）三民书局1991年版。
③钱穆：《自序》，《中国思想史》，《钱宾四先生全集》（第24册），第6、9页。

1818—1883）派的"史观学派"不同，在二十世纪中国史学中别树一帜，反对以中国史中之"殊相"作为世界史"共相"之注脚，从而挺立中国史之自主性，为二十世纪苦难的中国人指引未来努力的方向。①

但是，徐复观与钱宾四虽然都强调中国思想的特殊性，但他们同中之异却非常大。大致说来，钱宾四基本上认为中国文化的根本精神在求同不在别异，他说："中国学术有一特征，亦可谓是中国文化之特征，即贵求与人同，不贵与人异。请从孔子说起。孔子自言其为学曰：'述而不作，信而好古。'人之为学能于所学有信有好，称述我之所得于前人以为学，不以自我创作求异前人为学。故孔子曰：'甚矣，我衰也，久矣不复梦见周公。'则孔子之学，所日夜追求梦寐以之者，为周公。孟子亦曰：'乃吾所愿，则学孔子。'周公孔孟一线相承，遂成中国之儒学。"②钱宾四认为自孔子以降，几千年来中国思想家皆重同不重异，重和谐而不重冲突，所以，他对当代朱子学研究方向颇不同意，钱宾四说："今人治朱子学，每喜分别其与前人之相异处。……惟朱子为学精神重在会通和合，寻求古人之共同处，不在独抒己见，表明其个人之特异处。今果专向此方向探索，则不免有失朱子为学精神之主要所在矣。"③整体而言，钱宾四认为中国思想传统是一个和谐圆融的整体，中国的历史也表现而为知识分子与历代统治者的合作无间。④

相对于钱宾四而言，徐复观非常重视在中国文化的进程中，知识分子与专制政权的抗衡与冲突。在徐复观的学术世界里，历史是沿着理想与现实的拉锯战所形成的"二律背反"而展开的，而儒家思想史更是这种拉锯战中最前面的一道防线，所以，儒家学者所感受到的理想与现实的紧张性也最大，徐复观这样说明儒家思想的历史性格：

　　儒家思想，乃从人类现实生活的正面来对人类负责的思想。

----

①我曾讨论钱穆史学中的"国史"观，参见黄俊杰：《儒家思想与中国历史思维》，（台湾）台大出版中心2014年版，第223—268页。
②钱穆：《略论朱子学之主要精神》，《中国学术思想史论丛（三）》，《钱宾四先生全集》（第20册），第311页。
③钱穆：《略论朱子学之主要精神》，《中国学术思想史论丛（三）》，《钱宾四先生全集》（第20册），第316—317页。
④钱宾四的《国史大纲》全书发挥此义最多。

他不能逃避向自然，他不能逃避向虚无空寂，也不能逃避向观念的游戏，更无租界外国可逃。而只能硬挺挺地站在人类的现实生活中以担当人类现实生存发展的命运。在此种长期专制政治下，其势须发生某程度的适应性，或因受现实政治趋向的压力而渐被歪曲；歪曲既久，遂有时忘记其本来面目，如忘记其"天下为公""民贵君轻"等类之本来面目，这可以说是历史中的无可奈何之事。这只能说是专制政治压歪并阻遏了儒家思想正常的发展，如何能倒过来说儒家思想是专制的护符。[①]

在徐复观笔下，屈原（约前340—约前278）的《离骚》被解释为中国政治史上第一篇"弃妇吟"，东方朔的《答客难》是汉代知识分子在一人专制体制的压力之下所发出的呻吟语，其他如贾谊、扬雄、司马迁等人的著述，都是"感愤之心"所催逼而成的作品。

从这一节的讨论中，我们看到了徐复观所标榜的"比较的观点"，使他特别重视中国思想的特殊性格，这一点是当代新儒家一贯的见解，但是徐复观与钱穆虽然同样强调中国思想的特殊性，两者却存有重大歧异，钱穆重和谐，徐复观重冲突，这与两人的性格及经历之不同，实有密切之关系。

五、结　论

徐复观是二十世纪中国知识分子的代表人物。作为一个现代中国人，徐复观对当代中国的巨变怀有一颗不能自己的"感愤之心"，他从幼年时期是"大地的儿子"到壮年以后潜心学问成为一个"激进的儒家"，都是本于他对时代的悲情。作为一个学者，徐复观在方法论上的反乾嘉立场，最是旗帜鲜明，也与唐、牟等其他新儒家声气相求。作为一个中国思想史的专家，徐复观努力于从思想史研究中找寻中国文化的出路。中国思想史研究对徐复观的意义，不只是解释世界的依据，而且更是改变这个充满忧患的世界的方案。徐复观的思想史研究方法论主要是由"整体论的方法"与"比较的观点"所构成。

[①]徐复观：《研究中国思想史的启法与态度问题》，徐复观著，萧欣义编：《儒家政治思想与民主自由人权》，（台湾）八十年代出版社1979年版，第39—40页。

"整体论的方法"可再细分为"发展的整体论"，强调在"演进的"脉络中掌握思想的意义；"结构的整体论"，强调"部分"与"全体"之间，以及思想与现实之间构成一个结构的整体。"比较的观点"则使徐复观特别主张研究中国思想史应该注意其中国特性。徐复观虽与其他新儒家一样地强调中国思想传统的中国特性，但是他们仍有同中之异，例如徐复观强调中国思想家（尤其是儒家）与历代专制政治恒处于战斗之关系，但钱穆则重视两者之间的和谐关系。

在当代新儒家人物中，徐复观的历史学意趣特别彰显。在徐复观学术世界里的"人"，不是那种不食人间烟火、吟风弄月的高人逸士。相反地，徐复观笔下的"人"是活生生的、实际参与生产活动的具体的人。徐复观笔下的中国知识分子在中国专制传统的荼毒之下辗转呻吟，在悲痛中奋起，潜心著述，为苦难的人民伸张正义。徐复观的史学取向，使他看到了中国历史中人民的血泪，使他的思想史研究不是象牙塔里的"知识的游戏"或熊十力常说的佛家语"戏论"，而是为哀苦无告的中国人民伸张正义的檄文。

第二章　传统中国文化的回顾与展望（Ⅰ）
——二十世纪中国思想史脉络中的徐复观

我恰好成长在中国的大动乱时代，在这个动乱的时代，中国的文化传统被连根地摇撼着，而外来的观念与思想，又像狂风暴雨一般地冲激而来。这个时代的知识分子，感受到种种思想学术的影响；有社会主义，有自由主义，有民主政治，也有传统思想的背逆反应。每一种大的思想气流都形成各种不同的漩涡，使得置身其中的知识分子目眩神摇，无所适从。

——殷海光（1919—1969）①

一、引　言

二十世纪的中国经历了历史的大变局。自从十九世纪中叶中英鸦片战争之后，西方列强挟其坚船利炮与政法制度，以侵略者兼教师的身份，压迫中国面对西方走向世界。②传统中国农村社会里晓耕晚笛、日迟风暖的生活景致，在西方挑战之下，变成风狂雨骤、雪冷霜严。笃志诗书企慕圣域的传统中国知识分子，也在中西文化激荡的狂流中，进退失据而沦为飘零的落花。前引殷海光的这一段话，非常传神地说明了这一代知识分子挣扎的心路历程。在二十世纪中国知识分子经历殷海光所说的"目眩神摇，无所适从"而在追求思想出路的时候，对中国文化传统重新加以解释，常常是他们重建价值系统并为自己定位的重要策略。在分析了徐复观思想史方法论之后，我们在本章探讨徐复观对中国文化的解释及其自我定位，并取之而与其他当代中国儒家学者及日本涩泽荣一互作比较，析论其异同。

二十世纪儒家学者是中国儒学史上第一批与西方思潮有较为全面接触的儒者，他们身处"传统／现代"以及"中国／西方"的回流激荡之中，常常以重新肯定并解释中国传统文化的方式，来解决自己的

---

①殷海光：《自叙》，《殷海光选集》，友联出版社有限公司1971年版，第1页。关于殷海光与徐复观的比较，参见谢晓东：《现代新儒学与自由主义：徐复观殷海光政治哲学比较研究》，东方出版社2008年版。
②岛田虔次说西方国家是侵略者又是启蒙的教师，见［日］岛田虔次：《新儒家哲学について：熊十力の哲学》，第134页。

认同危机。[①]他们对中国文化的重新解释，不仅是一种"事实判断"，更是一种"价值判断"，而且两者交互渗透，融为一体。[②]因此，"中国文化的特质是什么"与"中国文化往何处去"这两个问题，在他们心目中密不可分。所以，探讨当代新儒家对中国文化的解释，是观察二十世纪中国思想史与知识阶层发展史一个很好的策略点。

到目前为止学界关于当代新儒家的研究文献，多半重视当代新儒家学者之间的同质性，大陆、台湾及海外学界人士将熊十力、马一浮（1883—1967）、唐君毅、牟宗三、徐复观诸人，甚至钱穆，[③]都泛称

---

①李文森倡此说，参见Joseph R. Levenson, *Confucian China and Its Modern Fate* (Berkeley: University of California Press,1958)。其实，不仅中国知识分子常相应于时代变迁而重新解释自己的文化传统，西方知识分子亦然。从十八世纪的伏尔泰以降，黑格尔、孔德、韦伯、马克思、雅斯培等西方思想家，也随着所处时代的变化，对西方文化的特质提出不同的解释。参见Gerhard Masur, "Distinctive Traits of Western Civilization: Through the Eyes of Western Historians," *American Historical Review* 67,no.3 (1962): 591—608。此文有中译本，袁颂西译：《西方史学家心目中西方文明之特点》，《西洋史译丛》（第四辑），台湾大学历史系1971年版，第108—120页。

②参见黄俊杰：《战后台湾关于儒家思想的研究》，《战后台湾的教育与思想》，第227—344页；Chun-chieh Huang, "Confucianism in Postwar Taiwan," in Chun-chien Huang and Erik Zürcher eds., *Norms and the State in China*, 141—167。

③钱穆是否列入"新儒家"阵营，颇有争议，钱先生本人并不同意。余英时归纳"新儒家"一词有三种用法：第一种主要在大陆流行，其涵义也最宽广，几乎任何二十世纪中国学人，凡是对儒学不存偏见，并认真加以研究者，都可以被看成"新儒家"。第二种比较具体，即以哲学为取舍的标准，只有在哲学上对儒学有新的阐释和发展的人，才有资格取得"新儒家"的称号。在这个标准之下，熊十力、张君劢、冯友兰、贺麟诸人大概都可以算是"新儒家"。第三种是海外流行的本义，即熊十力学派中人才是真正的"新儒家"。余先生认为：第一种用法因太泛而无意义，第二及第三种用法均不能用在钱先生身上。见余英时：《钱穆与新儒家》，《犹记风吹水上鳞——钱穆与现代中国学术》，第31—98页，尤其是第58—61页。并参见杨祖汉：《论余英时对新儒家的批评》，杨祖汉编：《儒学与当今世界》，（台湾）文津出版社1994年版，第147—177页。刘述先认为所谓"当代新儒家"，有广义和狭义之别。广义来说，任何认为传统儒家的睿识，通过重新解释后仍有现代意义与价值的思想家，就可以称作当代新儒家；狭义的当代新儒家则指自熊十力开启，唐、牟加以发扬光大的思潮。见刘述先：《由当代西方宗教思想如何面对现代化问题的角度论儒家传统的宗教意涵》，刘述先主编：《当代儒学论集：传统与创新》，（台湾）"中研院"中国文哲研究所1995年版，第20页。刘先生在此文中的论述，主要取其狭义之定义。

为"现代新儒家"[①]"当代儒家"[②]或"New Confucianism"[③]，这些名称固然有相当充分的成立理由，例如在1958年，唐君毅、牟宗三、徐复观以及张君劢等人所发表的《为中国文化敬告世界人士宣言——我们对中国学术研究及中国文化与世界文化前途之共同认识》这篇文字中，强调中国文化的"中国性"（Chineseness）与"文化的一本性"（cultural undifferenciatedness），都可以视为他们解决所谓"意义的危机"的共同方式。[④]但是，这类为了学术研究的方便而创立的名词，却也无意间引起一种认为当代儒家皆属同质的错误印象。事实上，在所谓"当代新儒家"这个泛称之下，史学家钱穆、徐复观与哲学家唐君毅、牟宗三就差异甚大。而且，正如本书第二章所说的，同为史学家的徐复观与钱穆之间，也异大于同。甚至唐、牟、徐三人对同一部儒家典籍如《孟子》的解释，也出入甚大。作为"当代新儒家"的徐复观，除了从思想史的观点对孟子心性论提出新解释之外，更重视孟子外王学的实践问题。而唐、牟二先生则基本上继承宋明以来的"心学"传统别创新见。从他们的思想倾向来看，如果我们说徐复观是回归先秦儒学以立论，那么，唐、牟二先生则更多继承宋明儒学六百年的新传统。唐、牟、徐三先生都可以称为"儒学的现代化者"，但

[①]1986年11月在北京召开"全国哲学社会科学'七五'规划会议"，会中通过将"现代新儒家思潮研究"课题列为"七五"期间国家重点研究课题之一，并且通过以天津南开大学哲学系方克立教授和广州中山大学哲学系的李锦全教授为课题负责人，共网罗16个单位的47位学者。这16个单位是南开大学、中山大学、武汉大学、复旦大学、南京大学、中国人民大学、吉林大学、山东大学、深圳大学、天津师范大学、华南师范大学、上海社会科学院、浙江社会科学院、安徽社会科学院、广西社会科学院、天津市党委学校。1987年9月，该课题在安徽宣州召开第一次小型学术研讨会暨工作协调会，初步决定以梁漱溟、张君劢、熊十力、冯友兰、贺麟、唐君毅、牟宗三、徐复观、钱穆、方东美十位为重点研究对象。以后又陆续列入马一浮、刘述先、杜维明和余英时四位。

[②]"中研院"中国文哲研究所从1993年起推动"当代儒学主题研究计划"。

[③]Hao Chang,"New Confucianism and the Intellectual Crisis of Contemporary China," 276–304.

[④]Hao Chang,"New Confucianism and the Intellectual Crisis of Contemporary China," 276–304.

是，他们的研究进路、侧重点与思想倾向则异大于同。[1]我们可以说，所谓"当代新儒家"是一个通名，是为了现代学术研究的方便而创立的名词。事实上，在这个名称之下，个别儒家学者之间的多样性远大于一致性，异质性也远大于其同质性。为了进一步探讨"当代新儒家"在同质性的表象之下所潜藏的重大的异质性，我择定他们对中国文化的解释作为主轴，互作比较。这是本章择定主题的另一项着眼点。

为了更有效地探讨本章的主题，我们将环绕着三个问题进行讨论：

徐复观如何勾勒中国文化的图像？

徐复观在何种具体而特殊的历史脉络中，将这些中国文化的特殊面向加以显题化？

徐复观如何在这种显题化过程中，为自己进行定位？

本章第二节、第三节分析徐复观针对中国文化的特质的发言之内容，并取之而与二十世纪中国当代新儒家唐君毅、牟宗三以及史学家钱穆、哲学家胡适互作比较；第四节则探讨徐复观对未来中国文化的思想图像及其自我定位，并取之而与二十世纪日本的涩泽荣一的思想互作比较。

二、徐复观对中国文化的解释：与钱穆、唐君毅、牟宗三比较

（一）当代知识分子眼中中国文化之特殊性

由于二十世纪中国知识分子是在欧风美雨的侵袭之下思考中国文化问题，他们常常将中国文化视为对抗西方文化的一套价值系统。在这种提问方式之下，二十世纪中国知识分子就非常强调中国文化的特殊性，其中最具代表性的当是1935年1月10日王新命等十位教授在《中国本位的文化建设宣言》中所提出的观点，他们发现：

①参见黄俊杰：《当代儒家对孟子学的解释：以唐君毅、徐复观、牟宗三为中心》，《孟学思想史论》（卷二），（台湾）"中研院"中国文哲研究所1997年版，第421—464页。

中国在文化的领域中是消失了；中国政治的形态、社会的组织和思想的内容与形式，已经失去它的特征。由这没有特征的政治、社会和思想所化育的人民，也渐渐地不能算得中国人。所以我们可以肯定地说：从文化的领域去展望，现代世界里面固然已经没有了中国，中国的领土里面也几乎已经没有了中国人。

要使中国能在文化的领域中抬头，要使中国的政治、社会和思想都具有中国的特征，必须从事于中国本位的文化建设。[1]

在这样的危机意识之下，他们提出"中国本位的文化建设"的主张："中国是中国，不是任何一个地域，因而有它自己的特殊性。同时，中国是现在的中国，不是过去的中国，自有其一定的时代性。所以我们特别注意于此时此地的需要，就是中国本位的基础。"[2]他们一再强调中国文化具有特殊的"中国性"，基本上是作为与西方文化相对照而说的。二十世纪上半叶中国知识分子，在中西对比的脉络中强调中国文化的"中国性"，这种思考习惯也见之于抗战末期1943年罗梦册（1906—1991）在重庆所写作的《中国论》[3]一书之中，都是为了强调中国人的"文化认同"。

（二）徐复观所建构的中国文化图像

当代中国新儒家学者深深浸润在二十世纪中国知识界强调中国文化的"中国性"这种时代氛围之中，他们时时强调中国文化迥异于西方文化之处，以提振同时代人对民族文化的信心。但是，值得我们注意的是：当代儒家学者在强调中国文化的"中国性"这个大前提之下，所建构的中国文化图像却互不相同，其间之差异最能显出不同儒家学者之间的异趣。所以，我们接着以徐复观为中心，观察徐复观所勾勒的中国文化图像之内容，及其与其他同时代儒者之中国文化图像之异同。

从徐复观的论著中加以归纳，我们发现，徐复观所描绘的中国文

---

① 王新命等：《中国本位的文化建设宣言》，罗荣渠主编：《从"西化"到现代化——五四以来有关中国的文化趋向和发展道路论争文选》，北京大学出版社1990年版，第399页。
② 王新命等：《中国本位的文化建设宣言》，罗荣渠主编：《从"西化"到现代化——五四以来有关中国的文化趋向和发展道路论争文选》，第401页。
③ 罗梦册：《中国论》，商务印书馆1943年版。

化图像具有三个面向：

图1　中国文化图像

　　这个中国文化图像包含以下三项要义：中国文化中的政治传统以专制政体为其主要特征，以"君主主体性"为其本质，对农村社会压榨，并扭曲先秦儒家政治理想；中国文化中的社会以农村为其特质，中国文化之精神具体表现在农民生活之中；中国文化中的思想主流是以经世济民为取向的儒家思想，在历史过程中不断地与专制政体进行战斗。我们接着探讨以上这三项中国文化要义。

　　在徐复观的笔下，中国文化如长江、黄河挟泥沙以俱下，虽然波涛壮阔，精华迭出，但是也瑕瑜互见，流弊在所难免，其中最关重大者就是专制政体。在徐复观的论著中，他对中国历史上的专制政体挞伐不遗余力，认为专制是传统中国文化弊病的总根源。徐复观撰写《两汉思想史》三大卷时曾开宗明义地说："两汉思想，对先秦思想而言，实系一种大的演变。演变的根源，应当求之于政治、社会。尤以大一统的一人专制政治的确立，及平民氏姓的完成，为我国尔后历史演变的重大关键；亦为把握我国两千年历史问题的重大关键。"①

　　徐复观首先指出，公元前221年秦始皇统一中国建立专制政体，是中国历史最重要的分水岭。秦王朝的专制包括两个面向，一是指对封建政治下的诸侯分权政治而言的中央专制，也就是一般所谓之废封建行郡县；一是指就朝廷的政权运用上，最后的决定权乃在皇帝一个人的手上，而皇帝的权力，没有任何立法的根据及具体的制度可加以限制。人臣可以个别或集体的形式向皇帝提出意见，但接受不接受，依然是决定于皇帝的意志，无任何力量可对皇帝的意志加以强制。②徐先生认为这种"一人专制"才是中国历代专制的实质内容，而郡县制的建立正好强化了皇帝一人专制的程度。

---

①徐复观：《自序》，《两汉思想史》（卷一），第1页。
②参见徐复观：《封建政治社会的崩溃及典型专制政治的成立》，《两汉思想史》（卷一），第63—162页。

徐复观接着说明这种具有中国特色的一人专制体制包含五种特性：一是，专制皇帝的地位至高无上，几乎可以说是人间的至高神；二是，秦代建立专制政治制度，一方面是凭借历史上已经成熟的条件，另一方面则是根据他们所抱的一种理想而加以调整；三是，在社会体系中，虽亦含有儒家道德思想之要素，但专制统治者所用以达到目的之手段，则完全靠作为法家思想主要内容的刑；四是，在专制政治之下，一切人民皆处于服从之地位，不允许在皇帝支配之外，保有独立乃至反抗性的社会势力；五是，因为专制政治，一切决定于皇帝的意志，便不能允许其他的人有自由意志，不能有自律性的学术思想的发展。①徐复观认为，在这种一人专制体制下，中国两千年来的政治家与思想家，只能在专制这一大机器之下补偏救弊。所有人民只能环绕着这一机器，互相纠缠，纠缠到与专制机器直接冲突时，便立刻被机器轧死。这副机器以法家思想为根源，以绝对化的身份与权力为核心，以广大的领土与人民作为营养，以军事与刑法为工具。"一切文化、经济，只能活动于此一机器之内，而不能轶出于此一机器之外，否则只有被毁灭。这是中国社会停滞不前的总根源。研究中国历史，不把握到这一大关键，我觉得很难对中国历史作正确地理解。"②

徐复观毕生的著作就是扣紧一人专制体制这个重大关键，分析中国政治史与思想史的发展，常能提出一针见血的看法。他在《汉代一人专制政治下的官制演变》这篇论文中，分析专制政治的发展对宰相制度的破坏，认为这种破坏过程分为三个阶段进行：第一阶段是把当时具有纵横才智口辩之士，收罗在皇帝的大门房"光禄勋"里，挟"天子宾客"之势，奉天子之命，诘难大臣并折服大臣，使大臣通过这种诘难与折服，而感到皇帝的允文允武，不可测度，只有彻底地服从，在政策上完全处于被动的地位；使皇帝可以直接地掌握政策。第二阶段是尚书的抬头，乃至中尚书的出现。在时间上，尚书的抬头与第一阶段相权的抑制同时开始。第三阶段则由汉武帝（在位于前141—

---

① 参见徐复观：《封建政治社会的崩溃及典型专制政治的成立》，《两汉思想史》（卷一），第63—162页。
② 徐复观：《封建政治社会的崩溃及典型专制政治的成立》，《两汉思想史》（卷一），第154页。

前87）临死时对霍光（？—前68）的遗诏辅政而开启了"中朝"专政的变局。相权被剥夺废弃的结果，则是外戚、宦官、藩镇三者成为中国两千年一人专制中必然无可避免地循环倚伏的灾祸。①徐复观认为这种日益高涨的皇帝权力，给两汉的知识分子带来极大的压力感。两汉知识分子的人格形态，及两汉文化思想的发展方向，与其基本性格，都是在这种压力感之下所推动形成。这种压力感，一再地出现在汉代知识分子的作品中，例如：《离骚》在汉代文学中之所以能发生巨大的影响，一方面固然是因为出身于丰沛的政治集团，特别喜欢"楚声"，而不断加以提倡。另一方面乃是当时的知识分子，以屈原的"信而见疑，忠而被谤，能无怨乎"的"怨"，象征着他们自身的"怨"；以屈原的"怀石遂自投汨罗以死"的悲剧命运，象征他们自身的命运，开其端者厥为贾谊。以"正其谊不谋其利，明其道不计其功"见称的董仲舒，在这种强烈的压力感下，献《天人三策》，要求以德代刑，以教化之官代执法之吏，想转换当时大一统的一人专制的政治内容。司马迁的《报任少卿书》，将他对这种压力的感愤，尽情宣泄。徐复观认为所有的思想文化上的成就，都是由时代的压力感而来的。东方朔的《答客难》、扬雄的《解嘲》、班固的《答宾戏》、张衡（78—139）的《应闲》、崔寔（？—约170）的《客讥》、蔡邕（132—192）的《释诲》，都是汉代知识分子发抒压力感的文学作品。②

在这种解释观点之下，徐复观指出中国文化中政治思想与政治现实的矛盾，他说：

> 中国的政治思想，除法家外，都可说是民本主义；即认定民是政治的主体。但中国几千年的实际政治，却是专制政治。政治权力的根源，系来自君而非来自人民；于是在事实上，君才是真正的政治主体。……政治的理念，民才是主体；而政治的现实，则君又是主体。这种二重的主体性，便是无可调和的对立。对立程度表现的

---

① 徐复观：《汉代一人专制政治下的官制演变》，《两汉思想史》（卷一），第203—280页。
② 徐复观：《两汉知识分子对专制政治的压力感》，《两汉思想史》（卷一），第281—294页。

大小，即形成历史上的治乱兴衰。于是中国的政治思想，总是想解消人君在政治中的主体性，以凸显出天下的主体性，因而解消上述的对立。人君显示其主体性的工具是其个人的好恶与才智。好恶乃人所同有，才智也是人生中可宝贵的东西。但因为人君是政治最高权力之所在，于是它的好恶与才智，常挟其政治的最高权力表达出来，以构成其政治的主体性，这便会抑压了天下的好恶与才智，即抑压了天下的政治主体性。①

徐复观指出中国文化中有一种"二重主体性的矛盾"，在政治现实上国君才是政治的主体，但是在政治思想中人民才是政治的主体。徐复观这项论点，极具卓识，确是一语中的，切中传统中国文化的根本问题所在。

徐复观所勾勒的中国文化图像第二个突出的面向是农村社会。徐复观在他的著作中，时时流露出对于中国农村社会的孺慕之情。他一再指出，农村是中华民族的故土，也是孕育中国文化价值的源头。在《谁赋豳风七月篇——农村的记忆》这篇感人肺腑的文章中，徐复观说：

> 农村，是中国人土生土长的地方。一个人，一个集团，一个民族，到了忘记他的土生土长，到了不能对他土生土长之地分给一滴感情，到了不能从他的土生土长中吸取一滴生命的泉水，则他将忘记一切，将是对一切无情，将从任何地方都得不到真正的生命。②

在徐复观的解释之下，中国文化中的美德如忠孝节烈、耕读传家、勤俭自励等价值，都孕育于也成长于农村之中。他认为，中国农村的黑暗面都是因为"中国在长期专制统治之下，胥吏与地主豪绅相结托，控制了落后农村社会。再加以长期的八股科举制度，使从社会产生的读书人既无知识，又无品格，于是农村很难接触到文化之

---

① 徐复观：《中国的治道——读陆宣公传集书后》，徐复观著，萧欣义编：《儒家政治思想与民主自由人权》，第218—219页。徐复观的论敌殷海光非常推崇这篇文章，认为它是"不平凡的人之不平凡的作品……是最有价值的文章之一"，见殷海光：《治乱底关键——〈中国的治道〉读后》，徐复观：《学术与政治之间》，台湾学生书局1980年版，第127页。
② 徐复观：《谁赋豳风七月篇——农村的记忆》，《学术与政治之间》（甲集），第62页。

光"①，而近代中国农村的罪恶则是"由商业资本及贪官污吏所直接间接带进去的"②。在徐复观的笔下，中国农民的纯朴、诚恳、率真，正是中国文化的精神表征。

徐复观之所以特别突出中国文化史中农业农村与农民的重要性，除了他认为这是历史的事实这项理性认知之外，他个人在感情上对故乡的眷恋也是一个非常重要的动力。1949年后，徐复观浪迹台岛，漂泊香江，在颠沛流离之中，1952年他深深感到"流亡者的灵魂的安息地方，不是悬在天上，而是摆在你所流亡出来的故乡故土"③。1963年，他又感叹道："我的生命，不知怎样地，永远是和我那破落的塆子连在一起；返回到自己破落的塆子，才算稍稍弥补了自己生命的创痕，这才是旧梦的重温、实现。"④直到1980年10月28日徐复观在他的日记中也这样说："我们精神上最大的挫折，在于我们没有可归的故乡，因而没有真正的家。"⑤这种处处无家处处家的海天苍茫之感，正是包括徐复观在内的台港的儒家学者，特别重视农村之作为中国文化精神所寄的共同心理背景。

徐复观所突显的第三个中国文化的面向是经世儒学。儒家思想传统源远流长，内容丰富，面向复杂。从时代看，先秦儒不同于两汉儒家，而汉儒与宋明儒精神面貌亦迥不相同；从立身处世看，两千年来坚持理想抱道守贞优入圣域的"君子儒"固然圣圣相传，但是曲学阿世、自毁人格的"小人儒"也代不乏人。再就儒学思想内容而言，有"致广大而尽精微"的形上学面向，也有"极高明而道中庸"的现实取向面向。那么徐复观所特别强调并加以发扬的是儒学的哪个面向呢？

一言以蔽之，徐复观特别强调并视之为中国文化特殊成就的是先

①徐复观：《悲鲁迅》，《徐复观杂文——忆往事》，第182页。
②徐复观：《谁赋豳风七月篇——农村的记忆》，《学术与政治之间》（甲集），第64页。
③徐复观：《谁赋豳风七月篇——农村的记忆》，《学术与政治之间》（甲集），第69页。
④徐复观：《旧梦·明天》，徐复观著，萧欣义编：《徐复观文录选粹》，第291页。
⑤徐复观：《无惭尺布裹头归——徐复观最后日记》，（台湾）允晨文化实业股份有限公司1987年版，第46页。

秦儒学中的经世思想传统。就其论著大体观之，徐复观认为儒家思想的基本性格是经世的、实践的，而不是形而上的、玄想的，他说：

> 儒家思想，乃从人类现实生活的正面来对人类负责的思想。他不能逃避向自然，他不能逃避向虚无空寂，也不能逃避向观念的游戏，更无租界外国可逃。而只能硬挺挺地站在人类的现实生活中以担当人类现实生存发展的命运。在此种长期专制政治下，其势须发生某程度的适应性，或因受现实政治趋向的压力而渐被歪曲；歪曲既久，遂有时忘记其本来面目，如忘记其"天下为公""民贵君轻"等类之本来面目，这可以说是历史中的无可奈何之事。这只能说是专制政治压歪并阻遏了儒家思想的正常发展，如何能倒过来说儒家思想是专制的护符。但儒家思想，在长期的适应、歪曲中，仍保持其修正缓和专制之毒害，不断给予社会人生以正常的方向与信心，因而使中华民族，度过了许多黑暗时代，这乃由于先秦儒家，立基于道德理性的人性所建立起来的道德精神的伟大力量。①

在这一段解释之中，徐复观认为中国儒学传统的精神形成于先秦时代，到了汉代大一统帝国出现之后，就受到专制政权的压力与扭曲，而不断地与专制政权抗争，因此儒家对专制政权一直采取批判的态度。这种经世的、实践的及批判的儒家精神，具体呈现在孔子之上，成为中国文化的代表。徐复观说："离开儒家，便无法谈中国文化。离开孔子，便无法谈儒家文化。他所代表的不是一家之言，而是由尧舜到清朝的'历史文化'。没有他的思想，便不能照明我们长期历史演进中的兴亡盛衰之故的基线。中国文化在中国的命运，归结起来，是孔子在中国的命运。"②之所以如此，在徐复观看来，乃是因为"孔子所住的世界，是具体而有感情的世界；也是众生疾病呻吟的世界。孔子的最高任务，不是要建立什么形而上的'理型''理念'，而是要在有感情的世界中尽到自己的责任；在充满疾病呻吟的世界中

---

① 徐复观：《研究中国思想史的方法与态度问题》，徐复观著，萧欣义编：《儒家政治思想与民主自由人权》，第39页。
② 徐复观：《孔子在中国的命运》，《徐复观杂文——论中共》，（台湾）时报文化出版事业1980年版，第279页。

尽到治病救人的力量"①。徐复观认为，作为中国文化的思想基础的儒家思想，具有两项特质：具体性与社会取向。我们接着阐释儒家思想的这两项特质。

徐复观一再说明，儒家思想最重要的一项特质就是从具体而不是从抽象出发，徐复观说："从具体生命、生活上去接近孔子，较之从形而上学，从思辩逻辑上去接近孔子，远为正确而亲切。"②他认为孔子思想的统一，是由具体生命理性的展开与升华而完成的统一，并不是纯逻辑推理所得到的统一。③在徐复观的笔下，孔子思想中的世界是一个具体的、众生疾病呻吟的世界，④儒家都立足于现实世界之上，与人民共呼吸，并努力在现实世界中解决问题。徐复观认为儒道两家在这一点之上立场相近。⑤从这个角度着眼，徐复观对儒家思想中的许多面向提出一以贯之的解释。举例言之，他认为儒家所提倡的礼乐，就是对于具体生命中的情欲的安顿，使情欲与理性能得到和谐统一，以建立生活行为中的"中道"，在政治上建立"礼治"，在社会上建立有秩序而合理的社会，并为个人建立修养的准则。⑥徐复观从未将儒家的礼乐，当作一种纯理念的符号系统，而是当作具体落实在日常生活中的行为规范。

徐复观所认识儒家思想的第二项特质就是它的社会取向。徐复观一再强调，儒家思想绝不仅以自我修养为已足，儒家的自我必须通向社会的平治才能完成。这一点与上文所说的具体性的思想特质互有关系，因为儒家思想中的人是活生生参与日常生活的人，所以，人的生命的完成必然要落实在社会实践之中。1958年5月1日徐复观在解释《孟子》"知言养气章"时有一段非常精彩的论述，他说：

①徐复观：《孔子与柏拉图》，《徐复观杂文——论中共》，第277页。
②徐复观：《日本一位现代知识分子对论语的反省》，《徐复观杂文——论中共》，第303页。
③参见徐复观：《向孔子的思想性格回归——为纪念一九七九年孔子诞辰而作》，《徐复观杂文续集》，（台湾）时报文化出版事业有限公司1981年版，第65—76页。
④参见徐复观：《谈礼乐》，《中国思想史论集》，第239—241页。
⑤参见徐复观：《儒道两家思想在文学中的人格修养问题》，《中国文学论集续篇》，台湾学生书局1981年版，第1—21页。
⑥参见徐复观：《谈礼乐》，《中国思想史论集》，第239—241页。

儒家的良心理性，以集义而通向生命，成就生命；也以集义而通向社会，成就社会。停顿在观念上的东西，与生命不相干，也与社会不相涉。由观念而落实到集义之"事"，一面把志和气连接起来，同时也便将个人与社会连接起来。孤单的个人，无所谓事，事须人与人、人与物相接而始有。通向社会，便须对社会的事象，尤其是对社会生活发生推动作用的思想言论，须作是非的判断。有此判断，不仅不为社会事象动其心，且可进而对社会有所成就。①

在徐复观的解释之中，儒家都具有强烈的社会取向。儒家的主体世界与外在的现实世界之间，贯通为一。

最足以展现徐复观对儒家乃至中国思想的社会取向之认知的，就是他的《两汉思想史》三大卷的著作。徐复观深深认识到，人是具体而不是抽象的存在，所以他研究两汉思想之前，先探讨周秦汉社会政治结构，写成专著作为《两汉思想史》的卷一；他也认为经学"是古代长期政治、社会、人生的经验积累，并经过整理、选择、解释，用作政治社会人生教育的基本教材的"②；他在论述两汉思想家如贾谊、董仲舒、扬雄、刘向等人时，都相当注意思想家所处的社会政治背景，以及他们思想中的社会政治取向，徐复观认为先秦及两汉的思想家"偏重在行为实践上用心，不向抽象思辩方面去发展"③，既然偏重实践，必然与社会政治产生不可分割的联系关系。

徐复观所突显的儒家思想特重具体性与社会取向这两项特质，当代中外学者也有类似看法，④并不能视为徐复观的创见。但是，我想指

---

① 徐复观：《孟子知言养气章试释》，《中国思想史论集》，第153页。
② 徐复观：《先汉经学的形成》，《中国经学史的基础》，台湾学生书局1982年版，第1页。
③ 徐复观：《〈韩诗外传〉的研究》，《两汉思想史》（卷三），台湾学生书局1979年版，第5页。
④ 例如日本汉学家小岛祐马（1881—1966）就强调儒家思想具有强烈的社会思想之特质，所谓中国思想史，就是中国的社会之学问的发达史，参见［日］小岛祐马：《中国思想史》，创文社1968年版，第5页。20世纪法国汉学家白乐日（Étienne Balázs，1905—1963）也说中国哲学基本上就是社会哲学，参见Étienne Balázs, H. M. Wright trans., Arthur F. Wright ed., *Chinese Civilization and Bureaucracy: Variations on a Theme* (New Haven: Yale University Press, 1964, 1972)。余英时先生诸多著作亦多就思想史与社会史交光互影之处立论。

出的是：徐复观从儒家之重视具体性与社会取向出发，而对古典儒学提出一套极具创见的解释。这套解释环绕着"忧患意识"为中心，指出从周初以降，儒家就怀抱深刻的"忧患意识"，由此而形成了人为自己的行为负责的自觉。徐复观这样解释"忧患意识"的内涵：

> 周人革掉了殷人的命（政权），成为新的胜利者；但通过周初文献所看出的，并不像一般民族战胜后的趾高气扬的气象，而是《易传》所说的"忧患"意识。……忧患意识，乃人类精神开始直接对事物发生责任感的表现，也即是精神上开始有了人的自觉的表现。[1]

徐复观认为这种"忧患意识"奠定了中国文化的基型，这一点是他对中国文化的解释中的重要创见，也对当代学者如牟宗三有相当大的启发。

综合以上的讨论，我们发现：徐复观心目中的中国文化图像，大致是由专制政体、农村社会及经世儒学所构成的，其中专制政体是中国文化的黑暗面，而农村社会及经世儒学则是其光明面，具有永恒的价值。农村社会及经世儒学在中国历史的进程中，都一再受到专制帝王及其官僚的剥削扭曲与压榨。面对这样的中国文化传统，徐复观主张：

> 居今日欲言中国文化，首须辨清何者为中国文化之本来面目，何者为在专制政治压迫之下所受之奸污。必认定中国文化，应先向专制政治复仇，然后中国文化乃可继续担当其对人类之伟大使命。[2]

徐复观毕生所努力的就是辨清"中国文化本来面目"的工作，他也在这种解释工作之中，为自己在时代变局中加以定位，本书第三章第二节将对他的自我定位有所讨论。

现在，在我们将徐复观对中国文化的解释与其他当代儒家学者互作比较之前，让我们再探讨一个问题：徐复观何以如此建构中国文化

---

① 徐复观：《中国人性论史·先秦篇》，第20—21页。
② 徐复观：《国史中人君尊严问题的商讨》，徐复观著，萧欣义编：《儒家政治思想与民主自由人权》，第162页。

的图像？

　　徐复观之所以如此解释中国文化，并特别强调专制政治对中国文化所刻画的伤痕，理由不止一端，我们可以从两个角度来思考这个问题。首先，从时代背景来看，徐复观毕生的著作都是在当代中国变局的催逼之下，怀抱一颗他自己所说的"感愤之心"，希望透过对中国文化的重新解释，以找出对治时代沉疴的药方。徐复观自己也一再以自剖的方式说明他重新解释中国文化的动机，1967年他在《中国思想史论集》的《再版序》中说：

　　　　我的这些文章，都是在时代激流之中，以感愤的心情所写出来的。对于古人的了解，也是在时代精神启发之下，所一步一步地发掘出来的。①

　　1980年他为《徐复观文录选粹》写《自序》时，这样回顾他写文章的心境：

　　　　我以感愤之心写政论性的文章，以感愤之心写文化评论性的文章，依然是以感愤之心，迫使我作闭门读书的工作。最奈何不得的就是自己这颗感愤之心。②

　　由于怀抱一颗"感愤之心"，欲通过重新解释中国文化以回应时代的问题，所以徐复观的论著常成为充满热情的檄文，其中最具代表性的是他在1952年4月10日所写《儒家精神之基本性格及其限定与新生》这篇论文，徐复观在1975年5月8日说："这篇文章是在沧海横流的感愤中写出的，我的目的不在谈医学原理，而是面对病人要提出一种方剂。"③徐复观正是在这种心情之下，剖析专制政治对中国文化的毒害，并由此指出中国的前景在于追求自由与民主，正如他在1980年8月所说："我的工作，是受时代经验的推动与考验。……在我的文章中，自然浮现出时代的影子。举例来说，我写《周秦汉政治社会结

---

①徐复观：《再版序》，《中国思想史论集》，第3页。
②徐复观：《文录自序》，徐复观著，萧欣义编：《徐复观文录选粹》，第2页。
③徐复观：《儒家精神之基本性格及其限定与新生》，徐复观著，萧欣义编：《儒家政治思想与民主自由人权》，第43页。

构的研究》，是针对郭沫若诸人把周朝说成奴隶社会的抗辩。我写的
《盐铁论》研究，和最近出版的《周官成立的时代及其思想性格》，
也是如此。"①我们可以说，徐复观的中国文化解释，既是二十世纪动
乱中国的投影，也是针对中国的忧患而开出的药方。徐复观是通过对
"历史的中国"的解释，企图指出"未来的中国"的发展方向。

但是，我们以上所提出的解释显然是不够周延的，因为面对
二十世纪中国的忧患，而采取一种"文化思想的途径"（cultural-
intellectualistic approach）②以解决中国的问题，正是"五四"时代以来
中国知识分子共同采取的方法之一，儒家学者更是如此，所以"时代
的冲击"这个因素，显然不足以完全而充分地说明徐复观之所以特别
突出中国文化中的专制政治，及其对农村与经世儒学的压迫的理由。
我们必须转而从徐复观的思想中寻求进一步的内在原因。

细绎徐复观的著作，我们就可以发现：徐复观之所以如此描绘
中国文化的图像，尚有另一个更深刻的理由，那就是他对人的本质
的看法。

作为一个思想史家，徐复观与当代其他儒家学者最大的相异点之
一就是，他对人的具体性与复杂性具有深刻的了解。徐复观学术世界
里的"人"，不是那种不食人间烟火吟风弄月的高人逸士。相反地，
徐复观笔下的"人"是活生生的、实际参与生产活动的具体的人；徐
复观笔下的中国知识分子在中国专制传统下辗转呻吟，潜心著述，为
苦难的人民伸张正义。徐复观的史学取向，使他看到了人民的血河泪
海，使他的思想史研究不是象牙塔里的"知识的游戏"。③徐复观也
不认为思想史研究只是一堆概念的分析与建构而已，诚如他自己所说
"历史中最伟大的思想，是在改变一个时代，使人民能得到进一步的

---

①林镇国等采访：《擎起这把香火——当代思想的俯视》，徐复观：《徐复观杂文
续集》，第410页。
②Yü-sheng Lin, *The Crisis of Chinese Consciousness: Radical Antitraditionalism in the
May Fourth Era* (Madison:University of Wisconsin Press, 1979).此书有中译本，林毓
生：《中国意识的危机——"五四"时期激烈的反传统主义》，穆善培译，贵州
人民出版社1988年版。
③参见本书第一章。

解放，人生能得到更充实的意义"①，在他笔下的思想家，都是生活在历史情境中的人，他们面对具体的、活生生的专制政治的压迫与农民的苦难，而大无畏地站在人民立场，向不义的统治者争正义。徐复观思想世界中的人绝不是遗世而独立，抗志于烟霞之上，栖身于林泉之间的高人隐士。徐复观的文章义法深受太史公马迁的启示，在他著名的《论〈史记〉》这篇论文中曾有一段话形容司马迁笔下的人物，他说：

> 史公所传的人物，都是历史中具体的人物，而不是思想中抽象的人物。所称思想中抽象的人物，是把人物拿在自己思想中不知不觉地加以抽象化、单纯化，善则全善，恶则全恶，以合于自己思想上的要求或假定。这在无形中，使历史人物，成为架空的人物，而历史也因之成为架空的历史。所谓历史中具体的人物，其性格行为，都受到现实生活中的限制，具备了人的优点，也具备了人的弱点；善恶的比重各不相同，但总是善中有恶，也可能恶中有善。②

所谓"历史中具体的人物而不是思想中抽象的人物"这句话，正可以充分说明徐复观心目中人的本质。

基于对人之存在的具体性的认知，徐复观以他犀利的眼光，扫描中国文化的病灶，自然会对几千年来中国人在专制体制下之辗转呻吟的事实，给予高度注意，并寄予无限的哀婉之情。同样地，当他检视儒家思想时，他当然就会注意到专制帝王对儒家思想的荼毒与扭曲，而努力于还儒家以本来面目，并为儒家加上新的民主自由的思想内涵，使中国文化迈向新的康庄大道，获得重生。

（三）中国文化图像的比较：徐复观与其他当代儒者

现在，我们要问：以上所说的徐复观所建构的中国文化图像，在二十世纪中国思想史及东亚儒学史上，在哪些方面具有代表性的意义？与其他当代中国儒家学者与日本知识分子对中国文化的解释与展

---

① 徐复观：《盐铁论中的政治社会文化问题》，《两汉思想史》（卷三），第206页。徐复观又说："人的价值，乃在时代中形成，并须在时代中论定；否则人不是具体而成为抽象的'非历史的存在'。"见徐复观：《先汉经学史的形成》，《中国经学史的基础》，第31页。
② 徐复观：《论〈史记〉》，《两汉思想史》（卷三），第422页。

望有何不同？何以故？这三个问题可以引导我们对当代儒学的复杂性与异质性有进一步的了解。

首先，我想指出的是：徐复观所勾勒的中国文化图像基本上是作为歧路亡羊的现代中国人认同的一种对象。在这个意义上，徐复观的中国文化图像实有相当的代表性。正如我在本书第一章所说，1949年以后出身大陆而漂泊台港两地的当代中国儒家学者对中国文化都有强烈的认同感，在对"中国文化往何处去"这个问题的共同关怀之下，中国文化研究对他们而言不仅是"事实的描述"，同时也是一种"价值的认同"。换言之，在许多战后台湾儒学研究者的心目中，儒家思想与中国文化不是一种对象性的客观存在，而是一种研究者赖以安身立命，而且可以修己治人的价值系统。徐复观建构中国文化的图像，正是希望使中国文化成为二十世纪中国人文化认同的共同对象。这一点极具有代表性的意义。

但是，以上所说"以中国文化作为认同对象"这项原则性的共识，也不应障蔽了我们对当代儒家学者之间的歧异之认识。徐复观所建构的中国文化图像，在专制体制与经世儒学这两方面，都与其他当代儒者的中国文化图像大相径庭，前者与钱穆互相抵牾，后者则与唐君毅及牟宗三出入甚大。我们接着分析双方差异之所在。

徐复观解释中国文化时，特别着重批判专制体制对中国文化各方面的伤害与荼毒，这点我们在本章第二节已经加以说明。这一点与当代儒家学者钱宾四的论点正好形同水火。钱宾四著述宏富，阐扬中国文化不遗余力，在他的诸多著作中，对民国以来中国人认为中国历代王朝乃专制政治这种看法加以批驳，他的论断与徐复观正好构成鲜明的对比，钱宾四在抗战军兴的1939年1月所撰《国史大纲》的《引论》中就说：

> 谈者又疑中国政制无民权，无宪法，然民权亦各自有其所以表达之方式与机构，能遵循此种方式而保全其机构，此即立国之大宪大法，不必泥以求也。中国自秦以来，既为一广土众民之大邦，如欧西近代所行民选代议士制度，乃为吾先民所弗能操纵。然诚使国家能历年举行考试，平均选拔各地优秀平民，使得有参政之机会。又立一客观的服务成绩规程，以为官位进退之准则。则下情上达，本非无路。晚清革命派，以民权宪法为推翻清政府之一种宣传，固

有效矣。若遂认此为中国历史真相，谓自秦以来，中国惟有专制黑暗，若谓民无权，国无法者已二千年之久，则显为不情不实之谈。①

钱宾四认为中国历史上"民权亦各有其所以表达之方式与机构"，故不可谓中国历代皆是专制。这项看法在1946年所刊《中国政治与中国文化》一文中有进一步的发挥：

> 今日一般国人，认为中国自秦以下之政治，只是一种专制黑暗的政治。此种说法，用为辛亥革命时期之宣传，或无不可。若认为是历史情实，则相去殊远。试问中国广土众民，举世莫匹，为帝王者，将何借而肆其专制？若谓凭借贵族乎？则中国自秦以下，早已推行郡县政治，封建已破坏，世禄已取消，何来再有贵族政权？若谓凭借军人乎？则中国自秦以下，固未有纯以军人组织之政府，何来而有军人政权？若谓凭借商人富人以共治乎？则中国自秦以下，在汉则不许官吏兼营商业，在唐则不许工商人入仕，商人势力向未在中国传统政治下抬头，何来而有富人政治？然则中国帝王，不凭贵族封建，不凭军人武力，不凭工商富势，彼固何道而得肆其一人之专制？岂上帝乃专为中国诞生一辈不世杰出之大皇帝，绵绵不绝，以完成其二千年专制之怪局乎？
>
> 今明白言之，中国传统政治，实乃一种"士人政治"。换言之，亦可称之"贤能政治"。②

依这一段论述，钱宾四认为中国传统政治仅是士人政治，政府由贤能的士人组成，非帝王所能专制，故应称之为"民主政治"。

钱宾四以上这种看法，从《国史大纲》一书以后持论一贯，虽有其以历史知识唤醒"国民对国家有深厚之爱情"③之苦心孤诣，但作为对中国政治史的一种客观判断，不免引起并世学者之疑义。张君劢曾

---

① 钱穆：《引论》，《国史大纲》（上），《钱宾四先生全集》（第27册），第37—38页。
② 钱穆：《中国政治与中国文化》，《世界局势与中国文化》，《钱宾四先生全集》（第43册），第240—241页。
③ 钱穆：《引论》，《国史大纲》（上），《钱宾四先生全集》（第27册），第23页。

著专书批驳钱先生的论断，[1]先师萧公权（1897—1981）先生更有深刻而中肯的批判。萧先生首先指出，"专制"包含两层意思：与众制的民治政体相对照，凡大权属于一人者谓之专制；与法治的政府相对照，凡大权不受法律之限制者谓之专制。在这两种意义之下来看，中国两千年来的历史，由秦汉到明清两千年间专制政治虽然在效用上好坏不齐，然而本质上却是始终一贯，并且就大势上看，由浅越深，逐渐地增加了程度，也逐渐地暴露了弱点。虽然从对君权的限制这个角度来看，从两汉以后，限制君权的办法也有三种，一是宗教的限制，二是法律的限制，三是制度的限制。但是，宗教、法律和制度虽然束缚君主，使他们不能完全任意行为，而就两千年中大势看来，它们的效力事实上并不久远重大，不足以摇动专制政体的根本。从历史的大趋势来看，萧公权认为，秦汉到明清两千年中的政体，虽因君主有昏明，国家有盛衰，而在效用上小有变动，然而其根本精神和原则却始终一贯。必须等1911年辛亥革命，然后才随着新建的民主政体而归于消灭。[2]萧先生的论述，立论通达公允、平正踏实，我们在此仅需综述他的论点，而不必再多所辞费。

但是，从思想史的观点，我们仍必须追问：为什么徐复观与钱穆对于中国历史上的专制政治看法如此相左？对于这个问题，我们可以提出两项可能的答案。

第一，徐复观涉世较深，在中年时期就有机会任蒋介石幕僚，参与密笏，所谓"伤心最是近高楼"，他对时代变局的感受特别深刻。他自己说："自民国三十年起，对时代暴风雨的预感，一直压在我的精神上，简直吐不过气来。为了想抢救危机，几年来绞尽了我的心血。从（民国）三十三年到三十五年，浮在表面上的党政军人物，我大体都看到了。老实说，我没有发现可以担当时代艰苦的人才。甚至不曾发现对国家社会，真正有诚意、有愿心的人物。"[3]他中年以后的学术著作，处处充满了时代的投影，他以"在悲剧时代所形成的一颗

①参见张君劢：《中国专制君主政制之评议》，（台湾）弘文馆1986年版。
②参见萧公权：《中国君主政权的实质》，《宪政与民主》，（台湾）联经出版事业公司1982年版，第171—182页。
③徐复观：《我的教书生活》，徐复观著，萧欣义编：《徐复观文录选粹》，第304—305页。

感愤之心"①重新解释中国文化以探索中国的未来，他有心于以中国思想史研究解答文化上中国所面临的许多迫切的问题。②

在徐复观的学术世界里，"中国文化是什么"与"中国文化往何处去"是统一的。他对中国文化中的专制政体的剖析，都是"有为言之"，例如他析论汉代一人专制体制下的官制演变，特重皇帝对宰相制度的破坏，也许有一部分灵感是来自于他在抗战期间在"蒋委员长侍从室"的实际工作经验；他讨论两汉知识分子所感受的来自专制政治的压力感，他讨论中国历史上人君尊严的问题，也可能与他的实际生活体验有关。

但是，钱穆则是一个纯粹的书斋里的学者，毕生从无实际政治经验，从早年任教江苏省立第三师范、苏州省立中学、北平燕京大学、北京大学、西南联大，一直到香港新亚书院，晚年任教台北的中国文化学院，从未一日离开教学与研究岗位。钱宾四由于缺乏对当代中国现实政治的直接参与，所以他对中国政治史的判断较少时代背景的投影。明了了这一点，我们才可以了解1978年12月16日徐复观说这一段话的原因，徐复观说：

> 我和钱先生有相同之处，都是要把历史中好的一面发掘出来。但钱先生所发掘的是二千年的专制并不是专制，因而我们应当安住于历史传统政制之中，不必妄想什么民主。而我所发掘的却是以各种方式反抗专制，缓和专制，在专制中注入若干开明因素，在专制下如何多保持一线民族生机的圣贤之心、隐逸之节，伟大史学家文学家面对人民的呜咽呻吟，及志士仁人、忠臣义士，在专制中所流的血与泪。因而认为在专制下的血河泪海，不激发出民主自由来，便永不会停止。③

徐复观努力于从批判中国历史上的专制之中，引导中国走向民主自由，他对中国历史的解释中有太多时代的投影，有时虽然不免因时

①徐复观：《自序》，徐复观著，萧欣义编：《徐复观文录选粹》，第2页。
②徐复观：《序》，《中国人性论史·先秦篇》，第1页。
③徐复观：《良知的迷惘——钱穆先生的史学》，徐复观著，萧欣义编：《儒家政治思想与民主自由人权》，第182页。

代投影过多，而影响他的历史判断。①但是整体而言，正如他在1969年离开东海大学时所撰的对联"涉世每思千日酒，闭门犹著十年书"②，徐复观的"著书"是深深受到他的"涉世"所浸润的。

第二，徐复观析论中国历史文化比较具有强烈的批判精神，而钱穆则力求出之以"温情与敬意"③。徐复观与钱宾四都有心于弘扬中国历史文化之价值，但钱宾四比较温润，徐复观比较犀利，两者风格不同。针对中国历史上的专制政体问题，钱宾四基本上是从儒家对君权的限制着眼，说明不可以"专制"这个名词简单概括复杂的中国历史经验，诚如余英时（1930—2021）所说：

> 据我反复推究的结果，我以为钱先生所强调的其实是说：儒家的终极政治理论与其说是助长君权，毋宁说是限制君权。基于儒家理论而建立的科举、谏议、封驳等制度都有通过"士"权以争"民"权的涵义。……在这个意义上，他自然无法接受"封建"或"专制"那种过于简化的论断。④

但是，儒家对君权的限制，在徐复观看来是不足的、边缘性的，不足以改变中国传统政治的专制本质，徐复观说：

> 儒家既对人伦负责，当然要对政治负责。但因历史条件的限制，儒家的政治思想，尽管有其精纯的理论，可是，这种理论，总是站在统治者的立场去求实现，而缺少站在被统治者的立场去争取实现，因之，政治的主体性始终没有建立起来，未能由民本而走向民主，所以只有减轻统治者毒素的作用，而没有根本解决统治者毒

---

①例如徐复观晚年撰《周官成立之时代及其思想性格》（台湾学生书局1980年版），主张《周礼》是王莽所造，内容是极权主义的雏形。这种说法不免以今度古，业经余英时指出，参见余英时：《〈周礼〉考证和〈周礼〉的现代启示》，《新史学》1980年第1卷第3期。

②徐复观：《感逝》，《徐复观杂文——忆往事》，第192页。

③钱穆《国史大纲》的《引论》于研读国史必先具"温情与敬意"一节，再三拳拳致意。

④余英时：《钱穆与新儒家》，《犹记风吹水上鳞——钱穆与现代中国学术》，第50—51页。

素的作用，反常易为僭主所假借……①

徐复观犀利而敏锐的批判态度，使他直探中国文化根本病痛之所在。如果就为未来的历史奠基这个角度来看，徐复观的批判精神留给这一代中国知识分子的遗产显然较为丰富。②

在徐复观的中国文化图像中，儒学是一种偏重实践的而不是形而上的，是经世的而不是超越性的思想系统。徐复观所突显的这个儒学面向，与唐、牟笔下的儒学内涵显然出入甚大，双方基本的差异在于：徐复观将儒家思想置于具体历史脉络中考察，唐、牟将儒家思想视为一套以形而上学为中心的哲学系统。徐复观自己曾对从形而上学讲儒家思想的师友表示不满，他说：

> 讲中国哲学的先生们……即使非常爱护中国文化，对中国文化用功很勤，所得很精的哲学家，有如熊师十力，以及唐君毅先生，却是反其道而行，要从具体生命、行为层层向上推，推到形而上的天命天道处立足，以为不如此，便立足不稳。没有想到，形而上的东西，一套一套的有如走马灯，在思想史上，从来没有稳过。③

徐复观认为孔子以及儒家思想应从《论语》理解，而不应从《中庸》理解，儒家的基本性格是实践的而不是形而上的。

徐复观与唐君毅之差异很具体地表现在他们对孟子的"践形"概念的解释之上。徐复观解释孟子的"践形"概念也展现他将儒学理解为实践的儒学的一贯进路。徐复观这样解释"践形"概念：

> 践形，可以从两方面来说：从充实道德的主体性来说，这即是孟子以集义养气的工夫，使生理之气，变为理性的浩然之气。从道德的实践上说，践形，即是道德之心，通过官能的天性，官能的

---

① 徐复观：《儒家精神之基本性格及其限定与新生》，徐复观著，萧欣义编：《儒家政治思想与民主自由人权》，第66页。
② 林毓生就如此称许徐复观，见林毓生：《思想与人物》，（台湾）联经出版事业公司1983年版，第418页。
③ 徐复观：《向孔子的思想性格回归——为纪念一九七九年孔子诞辰而作》，《徐复观杂文续集》，第66页。

能力，以向客观世界中实现。这是意义无穷的一句话。孟子说到这里，才把心与一切官能皆置于价值平等的地位，才使人自觉到应对自己的每一官能负责，因而通过官能的活动，可以把心的道德主体与客观结合在一起，使心德实现于客观世界之中，而不是停留在"观想""观念"的世界。孟子的人性论，至此而才算完成。再确切地说，孟子的尽心，必落实到践形上面。能践形才能算是尽心。践形，乃是把各官能所潜伏的能力（天性）彻底发挥出来；以期在客观事物中有所作为，有所构建，否则无所谓践形。所以由尽心践形所成就的世界，必是以大同为量的现实世界。①

徐复观对"践形"的解释，不仅注重道德主体性的建立，更特别强调主体性的客观化或客体化（objectification），认为儒学基本精神一定要求贯通主体世界与客体世界。这种讲法与徐复观解释《孟子·公孙丑上》"知言养气章"理路一致，②都显示徐复观特重"实践的儒学"之特质。

但是，徐复观所强调的儒学的这个面向，就没有或很少出现在唐君毅的儒学解释之中。唐君毅这样解释"践形"概念：

> 君子之实现其心性，而有仁义礼智之德，其德亦即表现于其具形色之身躯，以使其自然生命，成为德性生命之表现之地。人之有此形色之身躯，乃人与禽兽之所同。依此身躯，而人有其耳目之欲等，亦人与禽兽之所同。然人有其德性生命，充满于此形躯之自然生命之中，则可使此具自然生命之形躯，全变其意义与价值，以为其德性生命之见于其生活行为，以表见于外之地；而此形躯，即亦如为此德性生命之光辉之所贯彻，而化为透明。由此而形躯之所在，即其德性之所在。故曰"形色，天性也。唯圣人然后可以践形"。圣人必践此形如践地，而后形色为天性之表现，方有天性之在此形色中。固非泛言形色即天性也。③

---

① 徐复观：《中国人性论史·先秦篇》，第185—186页。
② 参见徐复观：《孟子知言养气章试释》，《中国思想史论集》，第142—154页。
③ 唐君毅：《中国哲学原论·原道篇》，新亚研究所1974年版，第239—240页。

在唐君毅的解释之中，"践形"成为内在的道德心之表现于外在的躯体而完成身心一如之过程，不再是（如徐复观所强调的）主体之客观化或客体化的过程，两者的畸轻畸重至为明显。

从这一节的讨论里，我们发现：徐复观正如二十世纪中国其他的知识分子一样，特别强调中国文化的"中国性"，并以中国文化作为这一代中国人之文化认同的对象。但是，徐复观所描绘的"专制政体—农村社会—经世儒学"的中国文化图像，则与当代其他儒家学者之间有"其同不能掩其异"者在焉。徐复观对中国文化中的专制传统特加突显，这一点与钱穆之看法互不相容；徐复观之特重"实践的儒学"，则又与唐君毅、牟宗三之特重儒学的形上学传统出入极大。从这些差异，我们可以看到当代中国新儒学的同中之异，其实是巨大的。

三、徐复观的中国文化观及其历史脉络：与胡适比较

现在，我们讨论本章第一节所提出的第二个问题：当代新儒家学者如徐复观是在何种历史脉络之中，对中国文化的某些特殊面向加以显题化？我的问题之所以如此提法，不仅仅是因为我们将当代新儒学当作是二十世纪中国思想史的一个历史现象，并将当代儒家学者当作思想史上的人物处理；更重要的是因为包括徐复观在内的当代新儒家学者，都怀抱着对民族文化的悲愿，面对二十世纪中国的变局而企图开出解决的药方。他们"满局棋输气未降"（徐复观1977年诗），他们的诸多著作都是在漂泊香江或流寓台岛的特殊时空脉络之中，针对特定的对象而发言，他们并不是在一个普遍而抽象的立场上，也不是在真空的情况之中，来描绘中国文化的图像。

（一）徐复观与胡适对中国文化看法的歧异

徐复观的生命情调和学术风格，在二十世纪中国知识分子之中显得非常特别。他未尝离事而言理，他的论述多半是针对特定的对象发言，正如他的论敌兼心灵的朋友殷海光在1969年8月逝世之前所形容的："他凶咆起来像狮虎，驯服起来像绵羊；爱热闹起来像马戏班的主人，孤独起来像野鹤闲云；讲起理学来是个道学夫子，斗争起来是个不折不扣的步兵团长；仁慈起来像春天的风，冷酷起来像秋天的霜。然而他充满了生命的奋进、斗气，一分钟也不停，一秒钟也不

止。"①徐复观强韧的生命力，在他的著作中展现无遗，似乎其中的每一个字，都从字里行间跳跃而出，要与同时代的学者争学术的是非，对当代专制统治者争正义，并在欧风美雨侵袭的暴风雨中为中国文化招魂。徐复观在解释中国文化的时候，所特别针对的发言的对象中，比较关乎学术与世变之大者，至少有以下两类：

二十世纪中国学者中主张价值中立并反对（徐复观所了解的）中国文化的人。在徐复观的笔下，这些人当以胡适及傅斯年为主要代表。徐复观曾明白说明他和胡适之先生对中国文化价值的看法之歧异：

《自由中国》以胡适之先生为首，以毛子水先生为胡先生的代言人，是反中国传统文化的。殷海光先生本来和我私人的关系最深，所以开始也在《民主评论》上写文章；后来因文化观点便完全走向《自由中国》。《民主评论》，当时以钱穆、唐君毅、牟宗三三位先生为中心，是发扬中国传统文化的，我则一面强调民主，同时也维护传统中国文化，于是我和唐牟两位先生之间渐渐形成要以中国文化的"道德人文精神"，作为民主政治的内涵，改变受中西文化冲突的关系成为相助相即的关系。我在政治方面多写些文章，唐牟两先生在文化上多写些文章。由文化取向的不同，又时常引起两个刊物的对立与危机。②

这一段话是1979年3月徐复观在悼念雷震（1897—1979）的文章中的晚年回忆之言，其中有两个问题值得我们追索：其一，徐复观认为胡适是"反中国传统文化的"，是否合乎事实？如果是的话，那么，徐复观是在什么意义下认为胡适所代表的一些当代学者是"反中国传统文化的"？其二，徐复观说他和唐、牟都有心于重建中国文化的"道德人文主义"，其具体涵义是什么？这两个问题是我们分析徐复观何以批判胡适等人如此之激烈的关键。

①陈鼓应编：《春蚕吐丝：殷海光最后的话语》，（台湾）远景出版事业公司1987年版，第23页。
②徐复观：《"死而后已"的民主斗士——敬悼雷儆寰（震）先生》，《徐复观杂文——忆往事》，第214页。

我们先分析第一个问题。所谓胡适是"反传统中国文化的",这项命题可能的涵义有二:一是就胡适的思想倾向或思维方式而言;二是就胡适的文化观而言。就第一项可能涵义而言,徐复观的说法对胡适并不公平,而且徐复观很可能并不是就胡适的思维方式而说的。当代学者的研究文献也指出,胡适终其一生对中国传统文化与西方文化的言论虽然屡有枝节性的变迁,而且颇为混淆,但胡适基本上不是反传统主义者,而更重要的是胡适的反传统论却是根源于传统中国儒家的整体论的思维方式。[1]也有研究文献更指出,胡适援引杜威实验主义以解决近代中国政治社会及文化危机时,深受中国儒家传统之"修身"观念及其思维模式的影响。[2]这两项研究成果都说明胡适的思维方式不但不是"反传统中国文化的",而且是深深地浸润在传统中国文化之中的。

徐复观批判胡适之"反传统中国文化"显然是另有所指,从相关史料看来,徐复观显然是指胡适的文化图像,尤其集中在胡适对(他所理解的)宋明理学的嫌恶,以及对中国文化中若干不合人道的风俗,如缠足等具体事项的攻击之上。为了说明徐复观与胡适对宋明理学的不同态度,我们可以引用徐复观在1980年,回忆他与唐君毅、牟宗三、张君劢等人共同发表《为中国文化敬告世界人士宣言——我们对中国学术研究及中国文化与世界文化前途之共同认识》后的一段文献,徐复观说:

> 胡适之先生对这篇"宣言"反应强烈。记得他当时到台中农学院演讲,讲完后到东海大学来。东海大学为他举行欢迎茶会。胡先生一进来,顾不得和别人打招呼,就拉着我说:"今天很对不起,我骂了你们!"
>
> "骂什么呢?"我问。
>
> "今天,我对学生说,唐、牟、徐、张四位所发表的'宣言'是骗人的,你们不要相信!"
>
> "为什么是骗人的?"

---

① 参见林毓生:《思想与人物》,第139—194页。
② Chen-te Yang, "Hu Shih, Pragmatism ,and the Chinese Tradition," unpublished (PhD diss., University of Wisconsin Press, 1993).

"你们在'宣言'里提到宋明理学，其实，宋明理学是阳儒阴释。"

"在你反对之前，有没有看过我们关于宋明理学的论述？"

胡先生说："没有。"当时，我就很不客气说道："既然没有看过，怎么能批评？"接着又说："我们研究中国文化，乃是从整个世界文化的视野来看的，对于西方文化中的相关思想亦颇为留心。"

"徐先生是中西兼通啊！"胡先生说。

"这倒不敢。不过，我们确是十分留意西方的文化思想。"

就这样，大家谈得很僵。[1]

这一段历史当事人所回忆的第一手史料，很生动地呈现出以胡适为首的所谓"西化派"与包括徐复观在内的当代儒家之间，对宋明理学的不同的理解与态度。从学术传承来看，胡适出自安徽绩溪汉学传统，在幼年的家乡教育就读完大部分先秦儒家典籍，[2]在美国留学期间内也不断自修中国儒学。[3]但是，胡适基本上认为宋明理学具有强烈的中古性格，他说：

> 宋儒以来的理学挂着孔教的招牌，其实因袭了中古宗教的种种不近人情的教条。中古宗教的要点在于不要做人而想做菩萨神仙。这固是很坏……到了理学家出来，他们把中古宗教做菩萨神仙之道搬运过来认为做人之道，这就更坏了。[4]

相对于他对宋明理学的嫌恶，胡适对十八、十九世纪的清代考证学颇为推崇，他认为清学是做"实事求是"的工夫，用证据作基础，考订一切古文化。他认为清代学术是一个史学运动，是中国古文化的

---

① 林镇国等采访：《擎起这把香火——当代思想的俯视》，徐复观：《徐复观杂文续集》，第408—409页。
② 参见胡适：《四十自述》，（台湾）远东图书公司1967年版，第20—23页。
③ 参见余英时：《中国近代思想史上的胡适》，《中国思想传统的现代诠释》，（台湾）联经出版事业公司1987年版，第503—531页。
④ 胡适：《反理学的思想家——戴东原》，余英时等：《中国哲学思想论集·清代篇》，（台湾）牧童出版社1976年版，第238页。

新研究，可以称之为中国的"文艺复兴"（renaissance）时代。①胡适对清学的看法基本上与梁启超（字卓如，号任公，1873—1929）在《中国近三百年学术史》中所表现的看法是一脉相承的。

相对于胡适而言，徐复观对清代考证学颇为鄙夷，不能掩其厌恶之情，他晚年在《"清代汉学"衡论》中对清学的批判很具有代表性，他说：

> 清代汉学家，正如龚自珍所指出，停顿在零碎饾饤的诂训考据之上，以为即此而义理已明。决没有想到由归纳、抽象，以构成有条理、有系统的知识。而值得称为"思想"的，才是研究人文学科的到达点。他们对凡具有思想性的东西，必以"玄学"这类的名词加以抹然。所以他们是一群缺乏思想性的学者，离近代的"知识"的要求，差得很远。严格地说，他们所做的，根本不能算是一种完整性的"学问"。②

徐复观反清学乃是反清儒之只论事实而不论价值与思想。这种学术立场自然是受到熊十力的启发而来的。③徐复观通过熊十力而对宋明儒一直怀有深刻的敬意。胡适认为宋明理学是中世纪的学问，到了清儒才正视人类的欲望问题，才取得了"近代性"。但是徐复观则认为清儒不谈价值问题与思想问题，才是缺乏"近代性"。

除了对宋明理学的不同评价之外，徐复观与胡适在对中国文化的缠足这个现象的解释上，也形同水火。胡适毕生对中国文化中的缠足现象挞伐不遗余力，早在1926年6月6日胡适在《我们对于西洋近代文明的态度》这篇文章中，就说："中国八百年的理学工夫居然看不见二万万妇女缠足的惨无人道！明心见性，何补于人道的苦痛困穷！坐禅主敬，不过造成许多'四肢不勤，五谷不分'的废物！"④1929年，胡适在一篇题为《文化的冲突》的英文论文中更进一步批判中国文化

①胡适：《反理学的思想家——戴东原》，余英时等：《中国哲学思想论集·清代篇》，第229页。
②徐复观：《两汉思想史》（卷三），第619页。
③熊十力：《读经示要》卷二，第115页。
④胡适：《我们对于西洋近代文明的态度》，《胡适文存》（第三集），（台湾）远东图书公司1961年版，第9—10页。

中的宗教、哲学和伦常道德共同合谋使中国人对缠足视而不见，丧失良知。[1]一直到1961年11月6日，胡适应邀在亚东区科学教育会议发表演讲，仍批判中国文明有千余年的妇女缠足历史，实无精神文化之可言。[2]我们可以说，胡适对中国文化中的缠足现象之批判，终生持论一贯。

但是，胡适从缠足现象批判中国文化，却引起徐复观极其激烈的反应。徐复观在1961年7月1日胡适演讲内容，以《中国人的耻辱　东方人的耻辱》为题，写了一篇文章批驳胡适：

> 胡博士一直坚持以包小脚来代表中国的文化，这是任何精神状态正常的人所决不敢出此的。我现在只最简单地问胡博士三点：（1）包小脚是由中国文化中的哪一家思想所导诱出来的？胡博士假定对世界文化史中的妇女问题，有起码的常识，便应当可以承认在古代任何有文化可资稽考的民族中，只有中国文化，对妇女的地位最为尊重。（2）包小脚大概有一千年的历史。中国文化既是由包小脚所代表，则在包小脚以前，中国有没有文化？（3）现在已没有包小脚的情形了，中国文化应该随之而消灭，因为包小脚是中国文化的代表。如此，则胡博士今日之骂中国文化，未免是无的放矢。[3]

以这一段针锋相对的反驳，对照胡适对中国文化的尖刻批评，我们可以说胡适是以作为民间文化的缠足现象，代表中国文化的全体，并指责宋明理学家应负视而不见、未加批判之道德责任；徐复观则认为中国文化内容繁复，缠足不足为其代表。徐复观关于中国文化的诸多论述，常是针对胡适等人而立论。

现在我们转而考虑第二个问题：徐复观所谓"道德人文主义"指何而言？这个问题与徐复观与胡适等人之间的中国文化争议颇有关联。让我们先引用一段1980年8月他自己的说明：

---

[1]参见胡适著，张景明译：《文化的冲突》，罗荣渠主编：《从"西化"到现代化——五四以来有关中国的文化趋向和发展道路论争文选》，第361—369页。这是胡适这篇英文论文第一次被译成中文刊布。
[2]胡颂平编著：《胡适之先生年谱长编初稿》（第10册），（台湾）联经出版事业公司1984年版，第3803页。
[3]徐复观：《中国人的耻辱　东方人的耻辱》，《徐复观杂文续集》，第380页。

> 我说的人文主义，有两层意思：首先，是在"人"身上立足，不是在"神"身上立足。这一点和西方相同。另一则不同，西方的人文主义强调才智，崇拜全能的人；而中国的人文主义则不反对才智，但是终究立足于道德之上。①

徐复观所谓"道德人文主义"是指一种以所谓"道德主体性"为基础的人文主义，它在中国文化中特别发达。徐复观认为，中国学问从西周初叶至清代初叶，虽然其中有注重求知识，因而开启研究自然科学之门，但是中国悠久的传统文化，其中心乃在追求人之所以为人的道理，包括人与人之间，如何可以和谐共处的道理，并加以躬行实践，但这一文化传统，完全被乾嘉学派所否定。②徐复观认为乾嘉诸老未能正确把握中国文化中的"道德人文主义"，这是他反乾嘉学术的基本理由。他也认为，以胡适为首的西化派学者在历史与社会的探求中，反对谈思想，反对谈价值，而只能谈事实，所以就一贯地无分别地反对中国文化主流的儒家思想。③这也是他反对胡适的学术理由。

徐复观站在这种"道德人文主义"的基础上，认为在人类生活与行为中，概念、价值、事实三者经常是融合在一起而不可分，一个研究者不论从其中的哪一点深入进去，必定会遇到其他的两点。④徐复观不满意胡适等人不注意或者很少注意中国文化中的价值问题。徐复观从这种立场出发，使他必然反对傅斯年所提倡的"史学即史料学"的研究方法。本书第一章对这个问题已经有所讨论，所以在此不再赘述。⑤胡适与傅斯年等人是徐复观发言的对象。

（二）徐复观发言的历史脉络

在讨论了徐复观发言所针对的两类对象之外，我们再放宽视野，

---

① 林镇国等采访：《擎起这把香火——当代思想的俯视》，徐复观：《徐复观杂文续集》，第412页。
② 徐复观：《中国历史运命的挫折》，《中国思想史论集》，第261页。
③ 参见徐复观：《写给"中央研究院"王院长世杰先生的一封公开信》，《徐复观文存》，第256页。
④ 参见徐复观：《写给"中央研究院"王院长世杰先生的一封公开信》，《徐复观文存》，第257—258页。
⑤ 参见本书第一章第三节。

看看徐复观是在何种历史脉络中建构他心目中的中国文化图像。约言之，徐复观所身处的历史脉络与他对中国文化的解释较有关系者有二：一是二十世纪三十及四十年代中国知识界的中西文化论争；二是民国以来中国政治的变局。徐先生在中西文化论争的客观脉络中，与当代学者学术争辩中国文化的特质；他在二十世纪中国政治的剧变中，以"感愤之心"勾勒中国文化的未来。所以，我对前者的讨论将着重在中西文化论争的客观情境与内容；而我对后者的分析，则以徐复观个人对时代变局的感受作为焦点，以便进入徐复观的主观世界。

徐复观对胡适等人的批评，基本上是延续三十及四十年代中西文化论争的思想脉络。因此，我们如要对何以徐复观对他心目中的"西化派"措辞如此激烈之原因有所了解，我们就要对当时的中西文化论争①中的几项思想倾向略加探讨。

当时不论是"中国本位文化论"者或是"西化论"者，不论他们的细部看法有何差异，他们都倾向于将复杂万端的中国社会、政治、经济、思想等问题，等同于文化问题，认为一旦文化问题解决，则中国所有的问题都可一举而获解决。我们举梁漱溟（1893—1988）与西化派健将陈序经（1903—1967）为代表，加以说明。

梁漱溟一生对文化问题的看法虽略有变动，但是他认为中国问题可以归结为文化问题，这一点则持论一贯。早在1920年9月他开始在北京大学讲授以及在《东西文化及其哲学》一书中，他就说："一民族之有今日结果的情景，全由他自己以往文化使然；西洋人之有今日全由于他的文化，印度人之有今日全由于他的文化，中国人之有今日全由我们自己的文化而莫从抵赖。"②1935年他在山东邹平县乡村建设研

---

①已故北京大学教授罗荣渠认为这是"五四"以降中国思想界四大论战之一。他认为这四次大论战是：关于东西文化问题的论战（1915—1927），关于中国现代化问题的讨论（1933），关于中国文化出路问题的新论战（三十年代至四十年代），关于中国应以农立国还是以工立国的论战（二十年代至四十年代）。参见罗荣渠：《中国近百年来现代化思潮演变的反思》，罗荣渠主编：《从"西化"到现代化——五四以来有关中国的文化趋向和发展道路论争文选》，第1—38页。关于这个问题的研究，参见黄志辉：《我国近现代之交的中西文化论战》，广东高等教育出版社1992年版。

②梁漱溟讲演：《东西文化及其哲学》，陈政、罗常培编录，商务印书馆1922年版，第203页。

究院朝会演讲时，更进一步发挥这个看法，他说：

> 中国问题原来是混整之一个问题，其曰政治经济文化三问题
> 者，分别自三面看之耳；并不是当真有分得开的三个问题。因此，
> 在这一大问题中，苟其一面得通，其他两面皆通；若不通时，则一
> 切皆不通。政治经济两面，彼此互不能离开而得单独解决，大概人
> 都晓得；其实，中国政治上出路，经济上出路，不得离开他那固有
> 文化的出路，亦是自明之理。①

基于以上看法，梁漱溟在《中国民族自救运动之最后觉悟》一书
中下断语："中国的失败自然是文化的失败；西洋的胜利自然亦是他
文化的胜利。"②

值得我们注意的是，西化派健将也将当时的中国问题化约为文
化问题，1933年12月29日的陈序经在广州中山大学以《中国文化之出
路》发表演讲，他说：

> 中国的问题，根本就是整个文化的问题。想着把中国的政治、
> 经济、教育等等改革，根本要从文化着手。③

陈序经与梁漱溟对于中西文化之看法如风马牛之不相及，但他们
将中国问题化约为文化问题这个思想倾向却若合符节，当时知识界之
思想趋势由此一端殆可思过半矣。

徐复观就是承受二十世纪三十及四十年代中西文化争论中这种
"将中国问题化约为文化问题"的思维模式，而重构他的中国文化图
像。徐复观自1949年来到台湾以后，就努力通过文化问题的解决以解
决中国当前问题，《中国人性论史·先秦篇》的《自序》透露这种面
对当代中国问题的态度。他在1961年10月10日所刊《中国历史运命之
挫折》这篇论文中，更明言以文化拯救国运之用心，他说：

> 今日的文化问题，不仅不应当有汉宋之争，实际也不应当有中

---

①梁漱溟：《朝话·年谱初稿》，（台湾）龙田出版社1979年版，第144页。
②梁漱溟：《中国民族自救运动之最后觉悟》，台北影印本1971年，第86页。
③陈序经：《中国文化之出路》，罗荣渠主编：《从"西化"到现代化——五四以
来有关中国的文化趋向和发展道路论争文选》，第370页。

西之争。好学深思之士，所应切实把握的，是文化自身有些什么问题，当前人类有些什么问题，守住中国"以天下为己任"的传统，尽其一己之诚。[1]

徐复观所采用的"将中国问题化约为文化问题"的思考方式，是他所承受的"五四"思想遗产，这种思想倾向也许可以称之为"文化化约论"（cultural reductionism）。这种"文化化约论"是二十世纪三十年代以降中国知识分子的共识，对中国文化的意见与徐复观很不相同的钱穆，也有相同的论点。钱穆在1952年就说："一切问题，由文化问题产生。一切问题，由文化问题解决。"[2]从1952年出版《文化学大义》一书以后，钱穆后来撰写《中国文化史导论》《文化与教育》《民族与文化》《中华文化十二讲》《中国文化精神》《中国文化丛谈》《世界局势与中国文化》等书，都是在这种共识之下的著述。

二十世纪三十及四十年代中西文化论争的第二个思想脉络，是论战双方都在价值取向上走向激进的方向。诚如余英时所说，中国近代思想史可以视为一段激进化（radicalization）的过程，因为无论是戊戌的维新主义者，"五四"时代的自由主义者，或稍后的社会主义者，都把中国的文化传统当作"现代化"最大的敌人，而且在思想上是一波比一波更为激烈。他们之间尽管也有极大的分歧，但是却有一个共同的假定：即只有破掉一分"传统"，才能获得一分"现代化"。[3]二十世纪三十年代以后中西文化论争的双方，都各走极端，而且在他们的论述中"事实判断"常与"价值判断"混淆为一，所以对于他们的论敌都施以猛烈的攻击，他们以文化作为他们安身立命之场域，所以对于异己者常无法容忍。徐复观重构中国文化图像时，也深深地浸润于二十世纪三十年代以降这种"激进化"的思想氛围之中，所以他论析中国文化问题时，常有"岂意微阳动寒谷，顿教寸木托岑楼"[4]的气势。

---

①徐复观：《中国历史运命之挫折》，《中国思想史论集》，第261页。
②钱穆：《文化学大义》，《钱宾四先生全集》（第37册），第3页。
③参见余英时：《中国近代思想史上的激进与保守》，《犹记风吹水上鳞——钱穆与现代中国学术》，第199—242页。
④参见徐复观1966年和友人诗，见徐复观：《悼念萧一山、彭醇士两先生》，《徐复观杂文——忆往事》，第202页。

二十世纪三十四十年代的中西文化论争的双方，常常抽象地而不是具体地谈中西文化异同问题，例如在西化派健将陈序经讨论中西文化的论述之中，"中国"和"西方"常被视为对立的敌体，他呼吁中国走向"全盘西化"，他的口号只是作为一种信仰，而不是一种落实在具体情境中的分析命题而提出。这种立论态度也呈现在"中国文化本位论者"的言论之中，1935年的《中国本位的文化建设宣言》中，"文化"这个名词都是被当作抽象而普遍的信念而被提出，而且是在一种"中国"与"西方"对立的脉络中被提出，其思考问题的盲点在于：未将问题置于具体而特殊的历史情境之中加以思考。在这个思想脉络之下，徐复观对中国文化的论述就显得与众不同。徐复观与二十世纪三十四十年代的许多知识分子不同，他将"文化"概念落实在具体而特殊的中国历史情境之中加以分析，所以能注意到悠久的专制政体对于中国文化所造成的伤害。

总而言之，我们如果把徐复观的中国文化图像放在二十世纪三十年代以降中西文化论战的历史脉络中加以考察，就会发现：徐复观在论述中国文化的问题时，所呈现的"文化化约论"思考方法，以及"激进化"的立场与态度，都与二十世纪三十年代知识分子保持一定的传承关系。但是他采取历史的研究途径，将文化问题放在历史情境中讨论则与二十世纪三十年代知识分子颇不相同。

现在，我们接着讨论：徐复观发言的政治史脉络即为二十世纪中国的巨变。但是，我们在这里无法也没必要涉及近百年中国政治史的细节事实，我们必须集中焦点于徐复观个人对时代变局的感受与体认，只有如此我们才能进入徐复观的主观世界。

徐复观对中国文化的解释，有其幼年教育的基础，他自己说："从民元发蒙时候起，到民国十五年（1926）革命军到武汉为止，主要是读线装书。"①后来北伐以后，徐复观颇信社会主义，他说："在民国二十九年以前，我的思想，受马、恩的影响比较大，到了二十九年以后，我虽然放弃了马、恩的一套，但对民主政治并无了解，并无

---

① 徐复观：《西方文化没有阴影》，《徐复观杂文——记所思》，（台湾）时报文化出版事业有限公司1980年版，第65页。徐先生在《我的读书生活》（收入徐复观著，萧欣义编：《徐复观文录选粹》，第311—319页）一文中，也有相同的回忆。

信心。到了四九年，我才由'中的政治路线'摸到民主政治上面，成为我后半生政治思想的立足点。"①我们可以看到徐复观的思想随时代而起伏，他对中国文化的解释也形成于时代的变局之中。那么，在徐复观心目中，二十世纪中国的变局有哪些突出面向呢？

民主政治的挫折：徐复观认为，民国成立以后，中国历史最大的现象就是民主政治的挫折。1961年10月10日，徐复观说：

> 客观地看……只能说明我们历史的运命，正受了最大的挫折。……我所说的挫折，乃指中山先生所倡导的民主政治，不断地受到阻扰，最后使整个大陆，沦入于极权政治的铁幕而言。……因此，民主政治的建立，是表现中国历史运命的飞跃地展开。而民主政治的没落，是表现中国历史运命的总挫折。②

在徐复观看来，这一段"民主政治的挫折"的历史过程，在徐复观心灵中打下了深刻的烙印，成为他写作的内在动力，他说：

> 我之所以拿起笔来写文章，只因身经巨变，不仅亲眼看到许多自以为是尊荣，伟大，骄傲，光辉的东西，一转眼间便都跌得云散烟销，有同鼠肝虫臂。并且还亲眼看到无数的纯朴无知的乡农村姬，无数的天真无邪的少女青年，有的根本不知今是何世，有的还未向这世界睁开眼睛；也都在一夜之间，变成待罪的羔羊，被交付末日的审判。……我正式拿起笔来写文章，是从1949年开始。……我过去写这类的文字时，常是倾注自己的心血，以直接承担着时代中的某一问题；我从未觉得我是与恶魔决斗的勇士，而只是在我的前后左右，没有安放恶魔的位置。所以每篇文字中，尽管夹杂有许多的委曲，但总流露有几句真切的话，以与时代的呼吸相通。③

徐复观扣紧"民主政治的挫折"这项时代脉搏的跳动，"以与时

①徐复观：《对殷海光先生的忆念》，《徐复观杂文——忆往事》，第174页。
②徐复观：《中国历史运命的挫折》，《中国思想史论集》，第257页。徐先生在1975年6月5日于《华侨日报》所发表的《五十年来的中国——为华侨日报创办五十周年纪念而作》（收入《徐复观杂文续集》，第3—15页）也有相同看法。
③徐复观：《自序》，《学术与政治之间》（甲集），第1—2页。

代的呼吸相通",他建构中国文化图像时,特别突显专制政治的传统及其对中国文化的伤害,他析论儒家与专制政体的复杂关系,他臧否当代政治人物,都是从为中国未来的民主政治奠基这个立场而出发。①

知识分子的堕落:在徐复观个人的体验里,与二十世纪中国民主政治的挫折相随而行的就是知识分子的堕落,他在许多论文中一再提到这一感受,尤其是1967年11月27日完稿的《在非常变局下中国知识分子的悲剧命运》这篇文章。徐复观认为1937年抗战开始以后的中国,乃是历史的非常变局,这种变局导致知识分子的悲剧命运。徐复观追溯知识分子之由现实中堕落,实开始于隋唐科举制度实施之后,只知个人功名利禄而不知有学问与人格。徐复观认为孙中山(1866—1925)是集鸦片战争以后知识分子自救运动之大成的人物,孙中山实际继承并发展了中国传统知识分子的理想,而开出了以世界为规模的中庸之道。但科举遗毒太深,影响及于以三民主义为号召的国民党的许多党员,使其在主义与遗毒之间,不断地摇摆不定,而不断地斗争与分裂。每经过一次斗争与分裂,总是助长了遗毒的声势与气焰,不但使孙中山建国的理想落空,并且因为他们只想在升官发财上安身立命,于是在"革命"的口号之下,运用了科举时代所意想不到的组织性、技巧性与勇气,一层一层地拼命向上挤。这更使社会的中层与下层日渐空虚,政治的金字塔尖常常被挤得失掉了真正的均衡与安定。徐复观认为,从抗战以来中国知识分子所应当传承的政治上、社会上、文化上的中庸之道的理想,曾因缘抗战的机会而有短短的一场春梦。最后,中庸之道彻底破灭。徐复观在检讨了二十世纪中国知识阶层的堕落之后,这样表达他对未来的祈向:

> 有建设性的中庸之道的复苏,这将是国家命运的复苏,也是中国知识分子命运的复苏。……因为中华民族是不可能被消灭掉;而中庸之道,乃出于人心之所同然。②

---

① 参见熊自健:《徐复观论民主政治》,《鹅湖学志》1993年第10期。
② 徐复观:《在非常变局下中国知识分子的悲剧命运》,《中国思想史论集》,第277页。

他寄望于未来的中国从"激进化"①之中再走向中庸之道，使知识分子面貌一新。

我们从徐复观自传性的文字之中，归纳出徐复观对时代巨变感受最深的是：民主政治的挫折与知识阶层的堕落。我们了解了徐复观的主观世界的内容之后，对于他之所以特别着眼于中国文化中的专制政治传统，并寄望于新时代儒家知识分子的再兴，以承担时代重责大任，也就有了比较贴切的了解。

四、结　论

从这一章所分析徐复观对传统中国文化的解释来看，我们可以获致的第一个结论是：徐复观之所以在二十世纪重新解释中国文化的特质，最根本的原因是为了自我了解并展望未来。徐复观努力于从"过去是如何"的解释事业之中，汲取"未来应如何"的灵感。他致力于对中国文化的"实然"（to be）之解释中，指引中国人未来"应然"（ought to be）的新方向。在徐复观的解释之中，传统中国文化并不是一具僵死的木乃伊（mummy），而是一座充满历史教训的图书馆，现代中国人可以进入这座图书馆里，与古圣先贤或历史人物进行亲切的对话，寻求二十一世纪中国的新动向。

我们可以说，徐复观对中国传统文化的解释进路，洋溢着具有中国文化特色的人文精神，并与从孔子以降的传统中国史学家的人文精神一脉相承。徐复观曾指出：古代史官职务由宗教向人文之转变，是中国文化人文精神的跃动最主要的指标。史官的职务之转变，使中国文化以"史的审判"取代"神的审判"。②徐复观又指出，孔子修《春秋》的动机在于发挥古代良史以"史的审判"取代"神的审判"的庄严使命。③我想在此进一步指出，徐复观对中国历史与文化的解释，正是上承中国传统史学中以历史的审判取代宗教最后的审判的中国人文

---

①Ying-shih Yu, "The Radicalization of China in the Twentieth Century," *Daedalus, Journal of the American Academy of Arts and Sciences* 122, no.2 (1993):125–150.

②徐复观：《原史——由宗教通向人文的史学的成立》，《两汉思想史》（卷三），第224—231页。

③徐复观：《原史——由宗教通向人文的史学的成立》，《两汉思想史》（卷三），第258—261页。

精神而发扬光大。

包括徐复观在内的当代中国新儒家所采取的"以回顾为前瞻"的思想路径，与近代西方史学家解释西方文明之特质的思考路径，颇有异曲同工之效。诚如Gerhard Masur（1901—1975）所说，十八世纪以后西方史学家解释西方文明的指标有其结构上的一致性与内容上的类似性，例如线性的（lineal）历史解释、单一目标的建立、特别强调西方历史发展中的"科学""自由""理性"等价值，都是在将西方文明与世界其他文明对立的立场上提出历史解释。[①]徐复观与二十世纪中国新儒家解释中国文化的特质，也都非常强调中国文化的"中国性"（Chineseness），而徐复观更是特别重视对传统中国文化中如专制政治等黑暗面的批判，以抚慰苦难的中国人民心灵的创伤，并指引中国人在二十一世纪应走的新方向——以儒家道德作为基础的民主政治。

具体地说，徐复观的中国文化论述的主要贡献有二：

第一，在新儒家社群中，徐复观走上反形上学的道路，并突出政治经济学的立场。徐复观告别自宋儒以降"理在事上"的思想进路，他采取的是"理在事中"的思想进路。他对专制政治的批判，他对农村的关怀，他对经世儒学的重视，都使他站在被统治者的立场（而不是统治者的立场），检讨中国文化的"过去"，并展望中国文化的"未来"。

第二，相对于二十世纪中国知识分子为了因应二十世纪中国的危机之挑战，而日甚一日地走向"激进化"（radicalizaiton）的道路，徐复观解析传统中国的病理，分析并指引中国未来的道路，却是始终采取"中庸之道"，诉诸人民日常生活中的理性。

总之，徐复观回顾传统中国文化时，他的眼光永远聚焦在身处帝王统治之下的人民（尤其是农民）的苦难，他对形而上的世界不感兴趣，他希望以儒家精神的复兴而安立人民的生命。

---

① Gerhard Masur, "Distinctive Traits of Western Civilization: Through the Eyes of Western Historians," *American Historical Review* 67, no. 3 (1962): 591–608.

第三章 传统中国文化的回顾与展望（Ⅱ）
——二十世纪日本与台湾脉络中的徐复观

一、引　言

我在第二章指出：徐复观检讨传统中国文化与思想的黑暗面与光明面，就是为了指引未来中国的新路向，并为他自己加以定位。现在，本章在第二章的基础上，进一步分析徐复观如何自我定位，以及如何描绘中国未来的动向。

在进入这个主题之前，我想首先说明：徐复观的中国文化解释及其自我定位，是以"儒家社群的一分子"而进行的。他对中国文化的解释，承载着浸润在深厚的时间感中的儒家"集体记忆"（collective memory）。①他对这种儒家"集体记忆"提出新解释，并经由这种新解释而楷定21世纪中国的路向，并为自己定位。

二、徐复观对未来中国理想图像的勾勒
与自我定位：与涩泽荣一比较

（一）未来的中国与徐复观的自我定位

在第二章《前言》里，我曾说二十世纪中国知识分子身经时代之巨变，"意有所郁结，不得通其道"（《史记·太史公自序》），所以常常以重新解释中国文化传统的方式，为自己在中西激荡新旧冲突的狂流中寻找自我的定位。王国维（静安，1877—1927）以自杀表达他对旧文化的认同，梁漱溟以系列的著作陈述他对"儒家将兴说"的坚持，②固然都是通过诠释中国文化而为自己定位；我们现在所探讨的徐复观更是如此。那么，徐复观如何为自己定位呢？

徐复观通过解释中国文化而将自己在中国的前景中定位为：人民的、实践的、农本的。所谓"人民的"是指徐复观主张以人民为政治之主体，认为民主政治才是中国未来的前途；所谓"实践的"，是指徐复观的儒家思想是批判的、实践的，而不是超越的、形而上的；所

---

①Maurice Halbwachs, eds. and trans. Lewis A. Coser , *On Collective Memory* (Chicago and London: University of Chicago Press, 1992).

②参见杨儒宾：《梁漱溟的"儒家将兴说"之检讨》，《清华学报》1993年新23卷1期（此文有日译本，楊儒賓：《梁漱溟の"儒家將興說"を檢討する》，《日本思想史》1993年第41期）。

谓"农本的",是指徐复观心目中未来中国的政党与政治是以自耕农为社会基础而建立。以上这三者作为徐复观的自我定位是统一的而不是对立的。他认为,人民主体性的建立是最重要的根本。在民主政治这个前提之上,儒家的实践性才能真正发挥,并且以儒家的精神以济西方近代民主政治之不足。徐复观也认为,既是讲"人民主体性",当然不能局限在城市中产阶级,而必须普及于中国广大农村的人民,尤其是农工劳苦大众。但不论就其重要性或其发生程序而言,民主政治的建立都先于实践儒学的创新或农村自耕农阶层的建构。徐复观以上的自我定位的蓝图,在战后港台新儒家学者中别树一帜,亦颇有创见,但从蓝图到建筑也会涉及一些困难,以下检讨徐复观的自我定位及其落实的问题。

人民的与实践的:在当代儒者中,徐复观最见精神的就是他不畏权势,一贯地站在人民的立场挞伐从古至今的中国历代专制统治者。他认为批判专制正是"实践的儒学"最重要而根本的精神,所以我们必须将他的"人民主体的"与"实践儒学的"这两项自我定位的取向,等量齐观,一并讨论。

徐复观一生的论著可以说都直接或间接地阐释民主政治对中国文化之重要,但以他在1980年所讲的这一段话最为有力,他说:

> 现在最重要的是,要在中国文化中发现可以和民主政治衔接的地方。我在很多文章中指出,顺着孔孟的真正精神追下来,在政治上一定是要求民主。……中国则因民主政治不上轨道,因而文化发展也受到了阻碍。……我要把中国文化中原有的民主精神重新显豁疏导出来。这是"为往圣继绝学"。使这部分精神来支持民主政治。这是"为万世开太平"。政治不民主,则无太平可言。我自己不是自由主义者,但是讲民主,一定得重视自由。凡是说中国文化是否定自由的,那一定不是中国文化。我讲的自由是有血有肉的自由。①

但是,问题是,如何才能把中国文化中原有的民主精神重新显豁

---

① 林镇国等采访:《擎起这把香火——当代思想的俯视》,徐复观:《徐复观杂文续集》,第412—413页。

疏导出来？

徐复观认为最应全力以赴的就是将儒家精神与民主政治融而为一，开创新局。徐复观主张："今日真正的儒家，一定要在政治民主的这一点上致力。"①他宣称："我的政治思想，是要把儒家精神，与民主政体，融合为一的。"②他认为传统儒家思想可以显豁新精神以支持民主政治，他这种"创新主义者的传统观"③至少牵涉"为什么"以及"如何"两个层面的问题：为什么儒家思想可以显豁疏导中国文化中的民主精神？儒家思想如何才可以疏导民主精神？

我们依序检讨徐复观这两个问题的解答。

徐复观认为儒家在政治思想方面有七项基本共识，与民主政治的基本原理相通：一是，儒家继承"民本"的思想，以"天下"在政治中是主体性之存在，天子或人君，相对于这个主体性而言，是一种从属性的客体，因此，儒家认为天下不是天子或人君私人之可以"取"或"与"，而是决定于民心民意，于是人君的地位与人民对君的服从，无形中是取得人民同意的一种契约的关系。二是，因为天子或人君不是天下的主体；天子或人君的存在，乃基于人民的同意，等于是一种契约行为，则对于违反契约者自可加以取消，所以儒家在比西方早两千年即正式承认"叛乱权"，亦即承认人民的革命权。三是，因为天子或人君是应人民的需要而存在，人民最基本的需要是生存，所以人君最大的任务，便是保障人民的生存，于是爱民养民，就是儒家赋予人君的最大任务。四是，因为要保障人民的生存，所以儒家特言"义利之辨"。儒家的所谓"利"，指的是统治者的利益；所谓"义"，在政治上说，指的是人民的权利。五是，人君是为人民的需要而存在，所以一切政治活动为人民而非为人君，于是人臣之事君，并不是因为人君个人应当供奉，而是为了一种共同的任务。六是，儒家主张德治，德治最基本涵义就是人君以身作则的"身教"。七是，儒家既不承认天下是人君的私产，更

---

① 徐复观：《儒家精神之基本性格及其限定与新生》，徐复观著，萧欣义编：《儒家政治思想与民主自由人权》，第66页。
② 徐复观：《保持这颗"不容自己之心"——对另一位老友的答复》，徐复观著，萧欣义编：《儒家政治思想与民主自由人权》，第345页。
③ 参见萧欣义：《一位创新主义者的传统观——〈徐复观文录选粹〉编序》，徐复观：《徐复观文录选粹》，第5—10页。

规定天子的任务是爱民养民，所以爱民养民是目的，而"得天下"只是一种手段。①徐复观认为以上这七点乃是孔、孟、荀所坚持的通义，这七项政治主张是建立在以性善说为基础的道德内在说之上。儒家强调每个个人"自本自根"之精神，所以决不能接受外在的政治权威。这种道德内在说可以通往民主政治。②诚如萧欣义所说，徐复观所提倡的正是一种合理的自由主义和个人主义从"自我意识"的觉醒，"自作主宰"的努力，而反省传统习俗上种种型范和模式，超越并摆脱传统习俗的限制，转化传统洗练以开创新局。③在这种从儒家传统所开创的民主新局之中，"人民主体的"与"实践儒学的"是充分融贯为一体的。徐复观就是将他自己定位为将这两者结合为一的当代儒者，以完成这项使命自我期许。

但是，徐复观企图通过儒学开拓民主，必然引起一种质疑：西方近代数百年来所发展出来的民主政治理论及其制度建构，远比古代中国儒家的民本政治思想或人文主义更为细致而易于实践，何以需要儒家精神的流注或疏导？这个问题极具关键性，徐复观曾提出他的解答：

> 西方近代的民主政治，是以"我的自觉"为其开端。我的自觉，克就政治上面来说，即是每一个人对他人而言，尤其是对统治者而言，主张自己独立自主的生存权利，争取自己独立自主的生存权利。民主政治第一个阶段的根据，是"人生而自由平等"的自然法。第二个阶段的根据，是互相同意的契约论。……把民主政治思想背景来和中国儒家的政治思想作一对比，即不难发现其精粗纯驳之别。所以我认为民主政治，今后只有进一步接受儒家的思想，民主政治才能生稳根，才能发挥其最高的价值。因为民主之可贵，在于以争而成其不争，以个体之私而成其共体的公，但这里所成就的不争、所成就的公，以现实情形而论，是由互相限制之势所逼成的，并非来自道德的自觉，所以时时感到安放不牢。儒家德与礼的思想，正可把由势逼成的公与不争，推上到道德的自觉。民主主义

---

① 徐复观：《荀子政治思想的解析》，《学术与政治之间》（甲集），第154—158页。
② 徐复观：《儒家政治思想的构造及其转进》，《学术与政治之间》，第67页。
③ 参见徐复观：《论政治的主流》，《学术与政治之间》（甲集），第5—6页。

至此才真正有其根基。①

徐复观基本上认为西方近代民主政治乃根源于个人权利的争取，而不是内在道德的自觉，而儒家思想正可以为民主政治奠定道德的基础。徐先生这种讲法可能会引起各种争议，但即使这种讲法可以成立，徐复观仍需面对另一个问题：如果儒家真可以疏导民主精神，则何以中国几千年历史均是专制政治？

这个问题引导我们对于儒家政治思想的局限性有了进一步的掌握。事实上，徐复观对这个问题早已很严肃地加以分析，他指出，传统儒家因为总是站在统治者的立场来考虑政治问题，所以千言万语，总不出于君道、臣道、士大夫之道。德治由修身以至治国平天下，由尽己之性以至尽人之性，都是一身德量之推，将一人之道德，客观化于社会，使其成为政治设施，其间尚有大的曲折。而中国的德治思想，却把这不可少的曲折略去。而更重要的是，因为在现实中，政治的主体并未建立，于是一方面仅靠统治者道德的自觉，反而感到天道的难知，而对历史上的暴君污吏，多半束手无策。由于政治的主体未立，于是政治的发动力，完全在朝廷而不在社会。知识分子欲学以致用，除进入朝廷之外别无致力之方。②这种儒家理论上以人民为政治之主体，但是中国历史上政治的现实又是以国君为主体的矛盾，就是徐复观所称的"二重主体性"的矛盾。③

徐复观在掌握了中国历史文化中这种"二重主体性的矛盾"的困局之后，就明白以儒家思想疏导民主精神，最根本的方法就是在于"主体性的转换"，他这样表达他的信念：

> 我们今日只有放胆地走上民主政治的坦途，而把儒家的政治思想，重新倒转过来，站在被治者的立场来再作一番体认。首先把政治的主体，从统治者的错觉中移归人民，人民能有力量防止统治

①徐复观：《儒家政治思想的构造及其转进》，《学术与政治之间》（甲集），第46—47页。
②徐复观：《儒家政治思想的构造及其转进》，《学术与政治之间》（甲集），第48—49页。
③徐复观：《中国的治道——读陆宣公传集书后》，徐复观著，萧欣义编：《儒家政治思想与民主自由人权》，第218—219页。

者的不德，人民由统治者口中的"民本"一转而为自己站起来的民主。……所以今后的政治，先要有合理的争，才归于合理的不争；先要有个体的独立，再归于超个体的共主；先要有基于权利观念的限定，再归于超权利的礼的陶冶。总之，要将儒家的政治思想，由以统治者为起点的迎接到下面来，变为以被治者为起点，并补进我国历史中所略去的个体之自觉的阶段，则民主政治，可因儒家精神的复活而得其更高的依据，而儒家思想，亦可因民主政治的建立而得完成其真正客观的构造。①

徐复观鼓励现代中国人将秦汉以后的儒家因受到专制的压抑而错置了的政治主体性，再转换过来，也就是"国君主体性"转变为"人民主体性"，并鼓舞"个体的自觉"以补传统之不足。

徐复观所提出的"儒家民主政治"（Confucian democracy）的愿景，是近数十年来国内外学术界所关注的重大课题。李晨阳（Chenyang Li,1956—）质疑徐复观所主张儒家核心精神与民主政治可以融合的论点。②Sor-hoon Tan（1965—）有书论"儒家民主政治"之可能性，以徐复观的论点作为论述的背景，通过对"个人"与"社群""自由"与"平等"概念，以及伦理与政治秩序的分析，企图取儒家与杜威实用主义（pragmatism）之长处融合为一，建立"儒家民主政治"。③Brooke Ackerly析论儒学与民主政治的关系，基本上接受徐复观先生的主张，从人生而皆具有"仁""君子"的理想以及议政的公共空间等方面，论证儒学与民主政治可相融。④David Elstein论当代新儒家哲学时，认为徐复观的主张虽然并非绝无瑕疵，

---

①徐复观：《儒家政治思想的构造及其转进》，《学术与政治之间》（甲集），第52页。何信全对徐复观企图贯串伦理与政治的想法及其困难，也有所分析，参见何信全：《在传统中探寻自由民主的根源——徐复观对儒家政治哲学之新诠释》，李明辉主编：《当代新儒家人物论》，（台湾）文津出版社1994年版。
②Chenyang Li, *The Tao Encounters the West* (Albany: State of University of New York Press, 1999), 172–180.
③Sor-hoon Tan, *Confucian Democracy: A Deweyan Reconstruction* (Albany: State of University of New York Press, 2003), 8, 123, 138.
④Brooke Ackerly,"Is Liberalism the Only Way toward Democracy? Confucianism and Democracy," *Political Theory* 33, no. 4 (2005): 547–576.

但是徐复观的"儒家民主政治"的论述，仍然深具启发。①陈孔毅（Albert H.Y.Chen）检讨儒家与西方"自由主义宪政民主"（liberal constitutional democracy）时，既赞同徐复观的看法，也指出徐复观与其他当代新儒家论述的不足之处，但他基本上认为儒家哲学可以补西方"自由主义民主政治"之不足。②

沿着徐复观所提出的"儒家民主政治"这一项创见，近年来论述最为精致、最具说服力的是陈祖为（Joseph Chan）在2014年所提出的"儒家完美主义"（Confucian perfectionism）的理论。陈祖为认为自古以来儒家政治理想与社会政治现实差距甚大，所以当代新儒家必须设计一套治理方法，以拉近理想与现实的距离。陈祖为主张以儒家的"善"（the good）的概念取代自由主义的"权利"（right）概念，融入现代自由主义民主政治体制之中。陈祖为认为：儒家政治完美主义与欧美自由主义的民主理论最重要的不同之处在于，欧美民主理论建立在"权利本位的进路"（right-based approach）之上，而"儒家完美主义"则是建立在为民服务以及君臣之间相互信任之上。在"儒家完美主义"之中，道德（morality）筑基于诚信与德行之上，均是健康的民主政治所必需的。人权（human rights）与公民自由（civil liberties）必须以保护基本个人利益为目的。社会正义（social justice）必须贡献于善的生活的提升。陈祖为又指出："儒家完美主义"绝不接受"赢者全拿"（winner-take-all）的政治生活方式，他所采取的是"天下为公"或"天下非一人之天下也"的由下而上的政治生活方式，不只以一套政治教条由上而下解决问题。③

针对徐复观的"儒家民主政治"论述，肖滨最近指出：徐复观力图将儒家思想与民主政治融合为一体。这种融合是双向的：一方面从儒家精神中疏导出民主政治；另一方面将民主政治植根于儒家传统。在理论上，这种双向性的建构与现代新儒家所说的"民主开出说"有

---

①David Elstein, *Democracy in Contemporary Confucian Philosophy* (London:Routledge, 2015), 67−85.

②Albert H. Y. Chen, "Is Confucianism Compatible with Liberal Constitutional Democracy?" *Journal of Chinese Philosophy* (2007), 196−216, esp.211.

③Joseph Chan, *Confucian Perfectionism: A Political Philosophy for Modern Times* (Princeton: Princeton University Press, 2014), 22−23, 224−232.

一定的区别，肖滨将之概括为"植根论"。肖滨质疑"植根论"的基本理由及其前提预设、分析其理论进路，并揭示这种"植根论"的文化决定论之困境。肖滨进而提出"道德精神支持论"，作为重新解决儒家传统与民主政治关係这一历史难题的理论方案。①

当代学者在"儒家民主"这项徐复观所强调的议题上的论述，都很有见解，尤其是陈祖为的分析非常细致，已较数十年前徐复观的论述更上层楼。

我要在此指出的是：当代学者对"儒家民主政治"的正反两面的论述，都是在不同程度上的理论的推衍。但是，徐复观论述未来中国的"儒家民主"的愿景时，特别重视的是"儒家民主政治"的社会基础（或阶级基础），也就是以自耕农阶级的茁壮，带动"儒家民主政治"的发展。这是徐复观的"儒家民主"理论的核心。而且，徐复观是在战后台湾的时代背景中提出"儒家民主政治"理论，所以，我在本章第3节中，将从战后台湾经验的脉络评价徐复观的"儒家民主政治"论。

农本的：徐复观自我定位的第三个面向是"农本的"。徐复观出身湖北浠水农村，对中国农民的勤苦有亲身的体验，他是一位典型的"大地的儿子"。他对中国前途的展望也浸润在农本主义的精神之中，他这样回忆抗战期间他自己的想法：

> （民国）三十二年冬，决定由重庆回鄂东，隐居种田，希望能从已经可以预见的世变中逃避出去。但因偶然的机会，引起一种愿望，想根据自己所得的一知半解的社会思想和中国的社会现实结合起来，把当时庞大而渐趋空虚老大的国民党，改造成为一个以自耕农为基础的民主政党。②

徐复观之所以希望将国民党改造成为一个"以自耕农为基础的民主政党"，乃是因为他有感于"国民党早变成为由传统知识分子所集结的一个在社会不生根的党；虽然其中许多是好人，但很难发现真为实现三民主义而肯作无私的努力的人"，所以他"希望把国民党能改造成为代

---

① 参见肖滨：《从〈植根论〉到〈支援论〉：对徐复观融合儒家与民主之理翰建构的当代反思》，陈昭英编：《徐复观的政治思想》。
② 徐复观：《自序》，徐复观著，萧欣义编：《徐复观文录选粹》，第1页。

表自耕农及工人利益的党,实行土地改革,把集中在地主手上的土地,转到佃农贫农手上,建立以勤劳大众为主体的民主政党"。①

徐复观以上这种看法,实来自于他对共产党的观察心得。在抗战末期的1943年,徐复观曾"由军令部派赴延安当联络参谋,在延安大概住了五个月"②。他回到重庆以后,写了一篇《中共最近动态》的报告,这份报告以油印之方式发交当时国民党军政高级人员参考,并未正式出版。徐复观在这份重要文件中指出国民党最大弱点在于:

> 本党党员团员之成分,仅以知识分子为对象,于是党团之组织,亦自然仅以上层为对象。历史上,必书生与农民结合(如谭、戚、曾、左之练兵),都市与农村相结合始能发生真正之力量,造成巩固之基础。社会进步,今日之书生与农民(包括其他劳动者),不应仅以官民官兵之关系相结合,且须以同志之关系相结合,能先以同志之关系相结合,则进而以官民官兵等关系相结合,乃能胶漆无间,而不至发生反拨作用。且必须能与农民以同志关系相结合之书生,乃为真正有用之书生,否则为百无一用之书生,甚且为敲脂吸血之书生矣。故本党今后组织之方向,必须为书生与农民之结合。以书生党员领导农民党员。于是党之组织乃能深入农村,党部乃有事可做。农村与都市乃能成为一体,智力乃能与体力冶为一炉。可不谈民众运动,而民众自能与政府相呼应,以形成国防经济文化一元化之实体。在此实体之上,可以战斗,可以民主。此一发现,虽至浅至近,然党团复兴之路不外此乎。③

徐复观有见于国民党统治下的中国农村与都市之对立,以及智力与体力之二分状况,寄望于以农村的复兴以及植根于农民阶级,而推动国民党的复兴。

徐复观展望未来中国政治的改造时所重视的是以农民阶层作为政

---

① 徐复观:《垃圾箱外》,《徐复观杂文——忆往事》,第36页。
② 徐复观:《在非常变局下中国知识分子的悲剧命运》,《中国思想史论集》,第273页。
③ 这份手稿文件,曾在1982年5月重新打字重印,现收入黎汉基、李明辉编:《徐复观杂文补编》(第5册),(台湾)"中研院"中国文哲研究所2001年版,第37页。

治的社会基础，他的农本主义立场非常明显。

（二）徐复观与涩泽荣一的比较

为了彰显徐复观在二十世纪东亚儒学史上的特殊性，我想将徐复观与涩泽荣一略加比较。徐复观与涩泽荣一都崇敬孔子，对《论语》都推崇备至。但是，他们从孔子思想中所开展的对未来世界的展望却是相左的。

徐复观所描绘的传统中国文化图像为农村社会、经世儒学与专制政体所组成，其中农村社会是最重要的下层结构基础。徐复观展望未来中国文化应以人民为主体，因此儒学必须经过彻底的"典范转移"而将"国君主体性"转换为"人民主体性"。他寄望从培育并壮大自耕农阶级而为二十一世纪的民主中国奠定基础。徐复观思想中的农本主义色彩极其鲜明，这一点当然与他出身农村，早年的农村记忆在他心中打下不可磨灭的烙印有不可分割的关系。

相对而言，二十世纪日本同样尊崇孔子的涩泽荣一对儒家在未来的展望却完全不同。涩泽荣一的《论语与算盘》于1928年（日本昭和三年）问世，他对当时的现实中国极为鄙夷，认为"中国的个人主义、利己主义很发达，国家观念很缺乏，毫无忧国忧民之心"[①]，但他对古代中国文化却极其向往，他认为"三代"是中国文化最高峰："我读史籍而尊敬的中国，主要在唐虞三代之末的商、周时代，当时是中国文化最发达、最灿烂的时代。"[②]涩泽荣一认为《论语》可以与现代资本主义结合，他说：

> 算盘可因为根据《论语》而打得更精彩，而《论语》也可借由算盘来发扬其对富的意义。因此，我认为《论语》与算盘的关系是

---

① ［日］涩沢栄一述，［日］梶山彬编：《論語と算盤》，国书刊行会1985版、2001年版，第196页。本书有中译文，［日］涩泽荣一：《论语与算盘》，洪墩谟译，（台湾）正中书局1988年版，第191页。包括涩泽荣一在内的20世纪日本知识分子，都对理想的"文化中国"大加推崇，但却鄙视现实的"政治中国"，参见黄俊杰：《20世纪初期日本汉学家眼中的文化中国与现实中国》，《东亚儒学史的新视野》，（台湾）台大出版中心2015年版，第215—264页。
② ［日］涩泽荣一：《论语与算盘》，洪墩谟译，第190页；［日］涩沢栄一述，［日］梶山彬编：《論語と算盤》，第195页。

既远又近的。……我以为人生在世如果想立足，一定要具备武士精神，但仅偏爱武士精神而无商才的话，在经济上将容易招致自灭，所以有士魂必定也要有商才。要培养士魂虽有繁多书籍可供参考，但还是以《论语》最能培养武士的根底。那么商才又如何呢？商才也可以充分地在《论语》里面学习。①

涩泽荣一主张以孔子与现代资本主义相融合的理论基础在于"义利合一"，他认为儒家的"义"与商人的"利"两者并不冲突。正如我过去所说，十八世纪以降大阪怀德堂学者就从"义利合一"的立场解读《论语》，涩泽荣一的"义利合一"观，与怀德堂诸儒的思想可谓一脉相承，但涩泽荣一赋予新的意义，使《论语》成为二十世纪日本资本主义的道德宝典。②涩泽荣一提倡"士魂商才"，他心目中的"士"是"武士"，而培养"士魂"必须以《论语》作为根底。但是，在徐复观思想中，"士"是儒家知识分子，他寄望经由儒家知识分子的自我转化，从传统的"国君主体性"转化为"人民主体性"，并以自耕农阶级作为社会基础，开出中国的民主政治。

涩泽荣一生于幕末维新、"脱亚入欧"的日本，与徐复观之生于农村中国的背景非常不同。涩泽荣一素有"日本近代化之父"③或"日本资本主义的指导者"④之称号，他心中怀抱的问题是：传统儒学如何与现代资本主义文化融合？相对而言，徐复观的问题是：如何从农村中国的土壤中，以儒学为思想基础而开创民主中国的新格局？两人思考的问题不同，结果自有出入。

三、战后台湾经验脉络中徐复观的"儒家民主政治"论

徐复观透过对中国文化的解释而提出的"人民的/实践的/农本

---

①［日］涩泽荣一：《论语与算盘》，洪墩谟译，第1、3页；［日］渋沢栄一述，［日］梶山彬编：《論語と算盤》，第1、3—4页。

②黄俊杰：《德川日本〈论语〉诠释史论》，（台湾）台大出版中心2007年版，第366页。本书日译本于2009年由东京ぺりかん社出版。

③［日］山本七平：《近代の創造——渋沢栄一の思想と行動》，PHP研究所1987年版。

④［日］土屋喬雄：《日本資本主義史上の指導者たち》，岩波書店1939年版。

的"这种自我定位的方式，作为他个人在时代变迁的狂流中一种安身立命的理论架构，当然可以安顿徐先生的身心与他所说的"流浪者的灵魂"。但是作为一种实践的规划蓝图，这种自我定位方式牵涉许多问题，值得我们进一步讨论。

　　徐复观研究思想史最见特色的就是他擅于将思想家置于时代背景的脉络中加以分析，[①]他的许多著作都是1949年到台湾以后所写的，所以，我们循着徐先生的思想史研究途径，将他自我定位的方式，置于战后台湾的脉络中，讨论其中所蕴涵的问题。这些问题中比较重要的至少有以下两类："实践的儒学"如何与民主政治接榫的问题；如何从自耕农阶级开出民主政治的花朵的问题。我们依序讨论。

　　"儒学如何开出民主政治的花朵"这个问题的本质就是"主体性的客观化（objectification of the subjectivity）如何可能"这个问题。包括徐复观在内的当代儒家学者都相当强调儒学特重"道德主体性"[②]，但是这种"道德主体性"必须在现象界中将其自身客观化成为具体事实，不能永远停在本体界，成为一种牟宗三所谓的"只存有而不活动"的"理"。[③]但是一旦徐复观的"实践的儒学"中之"道德主体性"（见本节第一小节之讨论）要求将其身"客观化"开出民主政治，就必然涉及"制度建构"的问题。这种"制度建构"的问题又至少可以分为两方面来看：

　　一方面，儒家在现代社会中，由于欠缺足以支撑儒学的制度或组织（如传统中国历史上所见的科举考试制度，或书院、私塾、明伦堂之类组织），所以业已成为余英时所说的现代社会中的"游魂"。[④]如

---

①参见本书第一章第三节及附录四。

②例如牟宗三《中国哲学的特质》全书发挥此义，尤其是第4页。

③参见牟宗三：《综论》，《心体与性体》（第1册），（台湾）正中书局1968年版，第49—51页。

④余英时认为这是现代儒家的困境，参见余英时：《现代儒学的困境》，《中国文化与现代变迁》，（台湾）三民书局1992年版，第95—102页。李明辉分析现代新儒家的处境，他认为在"制度化儒学""社会化儒学"及"深层化儒学"之上，另有一种属于"儒家思想的超越性"的层面——也就是余英时所谓的"魂"，李明辉认为"现代儒学成了'游魂'，这或许不完全是坏事。因为只要儒学在本质上代表人类底常道与理想，能继续对时代与现实社会保持批判的功能，这又何尝不是一个转机，使儒学可在自我澄清与自我转化之后重新开展"。见李明辉：《当代儒家之自我转化》，第21页。

果这种忧虑可以成立的话，那么，我们如何寄望这个现代社会的"游魂"的儒学"借尸还魂"并开出民主政治的花朵呢？徐复观对这个问题并未提出充分而具有说服力的论述。

但是，针对上述质疑，我们也可以说：传统中国历史上的儒家"讲学"之地如书院、明伦堂之类地方或朝廷之上的经筵讲座等"制度建构"，都是一种"两刃之剑"，它们固然可以使儒学通过制度化的传播而得以落实，但同时也是钳制儒学精神的重要工具，汉武帝对儒学的独尊，宋代以后地方的书院被"官学化"以及中央官学受到政府的钳制，[①]十六世纪日本皇室讲官清原宣贤（1475—1550）进讲《孟子》时，眉批四条所谓"御读禁忌"[②]，这些历史事实昭昭在目，都是制度或组织反过来扭曲儒学的例证。我们可以说，传统中国的诸多制度如科举考试制度，正是钳死古典儒学的生机的"弗兰肯斯坦"（Frankenstein）。分析至此，我们就可以进入第二种"制度建构"问题。

另一方面，如果传统中国的"制度建构"不利于儒学的民本精神的舒展，那么，在战后台湾社会中又如何呢？儒学在战后台湾社会中透过哪些管道实现普及化？这种普及化的过程是否能达到徐复观所企望的疏导"中国文化中原有的民主精神"呢？

我曾检讨儒家价值在战后台湾的传播主要依循官方的三个渠道：

一是，中小学"国定本"教科书。儒家思想中的某些面向如忠勇

---

①参见李弘祺：《宋代教育散论》，（台湾）东升出版事业公司1980年版，第5页；Thomas H. C. Lee, *Government Education and Examination in Sung China* (New York: St. Martin's Press; Hong kong: The Chinese University Press, 1985), 273–278; Thomas H. C. Lee, *Education in Traditional China: A History* (Leiden: E. J. Brill, 2000)。

②日本京都大学清家文库现藏《永正钞本宣贤自笔孟子》，共7卷，被列为"国宝"，现已数字化：http://edb.kulib.kyoto-u.ac.jp/exhibit/s130/s130.html。参见［日］井上顺理：《本邦中世までにおける孟子受容史の研究》，風間書房1972年版，第513页；黄俊杰：《论东亚儒家经典诠释与政治权力之关系——以〈论语〉〈孟子〉为例》，《台大历史学报》2007年第40期；黄俊杰：《东亚文化交流中的儒家：互动、转化与融合》，（台湾）台大出版中心2016年版，第121—142页；Chun-chieh Huang, "On the Relationship between Interpretations of the Confucian Classics and Political Power in East Asia: An Inquiry Focusing upon the Analects and Mencius," *The Medieval History Journal* 11, no. 1 (2008): 101–121。收入Chun-chieh Huang, *East Asian Confucianisms: Texts in Contexts*(Göttingen and Taipei: V&R unipress and National Taiwan University Press, 2015), 25–40。

爱国、孝顺等，常由政府透过统一的教科书而加以推广。教育学家曾研究1952年、1962年、1968年及1975年"教育部"四次颁布的《国民小学课程标准》，以及1952年、1962年、1972年及1975年的《初级中学课程标准》，结果发现：小学及中学在过去三十年之间的八个课程标准版本，共同出现的重要目标就是"激发爱国思想，弘扬民族精神（中华民族文化）"。其次，以小学的《生活与伦理》科目及中学的《公民与道德》科目为例，以上八个版本的"课程标准"当中，"忠勇爱国"或"增强国家观念（意识）"的目标共出现六次，"发扬民族固有美德""实践四维八德"或"奠定中华文化复兴的基础"共出现七次。从课程标准来分析，效忠国家与发扬传统文化，很明显地是"国民教育阶段"的中心目标。[①]

　　二是，透过中华文化复兴运动推行委员会所推动的各种社会运动。这个委员会成立于1967年7月，是一个想在台湾推广以儒家价值为中心的传统文化的半官方机构。在二十五年间（此后改组为中华文化复兴运动总会）透过各种社会运动方式传扬传统儒家价值。

　　三是，透过出版品的流通。中华文化复兴运动委员会在这方面也推动若干工作，例如该会成立学术研究出版促进委员会，出版学者新书，出版《中华文化丛书》，编辑出版《中国思想家列传》等。[②]

　　从以上这些传播儒学的渠道，我们可以发现，在战后台湾的正式教育系统中，儒家思想所扮演的是"国家政治目标的支持者"的角色，因而在某种程度之内被工具化而失去其主体性。换句话说，在战后台湾的历史情境之中，儒家思想之所以受到重视与阐扬，并不是为了儒家思想系统自身之"内在价值"[③]，而是为了儒家以外的其他力量（如政治目标、经济发展或社会和谐等）。因此，儒家逐渐脱离它自己，而成为达到儒家以外的目的之手段。在这种工具化的过程中，儒

①参见羊忆蓉：《现代化与中国人的价值变迁——教育角度的检视》，收入《中国人的价值观国际研讨会论文集》，（台湾）汉学研究中心1992年版，第471—494页。

②参见Chun-chieh Huang, "Confucianism in Postwar Taiwan," in Chun-chieh Huang and Erik Zürcher eds., *Norms and the State in China*,141–167,esp.162–165.

③关于"内在价值"的涵义，参见G. E. Moore, William H. Shaw ed., *Ethics: And The Nature of Moral Philosophy* (Oxford: Clarendon Press, 2005),116–131。

家思想的主体性逐渐失落，亦逐渐失去自我成长的内在动力，而成为静止的死水。官方为了将儒家思想彻底加以工具化而为国家政治目标服务，所以对丰富的儒家思想内涵，进行高度选择性的诠释。因此，儒家思想中服从上级、忠爱国家等思想，在各级学校教科书中被高度强调并加以解释，以便支持政治领袖的政治教训。①

这一段经验告诉我们：徐复观想从儒学开出民主政治，恐怕仍然不能跳过使儒学获得普及化的"制度建构"这个问题。沟口雄三（1932—2010）曾说，十九世纪以后中国之走向近代化基本上来自于西方列强的压力。在这种沟口雄三所谓的"外来的近代"引入中国的过程中，儒家思想（尤其是儒家的礼制与共同体伦理）基本上扮演了近代化的阻碍者的角色。除了中国之外，儒家思想在朝鲜时代末年的朝鲜与越南，也扮演了近代化的抵抗者的角色。②不论这样的说法能否完全成立，我们如果想使儒学与民主贯通为一而不再是现代化的障碍，就必须严肃考虑"制度建构"问题。

从中国儒学史来看，传统儒学论述道德内在论以及个人之自由意志，固然与民主政治的基本理论若合符节，但是，我们也不要忘记：传统儒家较少在柏林（Isaiah Berlin, 1909—1997）所说的外在制度性的"消极自由"（negative liberty）层面上着力，而徒然专注于内在自主性的"积极自由"（positive liberty）上作理论性的建构。③换言之，儒家在积极肯定道德主体可以自作主宰（柏林"self-mastery"）的同时，却显然忽略了外在制度建构自由的客观保障。并且，儒家这种特重"积极自由"的取向，落实在权力网络中，易于乖离原意，不但转变成与其本身相反的异化物，更被掌握权力者利用其纯洁的原意而为不义的政治权力粉饰，而使儒家成为专制政权殡仪馆里的化妆师。

现在我们再考虑徐复观所提议的以自耕农为基础开出民主政治的方案。这项方案最可以放在战后台湾的脉络中来加以考量。

---

①参见黄俊杰：《儒家传统与二十一世纪台湾的展望》，《战后台湾的转型及其展望》，（台湾）台大出版中心2006年版，第165—188页。
②参见［日］沟口雄三：《"儒教ルネサンス"に際して》，《方法としての中国》，東京大學出版會1989年版，第184—187页。
③参见Isaiah Berlin, "Two Concepts of Liberty", In *Four Essays on Liberty* (Oxford: Oxford University Press, 1969), 118–182。

我曾回顾战后台湾所经历的历史性巨变中，出现三个重要的现象：[①]

自耕农阶层的形成。战后初期的台湾农村最重要的新发展就是自耕农阶层的形成与佃农的锐减，这是土地改革所导致最重要的结果之一。统计数据显示：1946年在全省农户中，自耕农占32.7%，1952年则提升到38%，1955年是59%，1960年再提升为64%，以后一直继续增加，到1974年占80%，1984年占82%，1989年占86%。自耕农阶层在战后台湾的发展，彻底改变了中国历史上"富者田连阡陌，贫者无立锥之地"的传统，特具历史意义，而且他们献身农业，也直接有利于工业发展。

中产阶级的崛起。这个现象的发展与战后台湾的工业化颇有关系。从统计数字来看，台湾农业人口从1952年的52.4%，1960年的49.8%，逐年下降到1987年的20.5%。随着战后台湾人口结构中农业人口的逐渐下降，我们也看到在台湾的国内生产净额（Net Domestic Product, NDP）之中，农业部门所占的比例江河日下，而工业部门生产力则稳定成长。1952年农业部门与工业部门的比较，是30.0%比18.0%，但是，到了1964年，则农工两部门平分秋色，成为28.3%与28.9%的对比。自1963年以降，工业部门就凌驾农业部门之上，凌夷至于1980年，农工部门之比例为9.2%对44.7%，1987年为6.2%对47.1%，1989年为5.9%对43.5%。我们可以很明显地看出，战后台湾已经完成了经济结构的转变。这是在华人社会中，历史上第一次从农业社会到工业社会的彻底转变，带动了社会政治结构的变迁。这种经济结构的变迁，带动了中产阶级的兴起。

中智阶级的茁壮。随着经济的转型与发展，台湾教育的推广工作，也因为1968—1969学年"九年国民教育"的施行，逐渐普及于各地。六岁以上的文盲比率，从1952年的42%遽降到1989年7.1%，而受过中等教育的人口比率，也从1952年的8.8%提升到1989年的44.9%。教育普及化的发展，已使台湾人口结构中的知识水平，有了相当程度的改观，在中产阶级形成的同时，台湾社会的中智阶级也渐次成熟。

---

①参见黄俊杰：《结论》，《农复会与台湾经验（1949—1979）》，（台湾）三民书局1991年版，第283—284页。Chun-chieh Huang, *Taiwan in Transformation: Retrospect and Prospect* (New Brunswick:Transaction Publishers, 2014), 21–40, esp. 23–25。

　　以上这三个历史现象中，自耕农阶层的形成及其所带动的农业发展，不仅在发生历程上为时最早，而且实质上对后来工业化以后中产阶级的兴起也有催化的作用。那么，我们是否可以期待从自耕农阶层开创民主政治呢？

　　从战后台湾史的经验来看，这个问题的答案可能是否定的。我和廖正宏（1940—1994）所做的研究可以说明这种看法。我们的研究显示：二十世纪五十年代初期，台湾土地改革政策的实施，塑造了当时农民的农业意识的基本面貌，其中最为突出的就是农民对土地的强烈认同感，以及以务农为生活方式之心态。在初期，土地对农民而言是生死以之的安身立命之所，农业则是他们的生活目的。不过，这种"神圣感"到了二十世纪七十年代以后，已为"世俗性"所取代，农业只是一种谋生的手段，而土地也逐渐商品化了。我们对二十世纪八十年代农民的农业价值所作的量化分析显示，农民的务农态度相当积极，例如在创新采用价值上，最先采用创新的农民高达47.5%；在农业经营方式上，在农产品利润不佳时有53.6%会改种经济价值较高之作物。这种积极的态度，基本上与农民将务农视为谋生手段有深刻关系。到了二十世纪八十年代的台湾农民对土地的执着已大为降低，农民不再视它为生活的保障或地位的象征。在我们于1986年所研究的调查数据中，有75%的农民认为卖祖产不一定是丢脸的事；有57.6%的农民不认为土地可用以衡量个人的身份地位；而高达75%的农民甘愿卖土地也要让子女受最高等的教育。从这里我们看到了二十世纪五十年代所见的"农本主义"日趋没落，而新的农民人格形态已完全成型了。再从另一方面来看，台湾农民的社会意识中的农佃关系，从早期的地主与佃农关系的紧张性，走向共同经营意识的兴起；至于农民对农会的看法，也由光复初期之强烈向心力，走向二十世纪七十年代以后的离心发展，这种倾向与前面所说的农业意识的变迁趋势是相互呼应的。我们在1986年对农民的社会意识所作的问卷调查资料，显示农民的社会价值正处于"传统"与"现代"交会的十字路口。

　　这种"传统"与"现代"糅合的状态，亦见之于台湾农民的政治意识之中。我们1986年所做的调查显示，台湾农民的政治价值中，制衡权、自主权及平等权均大为提升，颇具现代色彩；但是他们却欠缺法治（rule of law）的观念，显示二十世纪八十年代的农民政治意识仍是新旧糅杂的状态。这种新旧糅杂的政治思想，也在1988年的农民运动中部分地显露出来。在接二连三的抗议行动中，农民一方面要求建立"农民的主体性"与"农业的自主性"，但另一方面却也要求台湾当局在农业事务中扮演更积极的角色。这种"自主性"与"依赖性"的同时出现，部分也反映了农民政治思想中"现代"与"传统"因子的糅合。①

值得我们注意的是：台湾的民主政治，并不是从二十世纪五十年代所苗壮的自耕农阶层直接开创出来的，而是经由自耕农阶层的壮大与农业的复兴，带动了六十年代以后的中产阶级，以及七十年代以后的中智阶级的发展，再由中产阶级与中智阶级所带动的。台湾民主政治的发展是一段颇为曲折的历史过程。

徐复观的论点，如果是从自耕农之作为推动民主政治的原始而间接动力着眼，是可以成立的，但是如果就推动民主政治的直接力量来讲，则由于忽略了中产阶级的历史角色，而不免显得较为粗糙。

我想进一步指出的是：徐复观对于自耕农阶层在现代政治经济学脉络中的脆弱性，未能予以足够的重视。徐复观在检讨了中国文化的问题之后，期望经由土地改革培育自耕农阶层，并从自耕农阶层开创民主政治的新局面。

徐复观的悲愿令人动容，理论上也言之成理，但是如果我们以二十世纪五十年代台湾土地改革前后自耕农的实际发展经验来检验徐先生的主张，就可以发现它的不周延性。二十世纪五十年代初获耕地的台湾自耕农固然在"有土即有财"的传统农民心理之下，对于未来充满希望，但是他们在二十世纪五十年代的台湾农村中，所面临的挑战是极其严峻的。光复初期部分的新兴自耕农所遭遇的问题，如农村高利贷与"卖青苗"的剥削、游资之入侵农村购买耕地、地主之撤佃或向佃农购回放领耕地等问题，均与商业资本的发达有直接或间接之关系。其余如"公地放领"政策之未能全面落实，则是与"国家"资本主义的发达以及"国营"企业之庞大有相当关系。而相关部门所采取的保护自耕农的策略，也是透过资本的释放而使新兴自耕农免于受

---

① 以上的发现，参见廖正宏、黄俊杰：《结论》，《战后台湾农民价值取向的转变》，（台湾）联经出版事业公司1992年版；Chun-chieh Huang, "Transformation of Farmers' Social Consciousness in Postwar Taiwan," in Stevan Harrell and Huang Chun-chieh eds., *Cultural Change in Postwar Taiwan* (Boulder: Westview Press, 1994), 111–134。

到资本家或地主的侵袭。二十世纪五十年代初期新兴自耕农所面对的问题，基本上反映了近百年来资本主义化的发展趋势，在台湾农村所刻画的伤痕。二十世纪五十年代初期，台湾农村的新兴自耕农阶层，一方面必须面对来自商业资本的凌虐，另一方面又受到"国营"企业所代表的"国家"资本主义的压力，处境艰难。[1]徐复观忽略了土地改革的政治经济（political economy）的涵义，他对于自耕农阶层在现代资本主义社会中的脆弱性较无警觉，他对于"国家"资本抗拒土地改革的顽强性，尚未有充分的掌握，这自然是由于他的时代的生活经验的局限所使然，不足为徐复观诟病。[2]

从这一节对徐复观的自我定位及其问题的分析，我们可以发现：徐复观将自己定位在"人民的/实践的/农本的"这个格局之中，使他充满了强韧的生命力，可以在二十世纪风狂雨骤的动荡中国立得定，在花繁柳密处拨得开，成为二十世纪中国一个具有独特风格的儒家知识分子。但是徐复观的自我定位方式也涉及许多不易解决的问题，这些问题的基本核心就是"道德主体性"在"客观化"的过程中所必然遭遇的"制度建构"的问题，如儒学理想应透过何种新制度以舒展其自身，并"疏通"政治？一个以自耕农为基础的农本的社会，能否跳过中产阶级而开出现代民主政治的花朵？这些问题都是徐复观引导我们去思考的问题。徐复观自己对这些问题显然并没有提出详细的答案，但是他所留下的这些问题仍值得关心中华文化前途的这一代知识分子加以考虑。

四、结　论

这一章的主题在于分析徐复观对中国文化的解释，并探讨在这种重新解释过程中徐复观的自我定位。人类学者格尔茨（Clifford Geertz, 1926—2006）曾说，文化的研究"并不是一种寻求定律的实验科学，

---

[1]黄俊杰：《战后初期土地改革前后自耕农及其所面临的问题》，《战后台湾的转型及其展望》，第71—94页。
[2]关于二十世纪五十年代台湾土地改革中的问题之分析，参见黄俊杰：《战后初期台湾的土地改革过程中的几个问题：雷正琪函件解读》，《战后台湾的转型及其展望》，第95—125页。

而是一种寻求意义的解释性的学科"①，他的见解在我们这一章的论述中再次获得印证。徐复观以及当代儒家学者撰写著作研究中国文化时，是在进行一种"寻求意义的解释性"的活动。在这种解释性的活动中，理性和感性是统一的，作为主体的解释者与作为客体的被解释者（中国文化）是融贯而为一体的。因此，解释者的思想倾向、生活经验以及时代背景，都直接或间接地渗透到他们的解释内容之中，使他们对中国文化本质及其发展历程所提出的解释系统，不仅是一套知识系统，同时也成为一种行动纲领，对中国文化的现在以及未来产生指引作用。在他们的中国文化解释之中，"是什么"与"应该如何"如车之两轮、鸟之双翼，不可分亦不能分。

这种"事实"与"价值"统一的情况，在徐复观的中国文化解释中，以最深切著明的方式呈现出来。徐复观和其他二十世纪"当代新儒家"学者一样，十分重视中国文化的"中国性"，这主要是因为他们常将中国文化当作是抵御西方文化侵略的武器，他们以中国文化来唤醒国魂、振兴民族。在这个意义上，他们可以被称为"文化的民族主义者"。但是，徐复观和其他的"文化的民族主义者"不同的是：有些"文化的民族主义者"以中国传统文化来抗拒二十世纪以降中国所面临的变迁要求，或甚至运用中国传统文化抗拒民主，或堕落成为专制政权的刽子手。但是，徐复观却是举起他锋利的批判之剑，进入传统文化的殿堂，解剖历代专制政体的毒瘤及其对儒家思想与农村社会所造成的斫伤，他要以孔孟荀所开创的古典儒学的源头活水，来涤清专制帝王对中国文化所划下的伤痕，他要从古典儒学中疏通民主政治的新精神，用来抚慰中国人民受挫折的心灵，擦拭中国人民的眼泪，使他们从"民族的乡愁"（徐复观的名词）②之中奋起，开创民主政治的新局面。就徐复观的努力方向而言，他可以被称为一个"传统的创新者"。③

---

①Clifford Geertz, *The Interpretation of Cultures* (New York: Basic Books, 1973), 5.
②徐复观：《在非常变局下中国知识分子的悲剧命运》，《中国思想史论集》，第267页。
③肖滨也认为徐复观"立足于自由主义的立场来维护传统文化"，着眼于"自由"与"传统"的结合。参见肖滨：《传统中国与自由理念——徐复观思想研究》，广东人民出版社1999年版，第305页。

　　作为一个"传统的创新者"，徐复观所解释的中国文化是由
"专制政体／经世儒学／农村社会"所构成的。他对专制政体挞伐
不遗余力，终其一生毫不退缩，具体展现了一位现代儒者的风范。
他对儒学及农民备受专制之凌虐，则不能掩其悲痛之情，寄予无限
的哀婉。徐复观的中国文化图像，在关于专制政治的论点上与钱宾
四大相径庭，在关于儒学基本性格的认定上，也与他的同调儒者唐
君毅、牟宗三互相抵牾。由此一端观之，当代儒家学者之间，确有
"其同不能掩其所异"者在焉。

　　《史记·屈原贾生列传》云："夫天者，人之始也。父母者，人
之本也。人穷则反本，故劳苦倦极，未尝不呼天也；疾痛惨怛，未尝
不呼父母也。"我们可以顺着太史公的语脉说：文化者，人之本也，
人穷则反本。徐复观遭逢时代巨变，经历疾痛惨怛，他抱憾终天，埋
忧无地，乃自中年以后奋其余生重新诠释中国文化，为自己在时代狂
流中定位。徐复观透过对中国文化的诠释而完成的自我定位在于"人
民的／实践的／农本的"，他努力将中国专制传统所形塑的"国君主
体性"彻底加以解构，转化成"人民主体性"的新政治格局。在这种
政治工程的大转化中，儒学首须自我转化，回归先秦儒学的思想泉
源，与人民共呼吸，并以儒学特有的道德内在论，充实现代民主政治
的道德基础，使现代西方民主政治因建立在契约论之上所带来的不健

康的"个人主义"的弊病降到最低；①再培育自耕农阶层，使之成为民主政党的基础。徐复观这样的自我定位，以及对中国文化的未来的展望，涉及问题不一而足，其尤彰明昭著者在于"主体性的客观化如何可能"这个课题。这个课题涉及许多制度建构或组织安排的问题，值得我们再深入思考。这是徐复观留给这一代人的思想遗产。

---

① 徐复观呼吁以儒家的道德内在论济近代西方民主政治过度"个人主义"之不足，这种想法极具卓识，惜未充分发挥。我曾循此思路，针对此一问题续有所探讨。我认为，先秦儒家所发展的一套价值系统以"连续性"为其特征，如以孟子为例，孟子的价值系统从个人的"不忍人之心"出发，逐步"扩充"至社会政治层面，乃至宇宙层面，所谓"上下与天地同流"者是也。孟子这种以连续性为特征的价值体系在实践上有其困难。在传统中国社会的具体情境之中，人的道德义务常处于相互冲突之状态。例如，家庭的亲情有时不免与对国家的效忠互有矛盾；中国社会的世俗性格与现实取向，也可能降低人对"宇宙境界"的向往。凡此种种皆使孟子价值体系之"扩充"与发展，遭遇到实践上的困难。但此种实践上所遭遇之困境，屡见于任何伟大的思想宗教（如基督教），并不足以构成否定儒家思想之理由（参见Chun-chieh Huang and Kuang-ming Wu, "Homo-Cosmic Continuum: Normativity and Its Difficulties in Ancient China," in Chun-Chien Huang and Erik Zürcher eds., *Norms and the State in China*, 3–28，我在该书《导论》中亦重申此义）。台湾的民主化发展，基本上是走在欧美近几百年民主政治的轨迹上，将政治领域视之为诸般阶级、社群或族群的利益之冲突以及协调的场所。政治不再是古代中国儒家所想象的"道德的社区"，政治人物也不再是人民道德福祉的创造者（尽管他们常常打着道德的旗帜，也呼喊着道德的语言），而是利益的追求者与协调者。建立在这种理论基础之上的台湾民主政治，常常将"个人"与"群体"视为不可协调的敌对的存在。台湾社会中个人主体意识高度觉醒，相对于中国历史上个人主体性受社会性的压抑与牵制而言，固然有其弥足珍贵的意义，但是快速的民主化却将这种急速成长的个人主体意识，导向一种不甚健全的"个人主义"的病态。用宋明儒的话来说，就是"气"乱窜而不受"理"驾驭之情况。先秦儒家之"连续性"观点，可以对二十一世纪台湾的民主政治发挥滋润的作用，在"个人主体性"快速成长的新时代中，使"个人"与"社会"的对立能稍微降低，也可以在二十一世纪台湾经济发展的过程中，稍稍降低人与人以及人与自然的疏离感，值得我们重视。（参见黄俊杰：《儒家传统与二十一世纪台湾的展望》，《战后台湾的转型及其展望》，第165—188页）

第四章　中国文化创新的参照系统（Ⅰ）
——徐复观对西方近代文化的评论

一、引　言

　　世界历史进入十九世纪中叶以后，西方列强挟其船坚炮利之优势侵略东亚各国，西方文化与思想开始强有力地冲刷着东亚文明的海岸线，使东亚各国开始进入近代历史的狂风暴雨之中。唐君毅说："中国近百年来之文化问题，皆表现于西方文化对中国之冲击。"①梁漱溟更是早在1933年就断定："中国的失败自然是文化的失败，西洋的胜利自然亦是他文化的胜利。"②均可谓目光如炬，一语中的。二十世纪儒家学者唐君毅、徐复观及牟宗三等人，是中国儒学史上全面接触西方文化与思想的代表性人物，其中徐复观因不懂西方语言而通过日文译本接触西方文化与思想。徐复观曾自述，他在1930至1931年留学日本时，常阅读马克思以及西方哲学、政治学、经济学著作。③1949年来台湾之后，每年都购买日译本的西方人文著作，④他曾以近二十年时间，断断续续读过西方社会思想的论著，努力于从日译西文著作中获取治学的灵感，⑤并"希望能在世界文化背景之下来讲中国文化"⑥。毫无疑问，西方文化与思想常常是二十世纪中国儒家学者析论中国文化问题时的重要参照系统。

　　但是，我们必须注意的是，二十世纪中国新儒家学者常常以衡论西方文化或思想作为手段，以增益他们对中国文化特质的理解为其目的。徐复观对西方文化与思想的评论更是如此。包括徐复观在内的二十世纪中国新儒家学者，诚如法国哲学家保罗·利科（Paul Ricoeur, 1913—2005）所说，正是经由"理解他者"而达成"自我理解"。⑦

---

①唐君毅：《中国文化之精神价值》，《唐君毅全集》（第4卷），台湾学生书局1991年版，第483页。
②梁漱溟：《中国民族自救运动之最后觉悟》，第86页。
③参见徐复观：《我的读书生活》，徐复观著，萧欣义编：《徐复观文录选粹》，第311—319页。
④参见徐复观：《人文研究方面的两大障蔽——以李霖灿先生一文为例》，《徐复观文存》，第196—205页。
⑤参见徐复观：《西方文化没有阴影》，《徐复观杂文——记所思》，第59—66页，特别是第61、65页。
⑥徐复观：《现代艺术的归趋——答刘国松先生》，《论战与译述》，（台湾）志文出版社1982年版，第74页。
⑦参见Paul Ricoeur：《诠释的冲突》，林宏涛译，（台湾）桂冠图书公司1995年版，第14—15页。

本章第二节首先归纳徐复观对近代西方文化与思想的评论，主要集中在西方近代文化之缺乏人类爱，而且充满反理性主义倾向。第三节将徐复观对西方文化的评论与中日知识分子对西方文化的意见互作比较，以观其异同。本章第四节则将徐复观对西方文化的意见，与他同时代的钱穆与唐君毅对比，以显示所谓"当代新儒家"这个学术社群的同调与异趣。第五节则综合全文各节论述，提出结论。

二、徐复观对西方近代文化与思想的批判

徐复观毕生撰著勤奋，论敌无数，他以在悲剧时代所形成的一颗感愤之心，以"参与者"[1]的身份在时代激流之中，以感愤的心情写作，除了大量的学术性著作之外，也留下为数可观的文化评论性质的杂文。徐复观所撰这些杂文，不仅雄浑有力、元气淋漓，而且具体展现他兴趣之广、视野之阔与见识之深。徐复观除了评骘日本文化、社会与政治的文字之外，[2]也广泛评论西方近代文化与思想的短长优劣。我们试加归纳，约可得以下两点：

一是，西方近代文化是一种缺乏人类爱的文化。徐复观认为西方现代文化是一种技术化与官能化的文化，因而形成缺乏人类爱的文化精神。他说：

> 作为现代文化精神特性的，从积极方面说，或者可以称为极端的技术化的文化；除了技术成就外，便不算学问。在另一方面，或者又可以称为极端的官能化的文化；除了官能的享受以外，便没有人生。这两点，实际只是一个事物的两面。以技术来满足官能，以官能去推动技术。但若从消极方面来说此一现代文化精神的特性，则或者可以称之为这是没有人类爱的文化精神的时代。[3]

徐复观进一步认为："近三百年来所谓世界文化，实际便是西方

---

① 牟宗三曾说："徐先生是'参与者'的身份，而我则只是一个'旁观者'，并未直接参与。"参见牟宗三：《徐复观先生的学术思想》，收入《徐复观学术思想国际研讨会论文集》，（台湾）东海大学1992年版，第1—14页。
② 参见本书第五章。
③ 徐复观：《西方文化之重估》，《徐复观文存》，第27页。

文化；而西方文化的扩张，是在缺乏人类爱的情形之下进行的；亦即是在侵略的情形之下进行的。"①为什么近代西方文化会在缺乏人类爱的道路开展呢？徐复观接着申论：

> 十九世纪，是西方文化的黄金时代，但同时也是向外疯狂地猎取殖民地的时代，对殖民地的残酷统治方式，较之二十世纪的独裁统治，有过之而无不及。作为西方近代文化主体的市民阶级，在他们联合劳苦大众战胜了王权、贵族、僧侣阶级以后，立刻忘记了自身的痛苦经验，转而视劳苦大众为低级之人，觉得这些人只是为了市民阶级的利润而存在，在政治上当然无平等权利之可言。此一斗争……一直到二十世纪初头，才能看出解决的端绪。②

徐复观认为，西方近代文化的主体力量是市民阶级，但市民阶级的自私自利，剥削无产阶级与第三世界国家，却激起了近代世界史上的反资产阶级与反殖民主义运动。从西方近代史的角度，徐复观强调西方文化本身并无阴影，西方文化在今日之所以有阴影，乃是因为西方文化通过西方人的国家政治意识而形成。所谓"西方人的国家政治意识"，就是"西方人为了自己国家的利益所实行过的殖民主义；及在殖民主义影响之下所形成的人种优越感的意识"，③因此，西方近代文化，就成为欺压非西方世界的霸道文化。④

二是，西方近代文化是一种反理性主义的文化。徐复观认为西方近代文化由于缺乏道德自觉，放任原始生命力的迸发，所以流于反理

---

①徐复观：《西方文化之重估》，《徐复观文存》，第29页。
②徐复观：《反极权主义与反殖民主义》，《徐复观杂文——记所思》，第214—215页。
③徐复观：《西方文化没有阴影》，《徐复观杂文——记所思》，第60页。
④1924年11月28日，孙中山在日本神户的演说中提倡"大亚洲主义"，孙中山说"大亚洲主义"之提倡乃是有见于"东方文化和西方文化的比较和冲突问题。东方的文化是王道，西方的文化是霸道；讲王道是主张仁义道德，讲霸道是主张功利强权。讲仁义道德，是由正义公理来感化人，讲功利强权，是用洋枪大炮来压迫人"[孙中山：《对神户商业会议所等团体的演说》，广东省社会科学院历史研究室、中国社会科学院近代史研究所中华民国史研究室、中山大学历史系孙中山研究室合编：《孙中山全集》（第11卷），中华书局1986年版，第407页]。徐复观对西方近代文化的看法，与孙中山一脉相承。我最近对孙中山所提倡的"王道文化"有所探讨，参见黄俊杰：《思想史视野中的东亚》，（台湾）台大出版中心2016年版，第161—202页。

性主义，他说：

> 今日在科学与资本主义结合之下，形成了巨大的以机械及功利为主的世界。原始生命的冲动，受这种外在世界的冲击与凭借，而扩大了范围，充实了气力，使知性之光，在原始生命冲动之前，显得黯然无光，怯然无力。此时只有以理性中的德性之力，将生命加以转化、升进，使生命的冲动，化为强有力的道德实践，则整个的人生、社会，将随科学的发展而飞跃发展。但西方文化中缺乏此一自觉，于是人们的原始生命力，以其混沌之姿，好像《水浒传》被洪太尉在镇魔殿里掀开了镇魔的石碑，一股黑气冲天而去，突破了知性而要独自横冲直闯。西方现代一切反合理主义的思想，以及假科学之名以否定人的理想性的逻辑实证论、心理行为主义、精神分析等等，都是从这一根源中发生出来的。[①]

徐复观认为西方近代文化导致人的地位的动摇，使人顺着原始生命盲动，是一种不健康的个人主义，必导致文化的毁灭。

在这样的思路之下，徐复观对诸如抽象画等现代艺术极其反感，他认为现代艺术家彻底反对人性中的道德理性以及人文的生活。现代艺术所发掘出来的是幽暗、混沌的潜伏意识，而要直接把它表现出来；现代艺术拒绝由人性中的理性来加以修理淘汰。现代艺术家不承认人性中的理性，不承认传统与现实中的价值体系，而一概要加以推翻、打倒，这即是他们所说的"超现实主义"。[②]

徐复观强烈反对现代艺术，并断定现代艺术"无路可走"，[③]在1961年曾引起当时现代派画家刘国松的强烈反击，引爆一场"现代画论战"。正如李淑珍所指出，这一场"现代画论战"显示了在政治高压、经济贫困、文化断层的年代，由于对传统中国和现代西方不同的

---

① 徐复观：《毁灭的象征——对现代美术的一瞥》，《徐复观文存》，第265页。徐复观所用"合理主义"一词，系rationalism之日译，即为中文之"理性主义"一词。
② 徐复观：《现代艺术的归趋——答刘国松先生》，《论战与译述》，第97页。
③ 徐复观：《现代艺术的归趋——答刘国松先生》，《论战与译述》，第97页。

认识所产生的两个世代两种美学的坚持。①

但是，为什么徐复观对现代艺术如此深恶痛绝呢？这个问题值得我们深究。徐复观说：

> 现代艺术的精神背景，是由一群感触锐敏的人，感触到时代的绝望、个人的绝望，因而把自己与社会绝缘，与自然绝缘，只是闭锁在个人的"无意识"里面，或表出它的"欲动"（性欲冲动），或表出它的孤绝、幽暗，这才是现代艺术之所以成为现代艺术的最基本的特征。②

徐复观认为，现代艺术切断个人与社会及文化的有机联系，使人成为孤零零的个体，从社会网络以及自然情境中逸脱而出，成为"异化"的存在。在这种认知之下，徐复观举裸裸舞作为现代艺术的例子说：

> 裸裸舞，已不再是交际舞。它没有任何社交性，没有任何社会性。它是偶然性的舞蹈，是反社会的舞蹈。在这种反社会的舞蹈中，流露出年轻的一代，正反抗着维持社会秩序的一切规律，反抗着他们的上一代。这是现代文学艺术整个的趋向，也是现代精神整个的趋向，不过在美国表现得特为明显。③

徐复观以裸裸舞为例，指出现代文化与艺术是一种反社会与反文化的产物，缺乏社会性。

在徐复观看来，作为现代艺术的一种表现的达达主义，也是一种个人从历史中的逸脱的表现，他说：

> 此种运动（达达主义运动）的来源，固然和个人的气质或反抗精神有关系，但最重要的是，欧洲自文艺复兴以来，藏在社会与文明中

---

① 参见李淑珍：《徐复观论现代艺术——就台湾文化生态及儒家人性论双重脉络的考察》，李维武编：《徐复观与中国文化》，湖北人民出版社1997年版，第544—584页。
② 徐复观：《现代艺术的永恒性问题》，徐复观著，萧欣义编：《徐复观文录选粹》，第268页。
③ 徐复观：《从裸裸舞看美国的文化问题》，《徐复观文存》，第124页。

的矛盾，机械文明与人文主义的对立，以第一次世界大战为契机，更明显地表现了出来；而一九一四至一八年的世界大战，使人有"文明自身，正走向自杀"的感觉。在现实的恐怖、动摇、苦闷中迷失了方向，找不到出路，于是意志薄弱的人，便想到只有毁灭现实，毁灭现实所自来的历史，才是一条出路。而弗洛伊德的精神分析，及环绕于自然科学的冷酷的性格，更助长了此一倾向。①

从徐复观批判现代艺术的诸多言论看来，徐复观所反对的是潜藏在现代艺术后面，并作为现代艺术之精神基础的不健康的个人主义心态。在徐复观看来，在现代西方文化与艺术中的"个人"，是从社会、历史与文化中彻底"去脉络化"的"个人"，而不是与社会网络及文化传统共生共感的"个人"。徐复观对西方近代文化与艺术的批判，实有其儒家思想之背景，我在第三节会进一步讨论。

三、从东亚近代知识界看徐复观的西方近代文化观：与福泽谕吉及胡适比较

徐复观上述对西方近代文化的批评，措辞凌厉，旗帜鲜明，在二十世纪东亚知识界具有一定的思想史意义。为了突显徐复观对西方近代文化的批评意见的历史位置，我将徐复观与近代中国及日本知识分子加以比较。

（一）近代中日知识分子对西方近代文化的看法

在东亚近代史上，与西方接触最早的是中国和日本。1853年7月（日本嘉永六年六月）美国海军军官培里（Matthew Calbraith Perry，1794—1858）率东印度舰队抵达日本浦贺港，向德川幕府提交国书，结束德川日本锁国政策，日本与西方国家的正式接触开始，日本知识分子对西洋文明也高度重视，幕末志士吉田松阴（1830—1859）在1854年（日本安政元年）4月25日，登上培里的旗舰，要求培里让他

---

①徐复观：《达达主义的时代信号》，徐复观著，萧欣义编：《徐复观文录选粹》，第243—244页。

"密航"海外，以广见闻。①

在日本对西洋文明发表评论的知识分子之中，福泽谕吉是一个在日本近代史上发挥重大影响力的代表人物。福泽谕吉是近代日本的启蒙思想家，从绪方洪庵（1810—1863）习兰学，曾三度游学欧美，②返国后提倡"文明开化论"，鼓吹自由民权及个人之独立精神，与加藤弘之（1836—1916）、津田真道（1829—1903）、中村正直（1832—1891）、西周（1829—1897）等开明知识分子组织"明六社"。福泽谕吉著作甚多，约有60部，对十九世纪末期处于从传统迈向近代的日本社会，影响最大的是1872年（日本明治五年）2月起至1876年（日本明治九年）11月止，陆续发表的《劝学篇》一书。③此外，福泽谕吉在1875年（日本明治八年）出版《文明论概略》④一书，也是畅销全日本。他在本书中大力提倡"脱亚"论，此书与《劝学篇》一样，也对近代日本的启蒙发挥重大的作用。

福泽谕吉在《文明论概略》第二章，明确揭示东方国家必须"以西洋文明为目标"，他说：

> 现代世界的文明情况，要以欧洲各国和美国为最文明的国家，土耳其、中国、日本等亚洲国家为半开化的国家，而非洲和澳洲的国家算是野蛮的国家。……于是有的就想效仿西洋，有的就想发奋图强以与西洋并驾齐驱。亚洲各国有识之士的终身事业似乎只在于此。⑤

福泽谕吉认为文明的演进有其阶段性，从野蛮而半开化而文明，循序渐进，不可躐等，处于半开化文明阶段的中国与日本，必须以迈向文明阶段的欧美为其努力之目标。

---

①参见陶德民：《ペリーの旗艦に登った松陰の"時間"に迫る——ポウハタン号の航海日誌に見た下田密航関連記事について》，《東アジア文化交渉研究》（第2號），關西大學文化交渉學教育研究據點2009年版，第403—412页。
②参见［日］福泽谕吉：《福泽谕吉自传》，马斌译，商务印书馆1995年版，第89—118、140—148页。
③［日］福泽谕吉：《劝学篇》，群力译，商务印书馆1996年版。
④［日］福泽谕吉：《文明論の概略》，岩波书店1997年版。中译本为［日］福泽谕吉：《文明论概略》，北京编译社译，商务印书馆1995年版。
⑤［日］福泽谕吉：《文明论概略》，北京编译社译，第9页。

福泽谕吉虽对欧美文明推崇备至，呼吁亚洲国家必须以西洋文化为师，但是他也强调不能全盘西化，必须将西洋文化与本土社会文化状况相调和，他说：

> 文明有两个方面，即外在的事物和内在的精神。外在的文明易取，内在的文明难求。谋求一国的文明，应该先攻其难而取其易，随着攻取难者的程度，仔细估量其深浅，然后适当地采取易者以适应其深浅的程度。……所谓外在的文明，是指从衣服饮食器械居室以至于政令法律等耳所能闻目所能见的事物而言。如果仅以这种外在的事物当作文明，当然是应该按照本国的人情风俗来加以取舍。西洋各国即使国境毗连，其情况也互有差异，何况远离在东方的亚洲国家，怎么可以全盘效法西洋呢？①

福泽谕吉主张学习西方文化，在学习西方器物制度等外在事物之前，应先学习其精神价值等内在层面，而且他认为吸收西方文化应与本国条件相配合。福泽谕吉可以说是一个"调和的西化论者"。

相对于东亚近代启蒙知识分子的先行者福泽谕吉而言，中国知识界开始触及东西文明问题，起步较晚，大约始于1865年"自强运动"以后。到了二十世纪二十年代，中国知识分子才较为严肃地思考这个问题，他们的意见光谱从中国本位文化论到全盘西化论，颇为分歧，多元多样。②1920年3月梁启超游欧，目睹第一次世界大战前后欧洲思想之矛盾，接触欧洲人士的悲观思想氛围，思考新文明的再造之途。梁任公呼吁："拿西洋的文明来扩充我的文明，又拿我的文明去补助西洋的文明，叫他化合起来成一种新文明。"③接着，梁漱溟在《东西文化及其哲学》中将世界文化分为三种类型：

（一）西洋生活是直觉运用理智的；

---

① ［日］福泽谕吉：《文明论概略》，北京编译社译，第12页。
②关于中国本位文化论的各种意见，参见《中国本位文化讨论集》［（台湾）帕米尔书店1980年版，影印自1935年上海文化建设月刊出版的《中国本位文化建设讨论集》］。关于1920年的中西文化论战之初步探讨，参见黄志辉：《我国近现代之交的中西文化论战》。
③梁启超：《欧游心影录节录》，《饮冰室合集》（第5册），中华书局1936年版，第35页。

（二）中国生活是理智运用直觉的；

（三）印度生活是理智运用现量的。①

梁漱溟主张中国人对中、西、印三种文化应有所抉择：排斥印度文化，接受但改造西方文化，批判地继承中国文化。梁启超与梁漱溟的中西文化观，开启了二十世纪二十年代的中西文化论战。

在二十世纪二十年代各种关于中西文化的辩论中，胡适在1926年6月6日，发表《我们对于西洋近代文明的态度》一文，是二十世纪中国西化派的代表作，也是徐复观发言所针对的对象，特别值得我们重视。胡适首先指出西洋近代文明的物质成就：

> 西洋近代文明的特色便是充分承认这个物质的享受的重要。西洋近代文明，依我的鄙见看来，是建筑在三个基本观念之上：
>
> 第一，人生的目的是求幸福。
>
> 第二，所以贫穷是一桩罪恶。
>
> 第三，所以衰病是一桩罪恶。②

胡适又强调西洋近代文明的物质成就实有精神之基础，他说：

> 近世文明不从宗教下手，而结果自成一个新宗教；不从道德入门，而结果自成一派新道德。……工业革命接着起来，生产的方法根本改变了，生产的能力更发达了。二三百年间，物质上的享受逐渐增加，人类的同情心也逐渐扩大。这种扩大的同情心便是新宗教新道德的基础。自己要争自由，同时便想到别人的自由。所以不但自由须以不侵犯他人的自由为界限，并且还进一步要求绝大多数人的自由。自己要享受幸福，同时便想到人的幸福，所以乐利主义（utilitarianism）的哲学家便提出"最大多数的最大幸福"的标准来做人类社会的目的。这都是"社会化"的趋势。
>
> 十八世纪的新宗教信条是自由、平等、博爱。十九世纪中叶以后的新宗教信条是社会主义。这是西洋近代的精神文明，这是东方

---

① 梁漱溟讲演：《东西文化及其哲学》，陈政、罗常培编录，第158页。
② 胡适：《我们对于西洋近代文明的态度》，《胡适文存》（第三集），第4页。

民族不曾有过的精神文明。①

胡适综论西洋近代文明，认为西洋近代文明建立在"求人生幸福"的基础之上，既有物质又有精神成就，既有理智又有新宗教与新道德，讲求最大多数人之最大幸福。胡适提出结论说："东方文明的最大特色是知足，西洋的近代文明的最大特色是不知足。"②胡适认为中国文化空谈理想，却不能对治中国社会之罪恶，他毕生痛批中国社会所见的女子缠足现象。胡适将缠足风俗归咎于中国文化（尤其是宋明理学），曾引起徐复观极其强烈的批判。③

综上所论，近代东亚知识界对于西方文明的回应，态度不一而足，日本的启蒙思想家福泽谕吉与二十世纪二十年代中国的梁启超、梁漱溟与胡适，立场固然互有不同，但是都是在"中国／西方"的两极光谱中思考东西文化问题。西化派的胡适在中西对比的脉络下，特别强调西方近代文明兼具精神与物质的优越性，为东方人所应学习。

（二）徐复观对西方近代文化之批判言论中的中国文化因素

从上述东亚近代知识界的背景来看，徐复观在二十世纪六十年代的台湾对于西方近代文化与艺术的激烈批判，显然有其渊源。徐复观所继承的是"五四"以降东亚知识界对"中国／西方"两极思维的问题提法。

徐复观在诸多论述中西文化的文字中，常将中国文化与西方文化视为对立的两极，他说：

> 中国的仁的文化，落到现实上，是由融合感通而发生安定的作用。其流弊则沉滞、臃肿，以至堕退，而终于迷失其本性。这便是中国文化对中国现在堕落不堪的人所应负的责任。欧洲的力的文化，落到现实上，是由追求、征服，而发生推动向前的作用。其流弊则尖锐、飞扬以至爆裂。而人类的各种努力，适足以造成人类的

①胡适：《我们对于西洋近代文明的态度》，《胡适文存》（第三集），第10页。
②胡适：《我们对于西洋近代文明的态度》，《胡适文存》（第三集），第13页。
③徐复观：《中国人的耻辱　东方人的耻辱》，《徐复观杂文续集》，第380页，并参见本书第二章第三节。

自毁。这便是所谓今日世界文化的危机。所以站在中国人的立场来说，一方面应该接受西方文化，以造成能足够支持仁的文化的物质条件。一方面应该由对于自己文化的虔敬，以启迪、恢复自己的人性，使自己能成其为人。①

徐复观上述这一段意见发表在1950年9月1日出刊的《民主评论》第2卷第5期，他虽在1970年11月24日校后记云："按此文仅代表作者开始在文化中摸索时的一个方向。"②但是，中西对比的提法，通贯徐复观一生，并无重大改变。

作为一个"文化民族主义者"与"传统的创新者"，徐复观用来批判近代西方文化的中国文化思想因素，在于他所认知的中国人文主义精神。徐复观强调，中国学问从西周初叶至清代初叶，虽然其中有注重求知识的一面，但中国悠久的传统文化之中心乃在追求人之所以为人的道理，强调人与人之间，如何可以和谐共处，并加以躬行实践。③在中国文化的人文主义精神传统之中，人与人、人与自然乃至人与超自然之间都不是疏离或对抗的关系，所以徐复观断定：中国文化与西方文化最不同的基调之一，在于中国文化根源之地，无主客的对立，无个性与群体的对立，"成己"与"成物"，在中国文化中合而为一。④

以中国人文主义为立足点，徐复观批判西方现代文化有两大弊病。第一是由机械之力，把每一个人都紧密地糅进各种集团之中，但每一个人又要求和他所属的集团乃至整个社会，完全解脱分离出来。第二是科技之发展使人的生活方式快速变迁，形成反传统心态。⑤徐复观从人之从社会与文化传统之中逸脱而出，断定西方近代文化是一种

---

①徐复观：《复性与复古》，《徐复观文存》，第132页，并参见本书第二章第三节。
②徐复观：《复性与复古》，《徐复观文存》，第137页。
③参见徐复观：《中国历史运命的挫折》，《中国思想史论集》，第261页。
④参见徐复观：《中国艺术精神主体之呈现——庄子的再现》，《中国艺术精神》，第132页。
⑤参见徐复观：《从裸裸舞看美国的文化问题》，《徐复观文存》，第124页。

没有人类爱的文化，①认为西方现代美术是一种"毁灭的象征"，②批判西方"抽象艺术，不仅是反传统，并且反社会，反一切"③。

四、徐复观与二十世纪中国新儒家学者论西方近代文化：与唐君毅及牟宗三比较

徐复观对于西方近代文化的评论，与他同时代的儒家学者的看法，有同有异。同者可以显示当代儒家的共同倾向，异者则很能突显徐复观的特殊思想风貌。

（一）同调

当代儒家徐复观、唐君毅、牟宗三等人，在探讨问题以及衡论文化时，常采取"反实证的思考模式"④进行思考。作为一种文化思潮，当代儒家对中国文化的前途都怀有深沉的危机意识。作为一种方法论，他们对乾嘉考据学以及"科学主义"心态都严加批判。⑤

当代儒家对西方近代文化的共同意见，见于唐、牟、徐三先生及张君劢在1958年发表的《为中国文化敬告世界人士宣言——我们对中国学术研究及中国文化与世界文化前途之共同认识》这篇长文。这篇文章一方面肯定近代西方心灵之崇敬上帝以及接受普遍理性之精神，但另一方面亦指陈近代西方文化所引起之冲突，《宣言》说：

> 近代西方人之心灵，乃一面通接于唯一之上帝之无限的神圣，一面亦是能依普遍的理性，以认识自然世界。由此而转至近代文艺复兴时代，人对其自身有一自觉时，此二者即结合为个人人格尊严之自觉，与一种求精神上的自由之要求。由此而求改革宗教，逐渐建立民族国家，进而求自由运用理性，形成启蒙运动；求多方面的了解自然与人类社会历史，并求本对自然之知识，以改造自然；本

---

①参见徐复观：《西方文化之重估》，《徐复观文存》，第27—29页。
②徐复观：《毁灭的象征——对现代美术的一瞥》，《徐复观文存》，第261—266页。
③徐复观：《现代艺术的归趋——答刘国松先生》，《论战与译述》，第79页。
④参见Hao Chang, "New Confucianism and the Intellectual Crisis of Contemporary China," 276-304；张灏：《幽暗意识与民主传统》，第79—116页。
⑤参见郑家栋：《现代新儒家概论》，第3—122页。

对人类社会政治文化之理想，以改造人间。于是政治上之自由与民主、经济上之自由与公平、社会上之博爱等理想，遂相缘而生。

…………

然此近代之西方文化，在其突飞猛进之途程中，亦明显地表现有种种之冲突、种种之问题。如由宗教改革而有宗教之战争；由民族国家之分别建立而有民族国家之战争；由产业革命而有资本主义社会中劳资之对立；为向外争取资源，开发殖民地，而有压迫弱小民族之帝国主义行动；及为争取殖民地而生之帝国主义间之战争；为实现经济平等之共产主义之理想，而导致苏俄之极权政治，遂有今日之极权世界，与西方民主国家之对立。①

二十世纪儒家学者析论文化问题，常常将中国文化与西方文化视为光谱的两极，基本上延续二十世纪二十年代中西文化论战时中国知识界思考文化问题时的思维方式。在这种中西二元对立的文化观之下，徐复观及其同时代的儒家学者都特别强调西方文化以斗争或冲突为其主调。抗战期间钱穆写《国史大纲》，在《引论》中就以中西历史作对比，强调中国民族文化常于"和平"中得进展，但欧洲史每常于"斗争"中著精神；中国史如一首诗，西洋史如一本剧本；西洋史正如几幕精彩的硬地网球赛，中国史则是一片琴韵悠扬。②钱先生又区分中国文化是"内倾型"的文化，而西方文化则是"外倾型"的文化，把中国文化分为"求尽人性的"文化，西方文化是"求尽物力的"文化。③钱先生对西洋文化的特质，曾有以下的综合判断：

近代西方文化，一面高抬个人自由，一面提倡自然科学，但另一面又不能放弃基督教的博爱教义。而在此三项中，并不能提出一个会通合一之所在。这即表现了近代西洋文化之缺陷。于是宗教与

---

① 唐君毅：《唐君毅全集》（第2卷），第49—50页。
② 参见钱穆：《引论》，《国史大纲》（上），《钱宾四先生全集》（第27册），第34—35页。
③ 参见钱穆：《中国学术思想史论丛（四）》，《钱宾四先生全集》（第19册），第402页；钱先生在《中国学术思想史论丛（九）》[《钱宾四先生全集》（第23册），第78—82页]及《中国史学发微》[《钱宾四先生全集》（第32册），第188—191页]也都表达类似的看法。

科学，演成分道扬镳、齐头并进的形势。其相互间种种冲突，种种矛盾，难于协调，难于融和，这是近代西洋文化内心一大苦痛。①

钱穆在文中所强调的是西方近代文化的冲突、矛盾与缺陷。

除了钱穆之外，唐君毅在他诸多著作中，也常在中西二元对立的思维架构之下，评论西方文化。唐君毅认为西方文化之来源较为多元，所以文化冲突较多；中国文化来源较为一元，所以文化冲突较少。西方文化展现向上而向外之超越精神，中国文化则超越向上之精神并不显著，缺少抽象分析之理性活动，个体性之自由观念较为薄弱。②唐君毅进一步指出，近现代西方文化与思想，常与现实力量结合。唐君毅说：

> 西方近代，最早出现的一个思想是文艺复兴时代的思想。这个时候许多人要讲各国民族的语言，而有民族的思想。从文艺复兴时代之民族思想，再配合许多不同民族自己要建立国家的要求，就成为近代的民族国家。这种近代的国家，不是中古时代的罗马帝国。罗马帝国时代的国家观念，不是近代民族国家的观念，那时亦无近代民族国家。其次西方从十八九世纪以来，有所谓人权运动，讲自由，讲政治上的代议政治、民主政治。这个思想最后就变成近代的议会、近代的政党组织等等。再其次从西方工业革命以后，由于财富分配问题而产生社会主义的思想，而有近代之社会主义运动、工人运动等。这三种西方近代之思想，都很快即化为一现实的政治经济社会之力量。③

唐君毅强调，西方近代文化中的理性主义、理想主义与人文主义逐渐沦丧，而现实主义与自然主义之流弊日益显著，遂形成近代西方文化的三大罪恶：帝国主义、极端的私人资本主义与极权主义。④

---

① 钱穆：《孔子与论语》，《钱宾四先生全集》（第4册），第400页。
② 参见唐君毅：《中国文化之精神价值》，《唐君毅全集》（第4卷），第13—15、28—29页。
③ 唐君毅：《中华人文与当今世界》（下册），《唐君毅全集》（第8卷），第11页。
④ 唐君毅：《人文精神之重建》，《唐君毅全集》（第5卷），第163页。参见 Thomas Fröhlich, *Tang Junyi: Confucian Philosophy and the Challenge of Modernity* (Leiden Brill, 2017)。

从上述言论看来，唐君毅大致认为西方近代文化由于与现实力量密切结合，所以产生帝国主义等罪恶。徐复观认为西方近代文化由于通过近代西方人的国家意识而表现，所以成为缺乏人类爱的文化。两人对西方近代文化的看法几乎是同一意见的不同表述方式而已。

（二）异趣

徐复观论西方近代文化与他同时代的儒家学者同中有异，这就是：徐复观从人之存在的社会经济政治网络着眼，批判西方近代文化之"非人间性"，缺乏人类爱；唐君毅则倾向于将近代西方文化作为概念加以分析。两人之间的对比，在某种意义上就是原始儒学与宋明理学的对比，或者说是"激进的儒家"与"超越的儒家"的对比。①

徐复观文字犀利、思路敏锐，文章风格与唐君毅文字之温柔敦厚，构成鲜明对比。②徐复观在近代世界史的社会政治经济脉络中，析论近代西方文化的弊病，指出西方文化受到西方近代人的国家意识所扭曲，而成为镇压他人或他国的工具。他看到的是近代世界史上亚非拉国家人民的苦难与血泪，所以他才会指责西方近代文化缺乏人类爱；他思想中的人是浸润在复杂的政经网络中的人，不是从社会关系或历史文化传统中逸脱而出，如二十世纪六十年代存在主义文学家笔下的孤零零的人的"个体"。正是在这种人性论基础之上，徐复观痛批现代艺术，指责近代西方的抽象画是"反合理主义"（即为"反理性主义"）。

徐复观将"人"理解为"在脉络中的人"，而不是"去脉络化"的"人"，他对人性的多样性较有深刻之认识，③这一点使他与他同时代的儒家学者大异其趣。说明徐复观与当代儒家学者的对比，最有启发性的一个例子，就是徐复观所创的"忧患意识"这个概念。徐复

---

① "激进的儒家"与"超越的儒家"是陈昭瑛所创的名词，参见陈昭瑛：《一个时代的开始：激进的儒家徐复观先生》，徐复观：《徐复观文存》，第361—373页。
②徐复观的朋友王新衡说他"把唐君毅先生写的滞涩的、枯燥的题目，写成了火一样的充满热情的檄书"（徐复观：《儒家精神之基本性格及其限定与新生》，徐复观著，萧欣义编：《儒家政治思想与民主自由人权》，第43页）。
③参见李翔海：《徐复观中西文化观述评》，李维武编：《徐复观与中国文化》，第138—157页。

观从公元前十一世纪周革殷命之后，周公及周朝统治者所面对的政治现实，以及由此而生的戒慎之心，论证周初"忧患意识"的形成及其具体的历史背景。[1]但是，徐复观的"忧患意识"，到了牟宗三的论述中，却成为一个与现实政治无涉的哲学概念，而与印度的"苦业意识"及耶教的"恐怖意识"构成对比。[2]徐复观在论述西方文化的弊病时，与唐君毅的说法也构成鲜明的对比。徐复观从原始儒家尤其是孔子与孟子汲取思想的泉源，他关心人类的自由与解放，他批判二十世纪中国左右两派的专制政权，[3]更批判近代西方文化对亚洲人民的侵凌。

五、结 论

二十世纪中国儒家学者所关心的中心问题之一是：如何在中西文化互动的脉络中，重新阐释并发扬中国文化的内涵与价值？徐复观之批判西方近代文化、思想与艺术，实有其中国文化（尤其是儒家价值）之背景，而且也是他彰显中国文化特质的一种途径。

徐复观认为西方近代文化是以"机器的支配"取代了"人的支配"，[4]这是一种文化的虚无主义。他认为，西方近代文化的特性是人的地位之动摇，因此展现"非人间"的性格。[5]徐复观认为西方的现代艺术以及现代诗，都表现为一种"没有人性的生命"，是一种"孤独"与"恐怖"。[6]正如本章第二节所归纳的，徐复观认为西方近代文化最大的弊病在于它是一种缺乏人类爱的文化，而且展现"非人

---

[1]参见徐复观：《中国人性论史·先秦篇》，第20—21页。
[2]牟宗三：《中国哲学的特质》，第12—13页。
[3]关于徐复观的政治思想，参见何信全：《儒学与现代民主——当代新儒家政治哲学研究》，（台湾）"中研院"中国文哲研究所1996年版；Honghe Liu, *Confucianism in the Eyes of a Confucian Liberal: Hsu Fu-Kuan's Critical Examination of the Confucian Political Tradition*；肖滨：《传统中国与自由理念——徐复观思想研究》。
[4]参见徐复观：《危机世纪的虚无主义》，《徐复观文存》，第24—26页；徐复观：《樱花时节又逢君》，徐复观著，萧欣义编：《徐复观文录选粹》，第17—21页。
[5]参见徐复观：《现代艺术对自然的叛逆》，徐复观著，萧欣义编：《徐复观文录选粹》，第249—252页。
[6]参见徐复观：《非人的艺术与文学》，《徐复观文存》，第212—214页。

间"、反理性主义的性格，堕入虚无的深渊。

如果将徐复观放在二十世纪东亚知识界的脉络中，我们就可以发现：徐复观承继"五四"以来中国知识界中西二分的问题之提法，但是不论是对福泽谕吉的"温和的西化派"或是胡适的"激进的西化派"，徐复观都加以批判。徐复观浸润在中国儒学的人性世界中，他从先秦儒家汲取思考的养分，他肯定并向往的是人与人、人与社会、人与自然共生共感、共存共荣的世界。在徐复观的思想中，个人既被历史与传统所塑造，又创造新的文化传统。个人与传统之间只有延续而没有断裂。正是在这种思想立场上，徐复观对西方近代文化尤其是现代艺术猛烈挞伐。

徐复观对西方近代文化的攻击，也植根于他敏锐的现实感。与他同时代的儒学同道相较之下，徐复观倾向于在具体的社经政治脉络中思考西方文化问题，而唐君毅则将西方文化与思想作为一种概念或一种范畴，不免有"去脉络化"之思考倾向，两人的对比至为鲜明。

第五章　中国文化创新的参照系统（Ⅱ）
——徐复观对日本政治社会与文化的评论

一、引　言

在徐复观思考中国文化的创新时，日本文化是他的另一个参照系统。徐复观一生与日本颇有关系，早岁（1930—1931）留学日本，初入明治大学学习经济，后转入陆军士官学校学习军事，1931年中日之间爆发九一八事变，徐复观因抗议日本侵华被捕入狱退学而返国。在1950年、1951年（3月至9月）[①]及1960年（4月至7月），徐复观又重访日本，撰写甚多对日本各方面之评论文字，广泛涉及日本的社会、政治、文化、思想各方面问题。在当代儒家思想人物中，徐复观确有其特殊性。

我想采取两个角度分析徐复观对日本政治与文化之评论：首先探讨徐复观的儒家思想立场，如何影响他对日本的评论。接着再将徐复观对日本的评论，与当时媒体中的相关评论加以比较，为徐复观的言论进行历史定位。本章第二节首先回顾二十世纪初中日之间的思想交涉，以及青年徐复观留学日本的历史背景；第三节探讨徐复观对战后日本的政治社会与文化的评论，并分析他的评论意见中所潜藏的思想立场；第四节则将徐复观对日本的评论意见，置于当时的历史背景加以衡量，并取之与同时间内台湾的报刊意见互作比较，以彰显徐复观思想的特殊性；第五节则综合本章论点，提出结论性的看法。

二、二十世纪初叶的中国知识分子与日本

近百年来中日之间关系错综复杂，日本既是二十世纪中国的现代西方文化之启蒙者，又是军事侵略者，两者之恩怨情仇，一言实不足以尽之。二十世纪中国知识分子对日本的态度之转变，当开始于公元1895年中日甲午之战。梁启超在《戊戌政变记》中起首说："吾国四千余年大梦之唤醒，实自甲午战败割台湾偿二百兆以后始也。"[②]诚为历史之实情。其实，早在甲午战败中日签订马关条约之后，康有

---

①徐复观1950年赴日是为观光，1951年则以记者身份赴日，他说："一九五四年三月到九月，曾以华侨日报驻东京特派员名义，住在东京并以司（按：'司'应为'斯'之笔误）托噶的笔名为该报写了若干通讯。"见徐复观：《从平剧与歌舞伎座看中日两国民族性》，《学术与政治之间》（乙集），第15页。
②梁启超：《戊戌政变记》，台湾中华书局1965年版，第1页。

为（南海，1858—1927）在光绪二十一年闰五月初八（1895年6月30日）就上书光绪皇帝，对"日本蕞尔三岛，土地、人民不能当中国之十一。近者其国王与其相三条实美改其政，国富日强，乃能灭我琉球，割我辽台"①，深受震撼，力主变法之必要性。诚如李国祁所指出，甲午战争之前中国的仇日情绪颇为高涨，但是战后则艳羡日本明治维新的成功，转而师法日本，使中国在近代化的努力上出现了一个以日本为模仿对象的时期。②

正是在甲午战争后中国从仇日转变为师日的时代氛围中，张之洞（1837—1909）送儿子赴日本留学，入日本士官学校学习军事。梁启超应台湾当时的大地主与抗日运动的领导人林献堂（1881—1956）的邀请，在1911年2月24日，和他的女儿梁令娴从日本神户出发，搭乘"笠户丸"轮船来台湾访问，梁任公在行前给友人信中说："吾兹行之动机，实源频年居此读其新闻杂志，咸称其治台成绩，未尝不愀然有所动于中，谓同是日月，同是山川，而在人之所得，乃如是也。"③任公对日本人之成就不胜其好奇之心。也正是在这种以日为师的历史背景之下，国民党人戴传贤（季陶，1891—1949）在《日本论》中极力主张："我劝中国人，从今以后，要切切实实地下一个研究日本的工夫……晓得他现在的真相，方才能够推测他将来的趋向是怎样的。"④正是在这种时代氛围之下，大量中国留学生涌向日本。据实藤惠秀（1896—1985）的研究，在1904年中国留日学生已在八千至一万名之间，到1906年则高达一万三四千或二万名之谱。⑤二十世纪中国知识分子与日本关系深刻者甚多，例如史学大师陈寅恪（1890—1969）

---

①中国史学会编：《戊戌变法》（第2册），神州国光社1953年版，第179页。
②李国祁：《清末国人对甲午战争及日本的看法》，收入《甲午战争一百周年纪念学术研讨会论文集》，台湾师大历史研究所1994年版，第641—674页。关于近代中国从轻视日本到重视日本的转变，参见王晓秋著，王雪萍译：《近代における中国人の日本観の変遷》，法政大学国際日本学研究所编：《中国人の日本研究：相互理解のための思索と実践》，法政大学国際日本学研究セソタ2009年版，第113—132页。
③梁启超：《游台湾书牍第一信》，《饮冰室文集》（第4册），台湾中华书局1960年版，第14页。
④戴季陶：《日本论》，（台湾）"中央"文物供应社1954年版，第3页。
⑤参见［日］实藤惠秀：《中国人留学日本史》，谭汝谦、林启彦译，香港中文大学出版社1982年版，第23页。

在1902年至1904年以及1904年10月至1905年时，就肄业于日本新文学院中学。陈寅恪长兄衡恪、二兄隆恪也都留学日本。[1]曾任北大校长的蔡元培（子民，1868—1940）年轻时虽未赴日留学，但在光绪二十四年（1898）与友人合组东文学社研读日本书籍以吸收新知。儒学大师马一浮，在光绪三十年（1904）时，也从美国转赴日本留学半年，在日本结识马君武（1881—1940）及谢无量（1884—1964）等人。在为数众多的中国留日学生之中，龙蛇杂居牛骥同皂的情形在所难免。[2]

在二十世纪以降中国知识分子留学日本的时代浪潮之下，徐复观也在1930年，获得湖北清乡会办陶子钦[3]与当时清乡督办胡今予资助赴日留学，赴明治大学攻读经济，潜心研究日本思想家河上肇（1879—1946）的著作，思想视野顿然开展。后来因恐得不到学费挹注，经东京青年会总干事马伯援的协助，进入日本陆军士官学校步兵科（23期）就读。[4]徐复观

---

[1]参见［日］池田温：《陈寅恪先生与日本》，收入《纪念陈寅恪教授国际学术讨论会文集》，中山大学出版社1989年版，第115—138页。

[2]齐世英（1899—1987）曾回忆二十世纪初年在日本的中国留学生状况说："民国五年九月初，我到日本，二哥就把奉天在日本的留学生的情形告诉我，他说留日学生大概分两种类型：一是入私立大学，缴费即可入学，三年定给文凭，以留日学生名分归国，一般人哪晓得什么私立、官立，找事容易，赚钱也多，社会地位也有，然事实上这些人很少上学听课，常是几个同乡一起玩玩、聊聊天、吃吃馆子，很多到毕业时连起码的日语都不懂，高崇民就是属于这类型。另一种是准备入官费学校的，也许考两、三年考不上，甚至还有考三次考不上，不能再待下去，只好归国而遭人轻视的，这当然是一条很艰苦的路。"［沈云龙等访问，林忠胜记录：《齐世英先生访问记录》，（台湾）"中研院"近代史研究所1990年版，第13—14页］关于清末以来中国留日学生的一般性研究，除了前引实藤惠秀的专书之外，尚有黄福庆的《清末留日学生》［（台湾）"中研院"近代史研究所1983年版］。最新的著作有以下两种，严安生的《日本留学精神史》（岩波书店1991年版）；［日］冈田英弘的《现代中国と日本》（新书馆1998年版）对日本陆军士官学校的中国留学生也有讨论（第267—295页）。

[3]徐复观曾回忆与陶子钦相识的经过说："革命军占领了整个湖北，并在地方展开整个猛烈地党务活动后，我在家乡找不到饭吃，便经九江到德安投奔和我家相距只有三华里的陶子钦先生。他在民国十二年十月前后，背着包袱往广西投效时，我正在浠水县城模范小学当教员，曾邀他到我们学校住了一晚。我到德安时，他因打孙传芳的战功刚升第七军的旅长，把我派到一个营部当中尉书记，并送我一部《三民主义》，我开始想到了政治问题。"见徐复观：《垃圾箱外》，《徐复观杂文——忆往事》，第23页。

[4]参见曹永洋编：《徐复观先生年谱》，《徐复观最后杂文集》，（台湾）时报文化出版事业有限公司1984年版，第426—432页。

于1959年12月曾这样回忆他早年留学日本的读书生活：

> 从民国十六年起，开始由孙中山先生而知道马克思、恩格斯、唯物论等等。以后到日本，不是这一方面的书便看不起劲。在日本陆军士官学校的时候，组织了一个"群不读书会"，专门看这类的书，大约一直到德波林被清算为止。其中包括了哲学、经济学、政治学等等，连日译的《在马克思主义之旗下》的苏联刊物，也一期不漏地买来看。回国后在军队服务，对于这一套，虽然口里不说，笔下不写，但一直到民国二十九年前后，它实在填补了我从青年到壮年的一段精神上的空虚。[①]

由此可见，徐复观早岁留日为时虽短，但是这一段留学经验却为他的思想留下了可观的痕迹。徐复观留学日本的前后几年间，正是中国学生留日的高峰期。汪一驹曾统计列名于中国名人录上的人物之教育背景，结果发现：1923年列名于各种名人录的人物中，留日归国学生占29.5%，居第一位；其次才是在国内受传统教育者占27.3%；第三位是在国内现代学校毕业者占15.4%；第四位是留学美国者占12.9%。但到了1932年，则留美者跃登第一位占31.3%，留日者降为第二位占20.3%，在国内军校出身者第三位占12.6%。[②]二十世纪二十年代的中国是人口快速增加，棉纺织业迅速成长，新闻媒体快速成长的新时代，[③]也是中日关系既密切而又极端紧张的年代。这是日本的大正时代（1912—1926），日本乘明治维新成功之后，睥睨亚洲，顾盼自雄，最鄙视中国的时代。[④]留日学生数量的骤变，主要是受到1931年日本侵略中国而爆发的九一八事变后的反日情绪之影响。

在徐复观留学日本的年代里，1930年的统计显示：湖北籍的学生

---

①徐复观：《我的读书生活》，徐复观著，萧欣义编：《徐复观文录选粹》，第314页。

②Yi-Chu Wang, *Chinese Intellectuals and the West, 1872—1949* (Chapel Hill: University of North Carolina Press, 1966), 177, Table 5.中译本为汪一驹：《中国知识分子与西方》，梅寅生译，（台湾）久大文化出版社1991年版。

③参见［日］狭间直树：《国民革命の舞台としての一九二〇年代中国》，［日］狭间直树编：《一九二〇年代の中国》，汲古书院1995年版，第3—32页。

④参见［日］山根幸夫：《大正时代におにる日本と中国のあいだ》，研文出版1998年版。

数占当年所有中国留日学生总数的4.4%，居于末位。湖北籍学生与当时占第一位的广东学生（占18.4%）与第二位的辽宁学生（占18.0%）数量相去甚远。①但值得注意的是，徐复观留学日本初习经济，后转军事，都是当时中国亟须向日本学习之学科门类。在1930年这一年，中国留日学生所研习的学术领域，以社会科学占23.37%居第一位，其次是工程学占10.79%居第二位，再次是军事学占9.74%居第三位。②当时中国赴日留学生对研习学科之选择，均为富国强兵，以救亡图存为目标，青年徐复观亦不例外。

徐复观留学日本仅一年，1931年中日之间关系日趋紧张，7月2日发生万宝山惨案，9月18日爆发九一八事变，9月23日上海各校学生组织抗日救国联合会，9月26日在日本的中国十七省留日学生代表在东京的中华青年会集会，为抗议日本侵华，决定全体归国，并要求中国驻日本公使支付旅费，留学归国者数量可观，10月8日起中国留日学生监督处发给部分学生归国船票。③徐复观在这一年因为抗议日本侵华而被捕入狱，遭日本陆军士官学校退学回国，结束留日生涯。青年徐复观留学日本期间虽然只有一年，但却使他掌握日文，便可以经由日文著作接触西方现代文化与思潮，并且与当代日本学人建立友谊。他在1951年曾在"日华文化协会"演讲，并与该会会长鹤见佑辅讨论有关日本的问题。④他自己在1969年7月1日曾说"我每年都要从日本买进日译本的人文方面的著作"⑤细加研读，"想在日译的西方典籍中求得一点什么"⑥，早年的留日经验确实对徐复观影响甚深，在他的诸多时论中，既以日为师，将日本视为参考范例，又以日本之诤友自居，对当代日本的社会政治与文化大加批判。在当代儒家学者中，徐复观确因

---

①Y. C. Wang, *op. cit.*, 160–161.

②Y. C. Wang, *op. cit.*, 512, Table 11.

③参见［日］实藤惠秀：《中国人留学日本史前表》，《中国人留学日本史》，谭汝谦、林启彦译，第323页。

④徐复观（署名斯托噶）：《日本社会的再编成（上）》，《华侨日报》1951年6月26日。收入黎汉基、李明辉编：《徐复观杂文补编》（第3册），（台湾）"中研院"中国文哲研究所2001年版，第48—53页。

⑤徐复观：《人文研究方面的两大障蔽——以李霖灿先生一文为例》，《徐复观文存》，第200页。

⑥徐复观：《西文化没有阴影》，《徐复观杂文——记所思》，第65页。

与日本之因缘而别树一帜。徐复观以日本文化作为参照系，思考中国文化的问题；也透过中国文化，而评论日本文化与社会的短长优劣。

三、徐复观对日本的评论及其参考架构

（一）对日本的评论

徐复观毕生的学思历程与日本颇有关系，他早年留日接触马克思思想，并通过河上肇接触政治经济学，一直到1952年还"把日译拉斯基的著作共四种，拿它摘抄一遍"[①]。他评论本国文化或时势时，也常将日本的情况比较观之，也在诸多论著中一再提到日本学者或政治人物或著作并加以评论，他与日本学者也常有书信往返。[②]他在第二次世界大战结束后，1950年访问日本，举目所见，满目疮痍，他有"回风今日向神山，霸业都随劫火残"[③]的伤感。徐复观在1960年4月2日再访日本，赋诗"蓬岛重来老学生，空虚何事苦追寻"[④]。那么，他"追寻"的结果如何呢？以下是我的分析。

徐复观对于日本的评论，较值得注意的有以下几项：

1. 日本民族性格易趋极端，表现而为一种悲剧性的性格

徐复观认为"日本的民族性格，有许多地方是非常的可爱，而另一方面也是非常的可怕。这是一个矜持而向上的民族，但同时也是一个狂放而容易自趋毁灭的民族"[⑤]，从这项基本判断出发，徐复观对日本的社会、政治与知识分子都提出一些看法。

日本的社会生活中，人的感情未能适度发舒。徐复观在1957年曾比较中日两国民族性与社会生活说：

---

① 徐复观：《我的读书生活》，徐复观著，萧欣义编：《徐复观文录选粹》，第317页。
② 参见本书附录。
③ 徐复观：《东行杂感》，《中国文学论集续篇》，第252页。
④ 徐复观：《樱花时节又逢君》，徐复观著，萧欣义编：《徐复观文录选粹》，第21页。
⑤ 徐复观：《日本民族性格杂谈》，徐复观著，萧欣义编：《徐复观文录选粹》，第76—79页。

中国儒家重视礼乐，是要把人类内部的原始情感，合理地疏导，合理地发舒出来，即所谓"因人情而为之节"，使人的性与情一致、内与外一致，不在内心的深处，常藏着什么不可测定的阴森之气，使人能过一种天真的恺悌祥和的生活。……日本人对生活矜持敬畏之念，还没有落实到和平乐易之中，于是日本人的感情深处，总藏着许多不愿发舒、不敢发舒，或甚至不知发舒的小小深渊。深渊与深渊之间，各自敛抑，各成界划，遂凝结成一种阴郁的气氛，感到随处都应有所造作，都应有所戒备。由此愈积愈深，使他自己负担不下，一旦爆发出来，便横冲直撞，突破平时所谨守的一切藩篱而不可遏止。阴森与暴戾，只是一种感情状态的两面。①

徐复观敏锐地观察到，中国社会中的人是以理化情，而在日本社会中的人是以理制情，因此，一旦爆发便不可遏止，这些都是日本民族性格易趋极端的一种表现。

日本政客与知识分子都有"锯齿型的心理习性"。早在1951年7月21日徐复观就引用一位日本人的话说："在日本守不住日本。"徐复观认为：日本人的性格不是对政治过分冷淡，就是过于冲动，对政治态度的变化也往往受环境的影响，因此一旦韩国爆发共产主义革命，日本人会受很大的冲击，也会加速共产主义革命，因为多数经济状况不好的日本人会希望改变现状。在美苏对日的思想战中，美国占下风，日本知识分子与公务员多处在灰色地带，一旦受刺激难免偏左。徐复观认为，吉田内阁的作风使社会不满②，一旦韩国爆发共产主义革命，日本各地的共产党组织必迅速发展，这时日本会感到与其投靠美国，不如投靠苏俄与中共。③

徐复观在1951年所提出的悲观的预测虽未成为事实，但是，他判定日本政治立场走向极端根源于日本知识分子之"锯齿型的心理习

---

①徐复观：《从平剧与歌舞伎座看中日两国民族性》，《学术与政治之间》（乙集），第18页。
②［日］吉田茂（1878—1967）于1946年出任日本自由党总裁，1948至1954年担任首相，推动亲美路线，决定战后日本政治的主要路线。
③参见徐复观（署名斯托噶）：《在日本守不住日本！——一个日本人对朝鲜停战的忧虑》，《华侨日报》1951年7月21日。收入《徐复观杂文补编》（第3册），第59—62页。

性"这点，却颇具慧识。1960年6月17日在东京旅次中的徐复观，对这项判断提出进一步的分析，他说：

> 日本知识分子，因为自己想得太甜，算盘打得太如意，常常想利用各种国际关系，而又要能超出于各种国际关系责任之外，以建立独自祥和快乐的天国。但现实上不尽能如此，于是日本知识分子的主观想法，和客观现实之间，永远保持着很大的距离：既不肯接受现实，又不能反抗现实，更无法与现实取得融和，而只是不断的与现实发生摩擦……因此，日本知识分子的心理，是锯齿型的心理；他们看问题，是通过锯齿型去看问题；所以日本目前所走的路向，是锯齿型的路向。①

紧扣日本这种"锯齿型的心理"，徐复观展望二十世纪六十年代以后的日本局势说：

> 今日决定日本命运的，只有民主或共产两途，决没有右翼的前途。战前是左翼的夭折，今后将是右翼的夭折。这不仅是因为右翼缺乏足以抵抗左翼的组织力量，更重要的是，日本知识分子的两极性，是没有自主性的两极性，他常要看着外面的风色而行事。战前右翼的胜利，主要原因之一，是因为有德国和意大利的法西斯，可给日本知识分子以心理的暗示，及行动的模仿。现在可提供日本知识分子以心理暗示及行动模仿的，只有苏联与中共。所以希望以右翼的力量，平衡左翼的力量的人，是不切实际的幻想。②

徐复观的敏锐之处，在于他能从现实政治的变化之中，看到文化心理因素的作用。他的深刻之处也在于能从政治现实之中，看出文化的深层结构。

由于对日本人的极端性格认识深刻，徐复观对麦克阿瑟（Douglas MacArthur, 1880—1964）的占领政策颇为推崇，因为在他看来麦克

---

①徐复观：《锯齿型的日本进路》，徐复观著，萧欣义编：《徐复观文录选粹》，第67页。
②徐复观：《对日本知识分子的期待》，徐复观著，萧欣义编：《徐复观文录选粹》，第74页。

阿瑟的政策遵从"民主主义伟大的中庸之道"。徐复观认为盟军总部的政策从排除极右主义到排除极左主义的转变也并非不可思议。战后初期,美国欢迎各国共同占领,但苏联一定要占领北海道而遭美国拒绝。初期的美国占领政策根据波茨坦宣言,以"根绝军国主义,确立民主主义"为原则:在根绝军国主义方面,在1946年占领不到一年的时间内,已完成解除武装,废除兵役法等一切军事制度。接着以新宪法为中心,实行各项民主改革。1945年10月麦克阿瑟发布撤废政治、民事、宗教等自由之限制的指令。11月提出"确保人权的五大改革",妇女因此而获得参政权,降低选举与被选举权的规定,释放政治犯与思想犯。1946年11月3日,新宪法案制定,主权在民的民主政治确立了。为行宪及新体制的产生,成立皇室典范及废除社会的身份制度,经济上实施了农地改革。1947年8月26日,新的民主社会基础已经建立完成。①徐复观认为,战后初期盟军占领当局的政策是回归"中庸之道"。

1960年11月日本民社党在大选中受挫,徐复观也归因于日本的民族性易趋极端,所以走中立路线的民社党不易获得选民支持。徐复观认为,日本在战后初期产生了左右分明的社会党与自民党,而两者之间又产生了从左派分离出来,企图化解对立的民主社会党。然而民社党所欲争取的选票是劳工阶级,因此在两党中都无法获得支持。自民党较能提出强有力的经济政策。日本所处的外交地位,非亲苏即亲美,也早被两党占先,因此造成了民社党的灰暗挫败。②

日本政治中有暴力主义倾向。徐复观认为易走向极端的日本民族性格,很容易孕育政治上的暴力主义。③他对政治上的暴力主义挞伐不遗余力。例如1972年3月他特别撰文报道在日本主张武装暴力的团体,原来分为"赤军派"及"京滨安保共斗"两个团体,1971年才组成统一的联合赤军。联合赤军权力的最高机构,是七人组成的中央委

---

① 参见徐复观(署名斯托噶):《对日占领政策的演变(上)》,《华侨日报》1952年5月22日。收入《徐复观杂文补编》(第3册),第36—42页。
② 参见徐复观:《日本民社党的挫折》,《华侨日报》1960年11月29日。收入《徐复观杂文补编》(第3册),第155—158页。
③ 徐复观说:"日本的民主根器不深,日人性格的对极化,正是暴力主义的温床。"见徐复观:《暴力主义的去路》,《徐复观杂文——记所思》,第249页。

员会，永田洋子（1945—2011）出任副委员长。徐复观认为，日本联合赤军的一连串的暴力行动，并不是孤立的事件，而是和文化政治因素关联在一起的大问题。徐复观指出，永田洋子这个残暴的女人原来是共立药科大学非常用功也很纯洁的学生，但是因为她抱持革命的主义与革命的思想而沦落至此。她相信她的主义与思想是至高无上的。她是组织的领导人，认为她自己是她所信仰的思想、主义的体现者，而忘掉她自己依然是一个有喜怒哀乐憎爱欲的人；于是认为自己的七情六欲的活动，就是自己所体现的主义与思想的活动。[1]徐复观特别提醒世人："一切暴力主宰者，开始都有他言之成理的目标。但时间一久，暴力便使心理中毒，原来的目标，即被迷失掉，构成为'暴力而暴力'。"[2]

综上所述，徐复观从日本民族性格的易趋极端，评论日本与知识分子多半具有"锯齿型的心理"，分析日本人的情感过度压抑未能发舒，指出日本民族性中潜藏政治的暴力主义倾向。凡此种种评论皆以他所了解的中国文化作为参考架构，这一点将于下节论述。

2. 日本社会与知识分子患有文化的"直肠症"

徐复观在1960年5月很敏锐地指出日本患有文化的"直肠症"。他指出，表面上看，日本对新鲜事物感受之快，对世界出版物翻译之快，世界其他国家少可比拟。但除了技术性的事物以外，在日本人生命的内层并不会有所改变，因此，日本有思想文化上的经纪人、摊贩者，而没有思想文化上的工厂。徐复观从以上这项观察出发，指出日本的知识分子患着文化的"直肠症"。这种文化病症反映在语言的运用上，就是喜欢照外国音拼假名，表示自己认识外国字，而实际只是吃什么便拉什么的"直肠症"的最直接的表现。[3]徐复观认为这种文化的"直肠症"使日本知识分子失掉了文化的消化力量，所以外面是七宝楼台，而内心恐怕是一无所有，因此充满了商人气质。

---

①徐复观：《在日本暴力主义的背后》，《徐复观杂文——看世局》，（台湾）时报文化出版事业有限公司1980年版，第62—66页。
②徐复观：《"暴力世界化"中的典型人物》，《徐复观杂文——看世局》，第25页。
③参见徐复观：《从"外来语"看日本知识分子的性格》，徐复观著，萧欣义编：《徐复观文录选粹》，第40—41页。

因此，徐复观进一步指出，日本知识分子对西方文化的介绍，虽然又多又快，但是，永远停留在介绍阶段，很少进一步吸收消化。这项文化的"直肠症"对日本的命运影响深远，因为日本知识分子的性格，并不十分适合于培养日本的民主政治。日本知识分子对人的礼貌非常周到，但礼貌与他的心理实态，似乎有很大的距离。面对现实上的利害问题时，假若情势并不向自己所希望的方面发展，心理实态便常要求突破礼貌的节制而诉之于力的解决，于是日本人常常不走向右的极端，即会走向左的极端，而离开了民主的中庸之道。就对外的关系说，日本知识分子的心理，也不容易保持平等相处的心理状态。

徐复观从日本文化的"直肠症"这项判定出发，对东京和京都的文化生活均提出一针见血的看法。

东京：徐复观认为东京人生活的特征，第一是"忙"，越重要的人越忙，忙与不忙成为衡量一个人的分量的尺度。正因如此，有的人似乎并不太忙，但为了免得被人瞧不起，也得装作忙的样子。要装作忙的样子，便得找些可忙的事情，久而久之，就弄假成真，每一个人都忙起来了。周围的人都忙，偶或有一两个闲人，也被旁人带着忙。在大家真忙或假忙的生活中，即使是极好的朋友，若不事先约定，便不好去惊动他。惊动他以后，除了谈谈最现实而具体的事情以外，无法谈学问上的问题。[1]徐复观认为东京生活的忙碌，正是日本的文化"直肠症"最鲜明的表现。

京都：徐复观对京都推崇备至，认为京都的从容、宽纾、闲谈与守旧，与东京的忙碌、拥挤、喧扰与趋新，构成强烈对比，他称京都为"日本的镇魂剂"[2]。徐复观在1960年4月初至7月26日第三度访问日本，[3]撰写系列通讯，特重文化问题，显示他敏锐的观察力。他在4月2日的通讯中指出：日本是一个不统一的国度，思想分裂尤其严重，都市与农村在意识形态上对立，知识分子与人民大众断裂为二，青少年

---

① 参见徐复观：《日本的镇魂剂——京都》，徐复观著，萧欣义编：《徐复观文录选粹》，第50页。
② 徐复观：《日本的镇魂剂——京都》，徐复观著，萧欣义编：《徐复观文录选粹》，第47页。
③ 在此次访问所撰的第一篇报道《樱花时节又逢君》于1960年4月2日刊于《华侨日报》，故他抵达之日必在4月2日之前。

与老年人代沟严重。他认为这种精神分裂正是现代性的特征。东京的地下铁里挤在一起的人好像捆在一起的木柴，彼此没有由生命所自然发出的互相关联的感觉。这也是现代文化的表现。①

徐复观对于东京所代表的现代文化颇为厌恶，但对京都的山川则流连忘返，对京都的学者如吉川幸次郎（1904—1980）、神田喜一郎（1897—1984）、重泽俊郎（1906—1990）、平冈武夫（1909—1995）、宫崎市定（1901—1995）、木村英一（1906—1983）等都推崇备至，②主要的原因是："京都的学者，似乎对学对人，多一番真意，因之也多一番人情味。假定有的学问，是应当在平静的气氛中去研究，应当由根性稳定的人去研究，则京都大概在日本是最适合的环境了。"③徐复观在京都时答谢日本友人晚宴有诗云："千万人阛尘滚滚，愿从闲处作商量。"④很能将他对现代文化的鄙弃心情全盘托出。

以上整理徐复观对日本文化的"直肠症"的批评言论。在进一步分析徐复观的思想立场之前，我必须说明：徐复观对日本并非完全给予酷评，事实上他对日本人的优点也一再推崇，并取之而与中国人互作对比，例如徐复观就推崇日本许多学人治学的勤恳、辛劳，鄙视政客，以学术之光来净化人间的卑贱。这和中国许多人挂着学人、教授的招牌，抛弃自己的本业不做，却匍匐在政客脚跟下吸吮污泥相比，两者判若云泥。徐复观也指出日本人到处表现的是精密，而中国人到处表现的是疏阔；日本人到处表现的是周到，而中国人到处表现的是粗疏；日本人到处表现的是勤谨，而中国人到处表现的是懒散；日本人到处表现的是重知识、重艺术欣赏，而中国人到处表现的是攒门路、重食色沉湎。⑤徐复观对二十世纪六十年代日本人既能尽量扩展世

---

① 参见徐复观：《樱花时节又逢君》，徐复观著，萧欣义编：《徐复观文录选粹》，第17—21页。

② 参见徐复观：《京都的山川人物》，徐复观著，萧欣义编：《徐复观文录选粹》，第51—65页。

③ 徐复观：《日本的镇魂剂——京都》，徐复观著，萧欣义编：《徐复观文录选粹》，第50页。

④ 徐复观：《日本的镇魂剂——京都》，徐复观著，萧欣义编：《徐复观文录选粹》，第50页。

⑤ 参见徐复观：《"人"的日本》，徐复观著，萧欣义编：《徐复观文录选粹》，第82—83页。

界史的知识，又能发扬日本每一角落的传统文化，推崇备至，认为值得中国人学习。①凡此都显示徐复观并不是一个偏狭的我族中心主义者，他针对日本的政治社会与文化而提出的种种评论，显然是以他的思想作为立论基础的。

（二）参考架构

徐复观撰写关于日本的各种杂文或文化评论时，心中确有其鲜明的思想立场作为参考架构。这个思想的参考架构是通过徐复观所理解的中国文化而建立的。质言之，徐复观评论日本所依据的参考架构至少有二：

一是，中国文化中的中道精神。徐复观在诸多论著中一再强调，中国悠久的文化传统中最伟大的智慧就是中庸之道。②徐复观指出，中国的文化是典型的平原阔野的农业文化，其特点便是博大和平，反映在政治思想上，就是比西方更为确定深入的中道精神。中国正统的政治思想，总不外"平""均"二字。"平"与"均"二字都是从"中"字来的。③徐复观认为，从抗战以来中国知识分子所应当传承的政治上、社会上、文化上的中庸之道的理想，曾因缘抗战的机会而有短短的一场春梦，以后便在两极化之中身不自主地被人摆弄，因此导致中庸之道的彻底破灭。徐复观预期，未来中国命运的复苏，必寄托在中庸之道的复苏之上。④

徐复观不仅以"中庸之道"追溯近代中国历史悲剧之所由来，也从"中庸之道"这个思想立场出发，衡断日本的民族性格与知识分子的心理，从而指出日本的民族性易趋极端，日本人过度压抑个人情感，日本知识分子常有"锯齿型的心理"等现象。因为徐复观是从中国文化的"中庸之道"论日本及战后世界局势，所以他对麦克阿瑟占领日本的政策先排除战时遗留下来的极右主义，再排除战后的极左主

---

① 参见徐复观：《成立中国文化复兴节感言》，《徐复观文存》，第169—173页。
② 参见徐复观：《在历史教训中开辟中庸之道》，徐复观著，萧欣义编：《徐复观文录选粹》，第199—202页。
③ 参见徐复观：《论政治的主流——从"中"的政治路线看历史的发展》，《学术与政治之间》（甲集），第1—11页。
④ 参见徐复观：《在非常变局下中国知识分子的悲剧命运》，《中国思想史论集》，第263—277页。

义，颇为推崇，认为符合民主主义的中庸之道。他对日本联合赤军的暴力主义痛加挞伐，就是因为这种暴力主义偏离"中庸之道"的正轨。[①]

如果我们再问，为什么徐复观对于作为政治路线的"中庸之道"如此坚持并以此来看世局？除了如他自己所说"中"的路线是历史上政治的主流之外，[②]主要的原因在于他对人民的具体生活福祉的强烈关心。

徐复观一再肯定，中国文化是在具体生命上立脚的文化，是具体生命与具体生命之间直接晤面的文化，所以中国文化中的"理""道""心""性"等概念，都立基于具体生命之上，以具体生命的自我完成为目的，而决不以抽象概念来代替具体生命自我完成为目的，那些由狂信狂热而走入残酷吸血的路上的人，当自己倒了下来而可以冷静反省一番的时候，一定会发现他们所狂热狂信的，只不过是一场噩梦。[③]徐复观认为，具体实践应先于抽象观念，否则会造成观念的灾害。徐复观在1981年3月11日说：

> 人的历史实践，不是顺着逻辑推理的直线前进的，其中有许多限制，有许多曲折。也不是顺着逻辑推理的必然性前进的，其中有许多偶然，有许多调和妥协。……思辨体系，在实践中会造成中国乃至人类莫大的灾害，假若顺着康有为的大同思想，顺着熊十力先生晚年的《乾坤演》（按："演"应作"衍"）哲学，以及方东美先生缥缈的形上学，付之于政治实践，也必然形成政治的独裁，造成人类的灾害。凡是喜爱形上学的人，都带有浓厚的独裁性格。把他们限制在纯学术范畴之内，或可形成某种异彩，但决不能转用到政治实践上去。[④]

---

① 参见徐复观：《在非常变局下中国知识分子的悲剧命运》，《中国思想史论集》，第32、35页。
② 参见徐复观：《在非常变局下中国知识分子的悲剧命运》，《中国思想史论集》，第50页。
③ 参见徐复观：《在日本暴力主义的背后》，《徐复观杂文——看世局》，第65页。
④ 徐复观：《实践体系与思辨体系——答某君书》，《徐复观最后杂文集》，第28页。

　　这段话确是徐复观晚年定论，他终其一生持论一贯，并且认为这是孔子思想的根本性格。他说："孔子思想的合理性，不是形成逻辑的合理性，而是具体生命中的理性所展现的合理性。孔子思想的统一，是由具体生命理性的展开、升华的统一；展开、升华中的层级性，即是孔子思想的系统性。这不是逻辑推理的线状系统，而是活跃着生命的立体系统。"①徐复观心目中中国文化主流的儒家思想有两大特质：具体性、社会取向。②这两大特质均在人民的实际生活中落实。我们可以说，徐复观所要求的是"逻辑的"从属于"历史的"，并且落实在历史性（也就是具体性）之上。

　　由于将人民生活置于第一位，所以徐复观对国际政治与日本的评论，都是扣紧"人民主体性"着眼。举例言之，1951年8月4日，徐复观在一篇题为《日本向天国的悲诉》的报道中，就为日本人民伸张正义。所谓"天国"是指克里姆林宫所支配的苏俄，"日本向天国的悲诉"是针对战俘遣返的问题。1951年7月23日，日本全国留守家族在共立讲堂召开代表大会，对于留在苏俄等地的丈夫与爸爸，讨问确实下落。这些家族成员更分批向盟总及日本首相请愿，日本首相的官房长官（秘书长）近乎官僚的答复，引起一阵痛骂。徐复观对这些战争受害者深表同情。③1974年日本第十届参院选举结果，自民党惨败，徐复观评论这次选举，认为这项结果显示人民的现实生活战胜了政治体制，人民的人格尊严战胜了财阀与金钱的势力。自民党的竞选口号是"守护自由社会，使生活内容丰富"，自民党提出这项口号原因是为了夺回自民党已失掉了的大都市的控制权；其次是深知多数市民不希望社会体制激烈改变；最后则是因为自民党的经济高度成长的政策，不能解决通货膨胀及物价高涨的问题，于是借由口号以掩饰问题。但是选举结果是，自民党由原来的134席变为126席。徐复观认为自民党

①参见徐复观：《向孔子的思想性格的回归——为纪念一九七九年孔子诞辰而作》，《徐复观杂文续集》，第75页。
②参见本书第二章第二节。
③参见徐复观（署名斯托噶）：《日本向天国的悲诉》，《华侨日报》1951年8月4日。收入《徐复观杂文补编》（第3册），第67—70页。

失败的主因，乃是因为忽略了通货与物价的人民现实生活问题。[①]

二是，中国文化发展受到阻滞，患有文化的"便秘症"。徐复观评论日本患有文化的"直肠症"，这项观察其实是以他对中国病痛的诊断作为参考架构而得出的。

徐复观解释下的中国文化图像包含以下三项要义：其一，中国文化中的政治传统以专制政体为其主要特征，以"君主主体性"为其本质，对农村社会压榨，并扭曲先秦儒家政治理想；其二，中国文化中的社会以农村为其特质，中国文化之精神具体表现在农民生活之中；其三，中国文化中的思想主流是以经世济民为取向的儒家思想，在历史过程中不断地与专制政体进行战斗。[②]徐复观在诸多论著中一再指出，儒家思想在历史上为政治提供了道德的最高根据；而在观念上也已突破了专制政治，但却又被专制政治所压制，以致儒家以人格为基础的人文主义，没有完全客观的建构，所以仅能缓和专制政治而不能解决专制政治的病灶。[③]因此，以儒学为主流的中国文化精神未能舒展，因而患了文化的"便秘症"。徐复观宣称，他的研究工作就是"要从学术上把作为中国文化主流的儒家思想，从中国历史上的专制政治确切地分开；使许多叔孙通、公孙弘的子孙们，无法隐藏其卑污的面目"。[④]

徐复观认为，中国在历史上也吸收外来文化（如佛教），鸦片战争以后也吸收大量的西方文化，以追求富国强兵。但是从乾嘉时代开始，除了在故纸堆中去弄点训诂考据之外，文化的创造活动开始冻结；在吸收西方文化方面，连主张全盘西化的人，也始终是毫无成绩。近百年来，中国人在文化上处于既不能创造又不能吸收的空虚状

[①] 参见徐复观：《日本十届参院选举所显示的意义》，《华侨日报》1974年7月17日。收入《徐复观杂文补编》（第4册），第199—203页。

[②] 参见本书第二章，并参见Chun-chieh Huang, *Taiwan in Transformation: Retrospect and Prospect,* 93–107。

[③] 参见徐复观：《儒家对中国历史运命挣扎之一例——西汉政治与董仲舒》，《学术与政治之间》（乙集），第66—117页。

[④] 徐复观：《三十年来中国的文化思想问题》，《学术与政治之间》（乙集），第145页。

态之中。①徐复观不能掩其对清代乾嘉考据之学的厌恶之情,他认为乾嘉考据传统正是近代中国文化"便秘症"之学术根源。

在上述参考架构对照之下,徐复观一针见血地指出日本吸收外来文化极其快速,正与中国构成对比。但是,他认为日本知识分子由于具有强烈的商人气质,所以对外来文化未能加以深刻地消化,以至于出现所谓"文化的直肠症"。

四、徐复观的日本评论之特殊性:与当时新闻媒体意见的比较

现在,我们进一步将徐复观对日本的评论,与当时新闻媒体对日本的报道及意见互作比较,以彰显徐复观的日本评论之特殊性。我在这一节里想提出的看法是:徐复观评论日本的社会政治等新闻事件时,特别重视事件所从出的"结构"或"脉络";徐复观对日本社会党的发展特别重视。以上这两点都与徐复观的思想倾向有深刻关系。

徐复观评论日本,特重事件的"脉络性"。徐复观评论日本的各种事件,与当时新闻界最大的差异之处是,徐复观分析事件常注意事件背后的社会、心理及文化的脉络,并将个别事件置于整体历史结构之中考虑。我们举两例加以说明。

第一个例子是1951年初,何应钦(敬之,1890—1987)访问日本,获得日本朝野人士热烈的欢迎,新闻媒体都大幅报道,徐复观在《华侨日报》撰文报道此事。但值得注意是,徐复观认为:何应钦访问日本,上至亲王首相、元老名流,在形式上及情绪上都给何应钦最大的敬意。何氏能获得敬意,是因日本希冀中国的情感所引发,但这不能归于个人,而应归咎于伟大的民族背景。韩国对日本仇恨至深,日韩未来的关系是悲观的。中国所受残酷暴行不下韩国,但中国文化的伟大在于常把中国人的感情,在紧要关头上,从直接利害中推广出去,从仇恨中转出人类真正的爱,这便是中国五千年来不断凝结融合、衰竭而不灭亡的真正原因。徐复观认为,现今日本对中国文化的

---

①参见徐复观:《中日吸收外来文化之一比较》,徐复观著,萧欣义编:《徐复观文录选粹》,第209页。

研究，却走上考据之学，对中国文化的基本精神却愈离愈远。今日日本人士除对中日关系必须有反省外，更重要的是对中国文化的反省。①总而言之，徐复观认为，何应钦之所以受到日本人的欢迎，乃是由于中国文化中的恕道及其所激发的日本人对中国的感念之情。

相对于徐复观的评论，当时台湾最重要的新闻刊物《新闻天地》的评论，就显得失之肤浅，仅注意何应钦访日的现实意义而未及其文化背景。到底何应钦访日所受到的热烈欢迎应如何理解呢？当事人何应钦自己的思考是：

> 首先使我印象最为深切的，便是日本民族，到今仍富于东方文化的人情味。这种人情味和完全以功利主义为基底的西方社会比较，总觉得人与人之间，容易有更好的接触。中国的人情味，表现于寻常间人对人的平淡深厚之情；而日本的人情味，则表现于对某种德惠的热烈的感激之意。日本人过去对于他的天皇的无限虔敬，以及麦帅离日时所出现的令人感动的场面，都是这种人情味的表现。②

何应钦从东方文化中的人情味，思考他自己的访日之旅，正与徐复观的看法桴鼓相应，能够深入掌握这个事件的核心。

第二个例子是徐复观对1951年日本社会的观察。1951年日本社会"追放"19万人，抽掉了日本社会各界的中心人物，由"战后派"承担起文化、社会、经济、政治的责任。这次被"追放"的人物以保守派居多，并以自由党为大本营。因此，1951年日本社会的再编成也就等同于自由党的再编成，而归结到自由党内鸠山一郎（1883—1959）与吉田茂的权力争夺。徐复观分析这件事件的发展，指出这件事除了代表战前派与战后派的消长之外，也对日本的经济影响重大，并对文化界产生重大冲击，使出版界、言论界及学术界均为新人所领导，这些新人容易与左派相结合，有助于日本人极端性格的发展。③与徐复观的评论相对照之下，当时传播媒体对于这件事的评论完全着眼于政治权力斗争。例如《新闻天地》的报道就指出，日本自由党的鸠山为了整肃，和吉田做了一次黑市交易，将自由党总裁宝座移让吉田，他们两人对自由党的争夺的发展，将决定日本政治的演变。①《新闻天地》的报道仅从权力斗争着眼，与徐复观注意这个事件在文化、经济、学术上的影响很不相同。

徐复观在评论日本的社会与政治事件时，常常将这些时事置于社会、政治、经济交互作用的脉络中加以分析，从而彰显这些时事的"脉络性"。徐复观的思想史研究论著，常常强调在具体而特殊的整体历史背景中，思考思想史上的观念的意义。徐复观一直努力于把思想或观念加以"脉络化"。②这种思想倾向，使徐复观在评论日本时事时，与当时媒体的言论有深浅之别。除了上举对何应钦访日以及日本自由党之再编成的看法之外，徐复观在1972年分析日本与中国建交问题，指出关键在于经济因素，日本与中国建交显示政治原则服膺于经济原则。但新闻界对这件事的报道则不免流于谩骂，未能针对日本何以要与中国建交进行深层分析。③1972年关于三岛由纪夫（1925—1970）鼓动自卫队发动政变失败后自杀的"三岛事件"的讨论，徐复观与新闻媒体的报道都认为三岛事件与日本军国主义复苏无关。徐复观欣赏三岛案件中，日本司法的独立与尊严，④一如他欣赏调查吉田内阁的金钱丑闻案过程中所表现的司法独立，但新闻界对这些事件背后的意义则无着墨。⑤再如1974年关于田中内阁因丑闻而倒阁的事件，徐复观从这件政治事件注意到日本司法独立与尊严之问题，也注意到政客道德低下影响民主政治发展的现象。这都是当时新闻界讨论同一事

---

① 参见林之助：《鸠山吉田争夺自由党》，《新闻天地》1951年第165期。
② 参见本书第一章。
③ 参见徐复观：《成为中日关系正常化杠杆的经济问题》，《华侨日报》1972年10月11日，收入《徐复观杂文补编》（第3册），第320—324页；徐复观：《日本对中共的复杂心理》，《华侨日报》1973年5月8日，收入《徐复观杂文补编》（第3册），第343—347页。
④ 参见徐复观：《日本三岛由纪夫案件的判决》，《徐复观杂文——看世局》，第71—75页；成荷生：《三岛由纪夫盖棺论定》，《新闻天地》1971年第1204期。
⑤ 参见徐复观：《从贪污事件看日本政治》，《华侨日报》1954年3月4日，收入《徐复观杂文补编》（第3册），第100—103页。

件时未触及的论点。[①]

徐复观评论日本政情，对社会党特加注意。早在1951年8月，徐复观就报道日本社会党委员长铃木茂三郎（1893—1970）赴巴黎出席世界社会主义者的国际会议，发现各国的社会主义者，为了抵抗苏联的极权势力，都一致主张增强军备，巩固民主国家的阵营，分明和日本社会党的讲和三原则格格不入。铃木虽然无功而返，但依然宣称讲和三原则不变。徐复观访问了社会党右派首领西尾末广（1891—1981），西尾认为讲和三原则不会改变，即使劳动组合不幸分裂，其势力也不会全落至左派手中，劳工阵营会随之分裂，势力平分，随后右派加强。现今虽劳动运动都在共产党手上，但实际上赞成讲和的人占多数。西尾询问徐复观，东方文化中有何精神力量。徐复观告诉西尾，佛教在现实之外去实现人生的无我价值，而儒家却在生活中来实现无我的价值，儒家较为实际。

徐复观对日本社会党怀有深切期待，他认为日本民族具有易趋极端而又富于投机性的性格。从1972年年底三十三届总选，自民党未达到预期目标，社会党小有收获，民社、公明两党惨败，日本共产党则得到空前的胜利以来，日本的政治分野又投到极端与投机两相结合的动荡里面。徐复观分析1973年2月6日至8日的社会党大会，指出社会党自成立以来，因为是"观念革命论者"的大结合，内部始终闹着左右的对立，纠缠不清。因为党内的左翼势力提出了反共，右翼及不左不右的当然更反共。在反共的一致点上，成田知己（委员长）、石桥政嗣（书记长）所提出的议案，都没有争论地通过。但社会党自身弱点甚多。社会党的一切用心，也和公明党一样，只在党自身的利害上作揣摩。由这种揣摩所得出的结论，本质上不能脱出"政客投机"的范围。日本社会党真正的出路，不仅应把党的利害屈退到第二位，并且应当把白领阶级脑筋中从书本上得来的一套一套的观念完全放下，从

---

①参见徐复观：《日本政局在黑雾中》，《华侨日报》1976年4月6日，收入《徐复观杂文补编》（第4册），第421—425页；徐复观：《迷失了的日本自民党》，《华侨日报》1976年9月8日，收入《徐复观杂文补编》（第4册），第442—446页；徐复观：《壹是皆以修身为本！——略评日本田中政权的短命》，《徐复观杂文——看世局》，第89—93页；李中兴：《田中因五千万元丢官》，《新闻天地》1975年第1413期。

日本的实况看出日本的前途，在对地上的（不是观念的）日本前途的
把握中，建立党的基础，树立党的方向与作风。这比坐在观念的椅子
上，左右张皇，或者更有前途。①徐复观将日本社会党置于日本人极端
性格的脉络中分析，但对社会党又有所期待，所以1976年当日本社会
党理论家宣称日本社会党是马列主义的政党时，徐复观指出日本社会
党说社会党是马列主义的政党，即是承认社会党是属于某种"概念"
的政党。②徐复观对日本社会党的期待与批判，皆与他青年时代对社会主
义的向往有深刻关系。

相对于徐复观对社会党的浓厚兴趣，新闻界对日本政党政治的分
析就显得只及其事件本身而未触及事件背后的意义。例如1951年日本
全国市、区、町大选中，以自由党为中心的保守势力，获得压倒的优
势，而社会党革新系大为衰退，新闻界只关心选举结果而未分析此种
结果之文化或心理因素。③

总结本节所说，徐复观对日本的评论处处显示他的思想倾向。
他常将现象置于整体性的脉络中考量，所以他评论日本的政情常能
从简单的时事中看出复杂的脉络性或结构性因素。徐复观对日本社
会党的兴趣，与他青年时代对社会主义的憧憬有深刻关系。这两项
特点都使徐复观与当时新闻性的意见颇不相同，突显他的特殊性。

五、结　论

本章探讨徐复观对日本政治社会与文化的评论，以观察当代儒学
与日本的互动。整体而言，徐复观认为日本民族性格易趋极端，日本
患有所谓"文化的直肠症"，他这两项判断都以他对中国文化的"中
道"精神的推崇以及对清代以降中国学术的批判作为参考架构。将徐复
观的日本评论与当时传播媒体的日本评论作一比较，发现徐复观的
评论颇有其特殊性。徐复观评论日本政情时特别注意事件的脉络性，

---

① 参见徐复观：《日本社会党的前途》，《徐复观杂文——看世局》，第81—84
页。
② 参见徐复观：《日本社会党左派的"大脑麻痹症"》，《徐复观杂文——看世
局》，第98—102页。
③ 参见〔日〕和田一郎：《保守派压倒胜利》，《新闻天地》1961年第169期。

所以他常在事实中看出复杂的涵义，这与他常将人物或事件置于脉络中考察的思想倾向颇有关系。而且，青年徐复观对社会主义的憧憬，也使他日后评论日本政情时对日本社会党的发展而有所期待与批判。除了对日本文化与社会的评论之外，徐复观对日本侵华、台湾人受日本人殖民统治的痛苦，以及对台湾当局在经济上对日本过度依赖，也有痛切的批判。

　　从徐复观对日本的评论这个个案，我们看到，现代中国知识分子（例如徐复观）基本上是透过他们所了解的中国文化以观察世界（例如日本），他们这种观察并解释世界的方式，使他们别具慧眼，见人之所未见。但也由于他们是以中国文化作为参考架构以分析世界，所以他们长处所及不免短亦伏焉，他们对于不与（他们所认知的）中国文化产生对比或参照作用的世界现象，就不免有所忽略。二十世纪中国知识分子认识并解释世界的方式，实在是现代中国思想史研究的一个重要课题。

第六章 古典儒学与中国文化的创新

——徐复观的新诠释

儒家思想，乃从人类现实生活的正面来对人类负责的思想。他不能逃避向自然，他不能逃避向虚无空寂，也不能逃避向观念的游戏，更无租界外国可逃。而只能硬挺挺地站在人类的现实生活中以担当人类现实生存发展的命运。

——徐复观①

一、引 言

在分析了徐复观对中国文化的回顾，以及他思考中国文化创新问题的两个参照系统之后，我们接着讨论在二十世纪中国历史巨变的漩涡之中，儒家学者徐复观如何透过重新解释作为中国人群体文化共业的儒家思想，从而赋予它新生命与新意义。

从二十世纪中国思想史研究的角度来看，随着1911年大清帝国的崩溃，传统中国的文化与思想也面临全面的解体。许多二十世纪中国知识分子采取所谓"文化思想的途径"（cultural-intellectualistic approach），企图匡救历史变局中所形成的问题，他们认为为了改造中国文化，必须改变中国人的思想，尤其必须改变中国人对宇宙和人生的整个观点，并改变中国人对宇宙和人生现实之关系的全部概念，也就是改变中国人的世界观。②学界目前对于这个路数的思想人物研究所累积的研究成果，仍以反传统思想人物如严复（1853—1921）、康有为、谭嗣同（1865—1898）、梁启超、胡适、鲁迅（1881—1936）的相关研究较多。对标榜继承传统思想人物如"新儒家"的研究晚近二十余年来才获得重视。但是，在所谓"当代新儒家"这个共名之下，个别学者之间颇有"其同不能掩其所异"者在焉。唐君毅哲学中的黑格尔取向固不同于牟宗三之援康德入宋明儒学，徐复观对中国专制政治的强调也迥异于钱穆的观点。

在当代儒家学者中，徐复观的经历与思想都别树一帜。他出身军

---

①徐复观：《研究中国思想史的方法与态度问题》，徐复观著，萧欣义编：《儒家政治思想与民主自由人权》，第39—40页。

②Yü-sheng Lin, *The Crisis of Chinese Consciousness: Radical Antitraditionalism in the May Fourth Era*. 参见此书中译本，林毓生：《中国意识的危机——"五四"时期激烈的反传统主义》，穆善培译，第46页。

旅，早年襄赞中枢，参与政治，中年以后从政治圈急流勇退，潜心学问，将他对时代变局的反省化为一部部绵密的论著。徐复观一生横跨学术与政治之间，他的生活经验深深地渗透到他的学术著作之中。[①]我在本书第二章中指出：在徐复观对中国文化的解释中，"事实"与"价值"是统一而不是分裂的，"是什么"与"应如何"也是密不可分的。徐复观所解释的中国文化是由"专制政体/经世儒学/农村社会"所构成的。他对专制政体特加挞伐，终其一生毫无退缩，具体展现了一位当代儒者的风范。他对儒学及农民之备受专制之凌虐，不能掩其悲痛之情，寄予无限的哀婉。徐复观透过对中国文化的诠释而完成的自我定位在于"人民的/实践的/农本的"，他希望努力将中国专制传统所形塑的"国君主体性"彻底加以解构，转化成"人民主体性"的新政治格局。在这种大转化的政治工程中，他强调儒学首须自我转化，回归先秦儒学的思想泉源，与人民共其呼吸，并以儒学特有的道德内在论，充实现代民主政治的道德基础，使现代西方民主政治因建立在契约论之上所带来的不健康的"个人主义"的弊病降到最低；再培育自耕农阶段，使之成为民主政党的社会基础。可以说，徐复观所展望的未来的中国文化，是深深浸润在古典儒学精神以及农本主义传统之中的。本章进一步考察徐复观对古典儒学的解释，分析他的诠释中所呈现的特殊面向，探索他诠释古典儒学的特殊方法，观察他的儒学解释对他自己以及儒学传统各具有何种意义。

为了比较全面地了解徐复观对古典儒学的解释及其蕴涵之意义，我将以下三个问题为中心：徐复观如何重新解释古典儒学？徐复观的儒学新诠呈现何种方法论特征？徐复观的儒学新诠有何特殊涵义？

二、徐复观对古典儒学的新解释：
以"忧患意识"为中心

我们先从第一个问题开始探讨。徐复观对儒家思想的基本看法，从《中国人性论史·先秦篇》，到暮年的《中国经学史的基础》，观

---

①蒋连华对徐复观思想的研究就特别强调这一点，见蒋连华：《学术与政治：徐复观思想研究》，上海三联书店2006年版。

点大体不变。他认为,儒家思想是凝成中华民族精神的主流,是以人类自身之力量解决人自身问题为其起点。儒家所提出的问题,总是"修己"与"治人"的问题,而"修己"与"治人",在儒家认为是一事之两面,即是所谓一件事情的"终始""本末"。儒家"治人"必本之"修己",而"修己"亦必归结于"治人"。内圣与外王,是事之表里,车之二轮。所以徐复观认为儒家思想,主要是伦理思想也是政治思想。伦理与政治不分,正是儒家思想的特色。[1]以上这种看法徐复观在1951年首次提出,[2]终其一生未有基本改变。这种看法上承熊十力所持中国儒家精义在"天人不二""心物不二""成己成物不二"之主张,[3]而与其他当代儒家学者看法大体相近,[4]无甚特殊之处。但是,徐复观最特出之处在于他提出所谓"忧患意识"这个概念,认为它是儒家思想的核心,并以"忧患意识"作为重新解释儒家思想的主轴,以之通贯儒家重要的价值观念如"孝""仁""礼"等。徐复观的新解释,一方面可视为徐复观在二十世纪为儒学的自我转化所做的努力,另一方面也具体呈现"作为政治学的儒家诠释学"的特征,深具其思想史之意义。所以,我想从徐复观对四个古典儒学概念所提出的解释加以探讨:"忧患意识""孝""仁"与"礼"。

(一)"忧患意识"

徐复观重新诠释古典儒学时,所提炼出来的第一个具有原创性的概念是"忧患意识"。这种以"敬"的观念作为基础的"忧患意识"固然是周公、文王等人所提出,但是却由孔子发扬而融入古典儒学之中。徐复观认为,周初的"忧患意识"是形成古典儒学性善论的基础,这是中国文化的主流思想。我们首先说明徐复观所谓的"忧患意识"的涵义,以及"忧患意识"形成转化的历史背景;再分析"忧患意识"的核心概念及其与孔子的关系;最后比较徐复观与牟宗三运用

---

[1] 参见徐复观:《儒家政治思想的构造及其转进》,《学术与政治之间》(甲集),第42页。

[2] 此文在1951年12月16日刊于《民主评论》第3卷第1期。

[3] 熊十力:《原内圣第四》,《原儒》,第191页。

[4] 例如,唐君毅、牟宗三、徐复观、张君劢等人具名发表的《为中国文化敬告世界人士宣言——我们对中国学术研究及中国文化与世界文化前途之共同认识》就充分展现这种主张。

"忧患意识"一词的差异之所在，从而显示徐复观对儒家诠释学的贡献。

"忧患意识"一词是1960年徐复观研究周文化的特质及其历史背景时所提出的，他说：

> 周人革掉了殷人的命（政权），成为新的胜利者；但通过周初文献所看出的，并不像一般民族战胜后的趾高气扬的气象，而是《易传》所说的"忧患"意识。……忧患心理的形成，乃是从当事者对吉凶成败的深思熟考而来的远见；在这种远见中，主要发现了吉凶成败与当事者行为的密切关系，及当事者在行为上所应负的责任。忧患正是由这种责任感来的要以己力突破困难而尚未突破时的心理状态。所以忧患意识，乃人类精神开始直接对事物发生责任感的表现，也即是精神上开始有了人的自觉的表现。[1]

徐复观认为，从殷周之际开始，忧患意识显示了早期中国人文精神的跃动，但是这种人文精神，主要还是着眼在行为的实际效果上；由行为实际效果的利害比较，以建立指导行为的若干规范。在周初文献中，特别强调殷革夏命，以及周革殷命的经验教训，这种现象显示了深刻的精神反省，而所谓"忧患意识"，就是这种反省的结果。人由这种反省而注意自己行为的后果，因而建立行为的规范，人实际已从神的手上取得了自主权。[2]徐复观指出，"忧患意识"从"人之自觉"中产生，因为在以信仰为中心的宗教气氛之下，人感到由信仰而得救；把一切问题的责任交给神，此时不会发生忧患意识，而此时的信心，乃是对神的信心。只有自己担当起问题的责任时，才有"忧患意识"。[3]

"忧患意识"从何而来？这个问题引导我们进入徐复观的思想史研究的特殊之处。徐复观与当代儒家学者如唐君毅及牟宗三最大的不同之点在于：徐先生并不是在假定思想或概念有其自主性的基础上

---

①徐复观：《中国人性论史·先秦篇》，第20—21页。这部书虽然是在1963年发行初版，但是，此书第二章原题《周初人文精神的跃动》，已在1960年11月1日刊于《民主评论》。
②参见徐复观：《中国人性论史·先秦篇》，第161—162页。
③参见徐复观：《中国人性论史·先秦篇》，第20—21页。

谈思想，他是在社会史与思想史交光互影之处研究思想的形成及其发展。1951年徐先生这样表达他看待思想与历史环境的关系：

> 任何思想的形成，总要受某一思想形成时所凭借的历史条件之影响。历史的特殊性，即成为某一思想的特殊性。没有这种特殊性，也或许便没有诱发某一思想的动因，而某一思想也将失掉其担当某一时代任务的意义。历史所形成的思想，到现在还有没有生命，全看某一思想通过其特殊性所显现的普遍性之程度如何以为断。……历史学之所以能成立，以及历史之所以可贵，正因它是显现变与常的不二关系。①

徐复观毕生治思想史一贯地强调从具体而特殊的历史条件分析思想的形成与发展，他在不同场合一再强调古人的思想都是适应当时社会的需求而提出，受到当时社会条件的制约，②因此，徐复观不同意傅斯年采取"以语言学的观点解决思想中之问题"的研究方法，他认为政治思想史最重要的是必须从演变的角度观察思想或概念的发展。③

从这种立场出发，徐复观将"忧患意识"置于中国古代历史转型的背景中加以考察。徐复观虽然认定"忧患意识"出现在周初，但是他认为"忧患意识"并不是少数人物如周文王或周公凭空架构的心灵意识，"忧患意识"是在长期的历史过程逐渐形成的。从徐复观的论著中加以归纳，他的主要论点包括："忧患意识"乃因周人革殷人之命后时时忧其"天命"之难保而形成；周人封建之骨干是"礼"，以血缘为基础，但在春秋战国礼崩乐坏之际，由礼转刑，儒者将"礼"的精神加以创造转化，使"忧患意识"取得社会意义。我接着说明以上这两项论点。

徐复观首先敏锐地指出，从周初文献中所看到的击败殷人建立新政权的周人并不趾高气扬，反而由于发现了人事上的吉凶成败与当事

---

① 徐复观：《儒家政治思想的构造及其转进》，《学术与政治之间》（甲集），第41页。
② 例如，徐复观：《孟子政治思想的基本结构及人治与法治问题》，《中国思想史论集》，第133页；徐复观：《先汉经学的形成》，《中国经学史的基础》，第10—11、31页，都强调这种看法。
③ 参见徐复观：《中国人性论史·先秦篇》，第11—12页。

者行为之间有密切关系，当事者在行为上应负责任，周人因为懔于这种责任感而要以己力突破困难。徐复观认为这种要突破而尚未突破时的心理状态就是"忧患意识"，他认为这是人类精神开始直接对事物发生责任感的表现，也即是精神上开始有了人之自觉的表现。[1]根据徐复观的分析，周初这种"忧患意识"形成于政权初建之时，周朝创造者在危疑战栗之际，庄敬戒慎以保政权时的一种心理状态。这种心理状态虽源于政治上权力维系的背景，但是却代表中国古代文化从宗教向人文的过渡。徐复观认为，周初以天命为中心的宗教之转化，是中国人从迷信中挣脱出来，对现实生活中的人文加以肯定，尤其是对人生价值的肯定、鼓励与保障，因而赋予人生价值以最后的根据与保障，同时也是以人生价值作为宗教的最后根据。[2]

基于维系政权永葆"天命"之需要，周人建立了封建制度。[3]徐复观指出，周代封建的骨干是宗法，宗法虽然要由嫡庶亲疏长幼以决定身份的尊卑贵贱，但其基本精神还是亲亲，所以由天子至大夫士的上下关系，不是直接通过政治的权威来控制，而是以"礼乐"来加以维持。礼所定的"分"虽然很严，但是由礼所发出的要求，是通过行为的艺术化，或所谓"文饰"来加以实现，由此缓和了政治上下关系的尖锐对立。在春秋时代的朝聘会盟之间，彼此意志的沟通以及某种要求表达，常不诉之语言的直接陈述，而通过歌诗的方式以微见其意，礼得以成立的基本条件是"敬"与"节"。敬与节（节制、谦让）是对两面的要求并非片面的要求，因此，抑制了统治者的欲望。徐复观认为，殷周之际精神的转变在于亲亲精神之流注。[4]

但是到了春秋时代，封建制度开始瓦解。徐复观认为春秋晚期封建制度已经崩坏，统治的工具由礼转移到刑，郑人铸刑书，晋人铸刑鼎，就是时代转变的大标志，申商的法术就代表了此后的时代精神。[5]

---

[1]参见徐复观：《中国人性论史·先秦篇》，第20—21页。
[2]参见徐复观：《中国人性论史·先秦篇》，第36—37页。
[3]徐复观为了建立"周代是封建社会"这项论点，大力驳斥郭沫若等人所谓之奴隶社会说。见徐复观：《两汉思想史》（卷一）。
[4]参见徐复观：《西周政治社会的结构性格问题》，《两汉思想史》（卷一），第31—32页。
[5]徐复观：《封建政治社会的崩溃及典型专制政治的成立》，《两汉思想史》（卷一），第72页。

徐复观接着指出，春秋晚期以降平民之取得姓氏逐渐蔚为历史潮流。政权逐渐由国君向贵族下移，于是赐氏以承认其既成的势力，其后因人口繁衍而赐氏以统帅之。春秋初期以赐氏为特典，但后来渐以赐氏为常见之政治行为，后来则不待赐而自行命氏。春秋初期的赐氏按宗法的规定以王父的字为氏。到了春秋中期以后，既有贵族降为庶民，亦有庶民升入贵族的行列，甚至有"陪臣执国政"之事，则其自行命氏，本无宗法统系可言，其命氏之方，自不能按照宗法的规定，这种演变使氏的成立，脱离了宗法制度的关系。这项演变意义非常重大。因为在这种演变发生之前，小宗统于大宗，同时即是氏统于姓，氏乃姓之分支，姓乃氏的宗主。经这项演变之后，氏的成立离开了宗法制度，亦即离开了大宗与小宗的关联，同时即离开了氏乃系属于姓的关联，氏成为离姓而独立的某一血统集团的标志。①

徐复观认为，上述古代政治社会结构变迁中，平民之取得姓氏，是中国宗族形成的基础，也是中国式的伦理道德形成的基础，其关键则是周代封建中"亲亲"精神的浸润。到了封建崩溃礼崩乐坏之后，自孔子起而透过形式以发现形式中所含的价值，再反过来以价值评定其形式的得失，由此以进行礼的精神转换，这项转换使"不下庶人"的礼，成为万人万世行为规范之礼。②春秋时代，是封建政治由盛而衰而解体的时代，礼在春秋时代的发展，是由封建性格而向一般的人生规范发展，使人能完成人之尊严的性格。这是由封建脱胎换骨出来的性格。孔子正是继承此种性格而更向前发展的。③经由这样的转化，从周初起于政治上政权安定之考虑而产生的"忧患意识"，向社会下层传布，真正奠定了社会的基础。

徐复观进一步指出，周代文化的"忧患意识"中潜藏着一个植根于"人之自觉"之中的平等精神。每个人生而平等，都必须为他自己的行为负起最后的责任。徐复观认为，孔子的地位正是在于他继承并发扬这种植根于"忧患意识"的平等精神。他说：

---

① 参见徐复观：《中国姓氏的演变与社会形式的形成》，《两汉思想史》（卷一），第314—315页。
② 参见徐复观：《先汉经学的形成》，《中国经学史的基础》，第13页。
③ 徐复观：《先汉经学的形成》，《中国经学史的基础》，第16页。

在中国文化史上，由孔子而确实发现了普遍的人间，亦即是打破了一切人与人的不合理的封域，而承认只要是人，便是同类的，便是平等的理念。此一理念，实已妊育于周初天命与民命并称之思想原型中；但此一思想原型，究系发自统治者的上层分子，所以尚未能进一步使其明朗化。①

徐复观从三个方面进一步说明孔子的平等精神：一是孔子打破了社会上、政治上的阶级限制，把传统的阶级上的君子小人之分，转化为品德上的区分，使君子成为每一个努力向上者的标志，而不复是阶级上的压迫者。孔子使社会政治上的阶级，不再成为决定人生价值的因素，这在精神上给予阶级制度以很大的打击。二是孔子打破、推翻不合理的统治者即是叛逆的政治神话，而把统治者从特权地位拉下来，使其与一般平民受同样的良心理性的审判。三是孔子不仅打破当时由列国所代表的地方性，并且也打破了种族之见，对当时的所谓蛮夷，都给予平等的看待。所以《春秋》"华夷之辨"，乃决于文化而非决于种族。②徐复观认为，孔子继承周初以来的"忧患意识"，并且将周公等人原来从行为的实际效果着眼的立场，转化为道德反省的立场。这种"人人为自己负责"的思想中，隐含一种平等主义的精神。这是"忧患意识"中的核心概念。

徐复观所创用的"忧患意识"这个名词，后来为牟宗三所接受，但是牟宗三对同一名词的使用方式颇有差异。徐复观侧重"忧患意识"形成的历史背景，他说："此种忧患意识的诱发因素，从《易传》看，当系来自周文王与殷纣间的微妙而困难的处境。但此种精神的自觉，却正为周公、召公们所继承扩大。"③徐复观认为"忧患意识"并不是凭空形成的，而是在严峻的政治形势之下所逼迫出来的。徐复观把"忧患意识"这个概念放在具体而特殊的历史脉络中加以考量。

徐复观不仅从周初政治形势的严峻分析"忧患意识"的凝塑，而且更进一步将"忧患意识"放在封建崩溃的社会政治史脉络中考察，更将它放在从宗教到人文转化的思想史脉络中分析。徐复观认为，作

---

① 徐复观：《中国人性论史·先秦篇》，第64—65页。
② 参见徐复观：《中国人性论史·先秦篇》，第65、68页。
③ 徐复观：《中国人性论史·先秦篇》，第21页。

为"忧患意识"的一种表现的"礼",代表春秋以降人文精神的发展,这并不是取消宗教,而是将宗教加以人文化,使其成为人文化的宗教。中国人以人文成就于人类历史中的价值,代替宗教中永生之要求,因此而加强了人的历史意识,以历史的世界代替了"彼岸"的世界。宗教是在彼岸中扩展人之生命;而中国的传统则是在历史中扩展人之生命。①徐复观对"忧患意识"形成及其发展过程的分析,充分展现他所采取的"脉络化"的研究方法,这一点在下一节还会加以讨论。

相对而言,当牟宗三接受并运用这个名词,来说明中国哲学的特质的时候,他把"忧患意识"这个概念从历史脉络中抽离出来,取之而与基督教的"恐怖意识"及佛教的"苦业意识"互作比较。牟宗三说:"中国人的忧患意识绝不是生于人生之苦罪,它的引发是一个正面的道德意识,是德之不修,学之不讲,是一种责任感。由之而引申的是敬、敬德、明德与天命等等的观念。⋯⋯忧患的初步表现便是'临事而惧'的负责认真的态度。从负责认真引发出来的是戒慎恐惧的'敬'之观念。"②在牟宗三的用法中,"忧患意识"成为一个自我完足的概念,而不是深深浸润在历史情境之中而与历史条件互动的观念。从徐复观与牟宗三运用名词上的差异,也可以看出二十世纪"当代新儒家"之间的异趣。

（二）"孝"

徐复观解释古典儒学所特别标示的第二个概念是"孝":一是他认为儒家的"孝"是"仁"的起点,是中国道德思想的一个放射性的中心;二是他将儒家孝道思想的形成置于平民之取得姓氏的社会史脉络中加以分析。由于本章第三节里将会以第二点为例阐释徐复观的研究方法,所以我在此仅就第一点加以讨论。

徐复观首先指出,儒家思想是以仁为中心的实践道德思想。"仁者,人也",仁不是来自神的意旨,而是作为人之所以成其为人的特性,所以它发自人的本身。人的本质具有仁德,这正如孟子所说"孩

---

①参见徐复观:《中国人性论史·先秦篇》,第55—56页。徐复观这项创见,在他晚年所撰的《论史记》一文［收入《两汉思想史》（卷三）］中,亦有精彩的发挥。
②牟宗三:《中国哲学的特质》,第15页。

提之童，无不知爱其亲也"。孝是出于人子对父母的爱，即是仁的根苗。孝的实践，即是对仁德初步的自觉与实践，也就是对于仁德根苗的培养，所以有子说这是"为仁之本"。一个人在对父母之爱的这一点上，也混沌过去，毫无自觉，则仁德的根苗，将因此而湮塞枯萎，于是这种人不会把社会看成是一个和谐互助的有机体，而只能看作冲突斗争的战场；因而恃强凌弱、众暴寡乃是当然之事。[1]在徐复观的解释之下，"孝"是儒家所有道德行为的起点，也是一切道德德目的基础。

徐复观进一步指出"孝"作为儒家道德思想的基础是筑基于血缘之上的德行。因此，徐复观实际上是说儒家的道德是起于或着眼于血缘关系的延续。儒家之所以注重"孝"，实有其政治及社会之考虑。徐复观认为"孝"与宗法制度有密切关系。在王权（kingship）与血缘关系（kinship）重叠性甚高的古代中国，徐复观认为"孝"具有维持政权于不坠的功能。徐复观说：

> 周朝立国，是大封同姓以控制异姓，并建立宗法制度以树立同姓内部的秩序与团结。……而团结的目的是要"文王孙子，本支百世"，以维持一姓的政权于不坠，于是孝的道德要求，特为重要。其他的许多道德观念和制度，都是以孝为中心而展开的。[2]

正如我在上文所说，徐复观认为周初的"忧患意识"起源于周王朝的创建者努力维持政权于不坠的戒慎恐惧之心。在同样脉络之下儒家的"孝"也具有类似的功能，可以视为"忧患意识"的一种具体表现。

（三）"仁"与"礼"

徐复观解释儒学的第三个侧重的面向是两个密不可分的概念——"仁"与"礼"。在徐复观的解释里："仁"与"礼"密不可分，内外交辉；"仁"与"礼"都是儒家"忧患意识"的表现。

关于"仁"与"礼"的关系，徐复观指出前者是"内在世界"，后者是"客观的人文世界"，两者是一物之二面，他说：

---

[1]徐复观：《中国孝道思想的形成、演变，及其历史中的诸问题》，《中国思想史论集》，第159页。
[2]徐复观：《中国孝道思想的形成、演变，及其历史中的诸问题》，《中国思想史论集》，第158页。

由孔子开辟了内在的人格世界，以开启人类无限融合及向上之机。……所谓内在的人格世界，即是人在生命中所开辟出来的世界，不能以客观世界中的标准去加以衡量、加以限制。因为客观世界，是"量"的世界，是平面的世界；而人格内在的世界，却是质的世界，是层层向上的立体的世界。此一人格内在的世界，可以用一个"仁"字作代表。春秋时代代表人文世界的是礼，而孔子则将礼安放于内心的仁；所以他说"人而不仁，如礼何"（《八佾》），此即将客观的人文世界向内在的人格世界转化的大标志。[①]

又说：

仁的自觉的精神状态，即是要求成己而同时即是成物的精神状态。此种精神状态，是一个人努力于学的动机，努力于学的方向，努力于学的目的。同时，此种精神落实于具体生活行为之上的时候，即是仁的一部分的实现；而对于整体的仁而言，则又是一种工夫、方法。[②]

综合上引文字，徐复观认为孔子论仁，是一种成己成物的精神状态，同时仁是一种具体生活行为的实现，也是工夫和方法，而体现"仁"的工夫与方法就是"礼"。[③]

徐复观论证儒家思想中"仁"与"礼"的不可分割性，最精彩的是他对《论语·颜渊》"颜渊问仁"章的解释，他说：

"己"是人的生理性质的存在，即宋明儒所说的"形气"。……"克己"，即是战胜这种私欲，突破自己形气的隔限，使自己的生活完全与礼相合，这是从根源上着手的全般提起的工夫、方法。在根源上全般提起的工夫、方法，超越了仁在实现中的层级限制，仁体即会当下呈露，所以说"一日克己复礼，天下归仁

---

① 徐复观：《中国人性论史·先秦篇》，第69页。
② 徐复观：《中国人性论史·先秦篇》，第91页。
③ 我最近曾探讨孔学中的"仁"与"礼"之关系，我认为在理论内涵上，"仁"与"礼"是本末、先后、体用之关系；但在实践过程中，"仁"与"礼"既互相渗透，又互为紧张。参见黄俊杰：《东亚儒家仁学史论》，（台湾）台大出版中心2017年版，第150—157页。

焉"。天下归仁，即天下皆被涵融于自己仁德之内，即是浑然与物同体，即是仁自身的全体呈露。天下归仁，是人在自己生命之内所开辟出的内在世界。而人之所以能开辟出此一内在世界，是因为在人的生命之中，本来就具备此一内在世界（仁），其开辟只在一念之克己，更无须外在的条件，所以接着便说"为仁由己，而由人乎哉"。但这种全般提起的克己工夫，必须有具体下手之处，所以颜渊便接着"请问其目"。孔子所说的"非礼勿视"四句，即是克己工夫之"目"。①

徐复观指出孔子的"仁"，在实践的过程中，虽有诸多限制，但当突破人欲形气的障蔽之后，则由自身内在世界而向外开放，此时"仁体"当下显现，于是"天下归仁"就是浑然与物同体的境界。在徐复观的解释中，"克己复礼"的"己"被理解为己身之私欲。徐复观显然是接受朱子集注的见解。朱子在解释孔子所说的"克己复礼为仁。一日克己复礼，天下归仁焉。为仁由己，而由人乎哉"。这一段话时，强调应"克"去"身之私欲"，他说：

> 仁者，本心之全德。克，胜也。己，谓身之私欲也。复，反也。礼者，天理之节文也。为仁者，所以全其心之德也。盖心之全德，莫非天理，而亦不能坏于人欲。故为仁者必有以胜私欲而复于礼，则事皆天理，而本心之德复全于我矣。②

在《朱子语类》中，朱子又说："克去己私，复此天理，便是仁。"③亦同此意，都是将人的"自我"（self）分化为"天理之公"与"人欲之私"两个面向，强调以前者战胜后者，朱子以"胜"解"克"即是在这个脉络中说的。《论语》全书中，《颜渊》篇的"颜渊问仁"这一章，在思想史上居于特殊重要的地位。这一章的重要性可以从两方面来看：首先，从孔学系统来看，《论语》全书

---

①徐复观：《中国人性论史·先秦篇》，第95页。
②〔宋〕朱熹：《论语集注》，《朱子全书》（第6册），朱杰人、严佐之、刘永翔主编，上海古籍出版社2002年版，第167页。
③〔宋〕黎靖德编：《朱子语类》卷四十一，《朱子全书》（第15册），朱杰人、严佐之、刘永翔主编，第1458页。

言"仁"者凡58章，"仁"字共105见，①言"礼"者共38章，"礼"字共73见。"仁"与"礼"之间关系复杂，既有紧张性又有相互创造性。②"颜渊问仁"这一章将"仁"与"礼"的复杂关系说明得最为体切。孔子所说"克己复礼为仁"和"为仁由己"这两句话，言简意赅地暗示了"仁"与"礼"的复杂关系。自从朱子将"克己"解释为去除"己身之私欲"以后，引起了明清两代儒者的批判，如明末阳明门下的邹守益（1491—1562）、王龙溪（1498—1583）、罗近溪（1515—1588）、清初的颜元（习斋，1635—1704）、李塨（恕谷，1659—1733）、戴震（东原，1724—1777），对朱子的"克己复礼"的解释，均有强烈批判。他们都反对宋儒所持的存天理去人欲的人性论，也反对所谓"本然之性""气质之性"二分的人性论，主张性一元论。"克己复礼"解释的变化，很能具体而微地显示明清思想史的转折。③徐复观解释古典儒学时，对朱注颇多批判，如在《孟子知言养气章试释》一文中他就对朱注大加挞伐，④但对"颜渊问仁"章的解释他却接受朱子的说法。由此可见徐复观对朱注采取一种批判的继承的态度。徐复观虽然接受朱注，强调人在为仁的过程中应克去己身之私欲，但他也强调"仁"先于"礼"，他指出孔子从"仁体"显露的经验中，体会到了"仁"的先天性与无限超越性，并且由天的要求，转为主体之性的要求，使决定权操之在我，而不在天。⑤

---

① 〔清〕阮元：《揅经室集》卷八，《四部丛刊》本，第1页。

② 参见Wei-ming Tu, "The Creative Tension Between Jen and Li", *Philosophy East and West* 18, no.1—2 (1968): 29—39.

③ 参见［日］溝口雄三：《清代前葉におけ新しい理観の確立：克己復禮解の展開からみて》，《中国前近代思想の屈折と展開》，東京大學出版會1980年版，第283—331页。

④ 参见黄俊杰：《孟学思想史论》（卷二），第421—464页；Chun-chieh Huang, *Mencian Hermeneutics: A History of Interpretations in China* (New Brunswick and London: Transaction Publishers, 2001), 233—254.

⑤ 参见徐复观：《中国人性论史·先秦篇》，第91—99页。徐复观在1955年3月16日所刊《释论语的"仁"——孔学新论》（《民主评论》第6卷第6期）中，已先申此义，见徐复观：《中国思想史论集续编》，（台湾）时报文化出版社事业有限公司1982年版，第371—372页。徐复观在此所说的"仁体"，可以上溯到程明道的"仁者，浑然与物同体"之说。参见〔宋〕程颢、〔宋〕程颐：《元丰己未吕与叔东见二先生语》，《河南程氏遗书》卷二上，《二程集》，王孝鱼点校，中华书局1981年版，第16页。

　　"仁"与"礼"又与儒家"忧患意识"有何关系呢？

　　讨论这个问题，我们必须先说明徐复观对儒家基本性格的了解。早在1952年，徐复观就认为儒家思想包括两个主要面向，一是建立在性善论基础上的道德内在说，区别人和一般动物，将人转化为圆满无缺的圣人或仁人，对世界负责。二是将内在的道德客观化于人伦日用之间，由践伦而敦"锡类之爱"以及使人与人的关系以及人与物的关系，皆成为一个"仁"的关系。性善的道德内在就是人心之仁，而践伦乃仁之发用，所以二者是内外合一，本末一致而不可分。①这项基本看法，徐复观终其一生并未改变。他指出，孔子所提出的"仁"的无限性直接向外扩展于客观世界之中，由人的道德主体内在世界的开辟，使"仁"的涵容性与构造性延展实现于客观世界之中。儒家这种思想性格，使人群能完全生活在理性世界之中，人的道德主体清明朗澈，没有原始宗教的渣滓。在这种清明朗澈的道德主体中，"仁"自然要求对于"知"的追求，个人自然会与天下国家相结合。②徐复观也从内外合一的角度解释孟子的"扩充"概念，他说："孟子由心的仁义礼智之端以言性善，由四端的扩充以言尽心、知性、知天；但作为能扩充的力量的，还是仁。……由仁体再向下落实，才是仁义礼智。知识只是从外面积累、推演，而不能自内向外扩充，扩充的力量即是仁。"③

　　从内外一如这种角度来理解儒家思想，徐复观发现由内向外的"扩充"是一个无止境的过程。它的无限性使人恒处于一种忧虑的状态之中，徐复观说：

　　　　仁的基本表现，还是忧患意识，所以他在"许行"一章（《滕文公上》），历叙尧、舜、禹、后稷、契救民之实（仁），一则曰"尧独忧之"，再则曰"圣人有忧之"，三则曰"圣人之忧民如此"。对修己而言，则曰"是故君子有终身之忧"（《离娄下》）。④

---

①参见徐复观：《儒家精神之基本性格及其限定与新生》，徐复观著，萧欣义编：《儒家政治思想与民主自由人权》，第59—60页。
②参见徐复观：《中国人性论史·先秦篇》，第263—265页。
③徐复观：《中国人性论史·先秦篇》，第183—184页。
④徐复观：《中国人性论史·先秦篇》，第184页。

徐复观从内外一如、物我贯通解释古典儒家思想中的"仁"，也从这个角度解释中国文化的特质，他说："中国文化发展的性格，是从上向下落，从外向内收的性格。由下落以后而再向上升起以言天命。此天命实乃道德所达到之境界，实即道德自身之无限性。由内收以后而再向外扩充以言天下国家，此天下国家实乃道德实践之对象，实即道德自身之客观性、构造性。从人格神的天命，到法则性的天命；由法则性的天命向人身上凝集而为人之性；由人之性而落实于人之心，由人心之善，以言性善：这是中国古代文化经过长期曲折、发展，所得出的总结论。"①直到1982年徐先生逝世那一年，他撰写《程朱异同》一文，更另创"道德有机体的人文世界"一词形容儒学中这种物我贯通的性格，徐复观说：

> 孔子所发现开辟出的自我即是仁。……仁必然是在生命之内所呈现出的一种道德精神状态，才能如此现成……中庸不是在天命上立脚，而是在性上立脚，由是而有由"尽己之性"以"尽人之性""尽物之性"的提出，这即是自我的升进、完成，由此所展开的即是道德有机体的人文世界。②

徐复观说孔子的仁学就是一种"为己之学"，他说：

> 所谓为己之学，是追求知识的目的，乃在自我的发现、开辟升进，以求自我的完成。他的"下学而上达"，正说明这一历程。我与人和物的关系，不仅是以我去认识肯定在我之外的人和物的关系，而是随自我发现的升进，将生理的我转化为道德理性之我，使原来在我之外的人和物，与自我融合而为一。③

在徐复观的解释之下，儒家的"仁"不是一点"灵明"，也不是神秘主义式的"感通"，而是在活生生地参与社会政治经济活动过程中，在人与人互动之中充分体现"自我"的价值。

---

① 徐复观：《中国人性论史·先秦篇》，第163—164页。
② 徐复观：《程朱异同——平铺地人文世界与贯通地人文世界》，《中国思想史论集续编》，第573页。
③ 徐复观：《程朱异同——平铺地人文世界与贯通地人文世界》，《中国思想史论集续编》，第570页。

徐复观对"仁"的解释，在当代儒家学者中别具特色，与唐君毅对"仁"的解释构成强烈对比。唐君毅曾检讨两千年来历代诸儒对"仁"之解释，他认为先秦时代及唐代儒者即爱言仁，清儒就事功言仁，晚清就社会政治制度改革言仁，均有不洽。他认为宋明儒从人之德行与内心境界、内心性理上言仁，而知仁之本亦在天道，最能契合孔子之旨，所以唐君毅采用宋明儒的说法，认为宋明儒之说合于哲学义理之当然之次第。①唐君毅循宋明儒之思路，解释孔子言仁之涵义在于"对人之自己之内在的感通、对他人之感通，及对天命鬼神之感通之三方面。皆以通情成感、以感应成通。……《论语》虽无感通之旨，此乃本于《易传》，然《易传》之言感而遂通，初连卜筮说。宋儒乃直以人之心与生命之感通说仁"②。唐君毅以"感通"释"仁"，虽也隐含物我贯通之旨，但是唐君毅强调其"存有"的精神向度则十分明显，与徐复观较重视"活动"之现实取向，构成鲜明对比。从这项对比中，我们也可以看到徐复观的史学世界中关心人之具体活动的特质。

总而言之，徐复观在二十世纪重新解释儒学时，是以周文化中的"忧患意识"为主轴，贯串古典儒学的重要德目如"孝""仁""礼"，认为这些道德概念及行为都是"忧患意识"的显现。"忧患意识"从它的社会政治根源来看，是一种政治哲学，具有延续政权、繁衍民族的作用；但从它作为一种个人的自我修养意识而言，它又是一种道德哲学。在徐复观的解释之下，儒家的德目如"孝""仁""礼"也都具有这内外合一的特质。

三、徐复观的诠释学方法：与唐君毅比较

现在，我们接着考虑：徐复观解释儒家思想，有何方法论的特殊倾向？

我在本书第一章曾说，徐复观的思想史研究方法论，主要由"整体论的方法"与"比较的观点"所构成。根据陈昭瑛的研究，"整体

①参见唐君毅：《中国哲学原论·原道篇》，第76页。
②唐君毅：《中国哲学原论·原道篇》，第76页。

论的方法"可再细分为"发展的整体论",强调在"演进的"脉络中掌握思想的意义;"结构的整体论",强调"部分"与"全体"之间,以及思想与现实之间构成一个结构的整体。①在这种整体论的方法学之下,徐复观常常将他所研究的对象看成一个牵一发而动全身的整体。徐复观认为,要掌握思想或观念,最好的方法就将思想或观念放在广袤的时空脉络中加以考虑。徐复观这种诠释古典的方法,可以称之为"脉络化"的诠释方法。这种方法在徐复观的论著中,表现为两种具体操作方式:一是,将儒家思想放在当时的历史情境之中,探讨儒家思想与当时社会互动之状况;二是,将儒家思想放在徐复观所处的时代脉络中加以衡量,赋古典以新义,出新解于陈编。经由这两种实际的操作方法,徐复观笔下的儒家论述绝不是束诸高阁的高文典册,儒家也不是不食人间烟火的高人逸士;相反地,儒家经典乃是深深浸润在时代脉络之中的福音书,而儒家思想家也成为为苦难人民伸张正义的斗士。

(一)第一层次的"脉络化"

徐复观的诠释学方法的第一层次,是将儒家思想家放回到两千年前的历史脉络中加以理解。从徐复观的著作加以归纳,他之所以如此主张乃是基于两点理由:一是,人的存在乃是一种"历史的存在",而不是"非历史的存在";二是,中国思想具有极强烈的现实世界取向。我先说明以上这两点,再接着观察徐复观的实际操作。

在徐复观的认知里,人具有强烈的"历史性",人不是抽象的或作为普遍范畴的存在。徐复观的文章义法深受太史公司马迁的启示,对人性的复杂性、多面性与历史性有深刻的了解。在徐复观学术世界里的"人",不是那种不食人间烟火、吟风弄月的高人逸士,而是活生生的、实际参与生产的具体的人;徐复观笔下的中国知识分子在中国专制传统之下辗转呻吟,潜心著述,为苦难的人民伸张正义。②徐复观认为人是活在具体而特殊的历史情境之中,而为历史经验及现实

---

①陈昭瑛:《一个时代的开始:激进的儒家徐复观先生》,徐复观:《徐复观文存》,第368、370页。
②参见本书第二章。

所浸润的存在。他的这种看法从未改变，在1980年解释《孟子·万章下》"孟子谓万章曰……以友天下善士为未足，又尚论古之人。颂其诗，读其书，不知其人可乎，是以论其世也。是尚友也"这一段话时，对于他所认知的人之本质有最为清晰的表白，他说：

> 每一个人，皆生于时代（世）之中；人的价值，乃在时代中形成，亦须在时代中论定；否则人不是具体而成为抽象的，"非历史的存在"。孟子就更进一步提出由"论其世"以达到"知其人"的目的，把人与世，紧密地联结在一起，由历史以确定人的地位，由人以照明历史的运行；这样一来，他所进入的人的世界，即是进入到有精神血脉的历史世界。[1]

徐复观认为正因为人是一种"历史的存在"，所以研究思想史必须有孟子所说的"知人论世"的层面，因为"思想史的工作，是把古人的思想，向今人后人，作一种解释的工作。……古人思想的形成，必然与古人所遭遇的时代，有密切关系。……只有能把握到这种发展演变，才能尽到思想史之所谓'史'的责任，才能为每种思想作出公平正确的'定位'"[2]。因此，徐复观认为必须将人放在时代脉络中加以分析。

徐复观肯定："中国思想，虽有时带有形上学的意味，但归根究底，它是安住于现实世界，对现实世界负责，而不是安住于观念世界，在观念世界中观想。"[3]由于徐复观掌握了中国思想的这种现实世界取向的特质，所以他一贯地认为古人所提出的与人自身有关的思想，都是适应于他当时社会的某种要求，也受到当时社会各种条件的制约与影响。思想史家必须先从某一思想家所处的社会环境中去了解他的思想，估计他的思想成为知识系统以后，对以后的历史所发生的影响。[4]基于这样的看法，他在写《两汉思想史》时，先把握汉代政治

---

①徐复观：《先汉经学的形成》，《中国经学史的基础》，第31页。
②徐复观：《中国思想史工作中的考据问题（代序）》，《两汉思想史》（卷三），第3—4页。
③徐复观：《三版改名自序》，《两汉思想史》（卷一），第1页。
④徐复观：《孟子政治思想的基本结构及人治与法治问题》，《中国思想史论集》，第133页。

社会结构的特质，厘清两汉思想的历史背景，他认为两汉政治社会结构的特色，需要在历史的发展脉络中始易著明。①这是他倾向于"脉络化"的诠释方法的另一个理由。

徐复观认为，中国思想高度关怀现实世界，所以，中国文化与古代希腊最大不同之处乃在于：中国人认为人间的灾祸都来自于政治，所以中国古代文化首先想到怎样才能解除这些由人与人相互关系而来的灾祸。中国文化的动机不是起于对自然的惊异，而是《易传》所说的"作《易》者其有忧患乎"的"忧患"。希腊文化的动机是好奇，中国文化的动机是忧患。②徐复观对中西文化差异的说法虽或不免失之二分，但是，他扣紧中国文化与思想的经世取向，进而提出"忧患意识"作为中国文化的动力，则深具慧识。

在说明了徐复观采取第一层次的脉络化诠释方法的理由之后，我们再以"忧患意识"及"孝"作为具体实例，观察徐复观的诠释方法的落实。

徐复观解释儒家思想史最具创见的"忧患意识"，是从周初的历史脉络中提炼出来的。他细绎周初文献，指出周王朝的创建者对人事的吉凶成败的不确定性怀有一种深沉的戒慎之心，由这种戒慎之心产生了他们临事而惧以形成"敬"的处事态度。徐复观细心地从《尚书》中读出了这种在具体的政治史脉络中所凝塑的"忧患意识"。

另一个可以具体呈现徐复观"脉络化诠释方法"的应用的例子，就是他对儒家的"孝"的思想的解释。

徐复观十分重视中国思想传统中"孝"的重要性。他指出，孔子以平民设教于社会，同时即把孝由贵族推向社会。在《论语》一书中，即以孝作为人类的基本德性。由"姓"而"族"的发展继续加强，所以自战国中期以后，诸子百家几乎都从各种角度谈到孝的问题。在《孟子》书中，孝的分量远较《论语》为重。汉代自文帝起，特别强调孝悌，有其政治的及社会的意义。政治的意义在于汉初铲除异姓王侯之后，大封同姓为王侯，欲借孝的观念加以团结；自惠帝起，皆加一孝字以为谥，如孝惠、孝文、孝景之类。社会的意义，则

---

① 参见徐复观：《三版改名自序》，《两汉思想史》（卷一），第1页。
② 徐复观：《徐复观先生谈中国文化》，《徐复观杂文——记所思》，第87页。

是为了适应由姓的普及而宗族亦因之普及，需要孝的观念以为宗族的精神纽带。①

但孝道何以产生？徐复观将这个问题放在古代中国社会演变的脉络中考察。他指出：中国社会的姓氏本来是部落的名称，与周围的异族无异。在这个时期里姓与氏浑而不分。到了周初，为加强中央政治权力的统治机能，将姓与氏分开，以形成宗法制度中的骨干。自春秋中叶，宗法制度开始崩坏，姓与氏又开始合而为一，而出现社会平民的姓氏；演变到西汉晚期，平民之有姓氏始大体完成。像中国经过三大演变所形成的姓氏，由姓氏而宗族，在姓氏、宗族基础之上，塑造成中国三千年的生活形态与意识形态，以构成中国特殊的社会结构，及在民族生存与发展上所发生的功用。②他认为，中国儒家所特重的孝道，就是在这种具体的社会脉络中所产生，发挥延续血缘传承作用的道德思考。

徐复观从他研究中国思想史的经验中归纳指出："大抵是先出现某种事实的存在，然后才出现由对某种事实之反省而产生解说某种事实的观念。有了某种观念，然后才产生表示某种观念的名词。观念与名词的产生，也即是将事实加以理论化的过程。由事实到观念，由观念到名词，常常要经过相当长的发展时间。"③所以，他常常将思想或概念还原到它们所从出的原有的历史脉络之中考察它们的发展轨迹。④

---

① 徐复观：《中国姓氏的演变与社会形式的形成》，《两汉思想史》（卷一），第330页。越智重明指出，秦汉以后"孝"就受到帝国权力的渗透，所以《孝经·广扬名章》云："君子之事亲孝，故忠可移于君。"参见［日］越智重明：《孝思想の展開と始皇帝》，《台大历史学报》1990年第15期。
② 参见徐复观：《中国姓氏的演变与社会形式的形成》，《两汉思想史》（卷一），第346页。
③ 徐复观：《中国人性论史·先秦篇》，第162—163页。
④ 这一点使徐复观在二十世纪儒家学者之中别树一帜，与牟宗三、唐君毅均有所不同，诚如刘述先所说："牟先生，虽然是处境坎坷，他的心灵却是净纯的，完全是浸在一个理的架构世界里；徐先生则不然，徐先生要看它的效果，所以写汉代思想史的时候，能够看到人家看不到的东西，司马迁是受宫刑的，再如淮南王刘安这些人，一个一个去查，现实遭遇上都很惨，都受到政治性的迫害。……因此，既不能简单化，也不能理想化过去中国的历史，更不能把中国过去历史就一笔抹煞，这个地方，我认为徐复观先生是有一些特别的见解。"见刘述先：《从学理层次探讨新儒家思想本质》，景海峰编：《儒家思想与现代化——刘述先新儒学论著辑要》，中国广播电视出版社1992年版，第275页。

（二）第二层次的"脉络化"

徐复观的诠释学方法的第二个层次，是将儒学放在他自己身处的二十世纪的时空脉络中加以检验，并提出评价。这一方法的运用，使徐复观成为"传统的创新者"或"儒家自由主义者"。[①]

为了比较有效地讨论这个问题，我必须先说明徐复观所处的历史脉络。徐复观所身处的历史脉络与他对中国文化的解释较有关系者有二：第一是二十世纪三十及四十年代中国知识界的中西文化论争；第二是民国以来中国政治的变局。徐先生在中西文化论争的客观脉络中，与当代学者争辩中国文化的特质；他在二十世纪中国政治的剧变中，以"感愤之心"勾勒中国文化的未来。[②]这两个历史脉络中，第一个脉络是徐复观解释中国文化的思想背景；而就他对儒家思想的解释而言，则以第二个脉络较具有关键性。为了比较有效地掌握徐复观的儒家诠释学与他对当代中国变局看法的关系，我想依序讨论以下几个论点：第一，1949年是徐复观反省中国历史文化问题的起点，而匡时救世正是他治学的目标；第二，徐复观反省现代中国的变局，认为中国前途在于民主化，其关键则在于以学术文化提升政治；第三，在这个转化工程中，知识分子必须先具备"忧患意识"，始能从儒家传统中开出民主政治的新局面。

1949年这一年在徐复观的生命与学思历程中，标志着一个转折点。在之前，徐复观接近高层政治圈，但他本质上很厌恶现实政治，正如他在1971年所说："我是一个非常讨厌现实政治的人；从民国三十七年起，便决心不参加任何现实政治。"[③]虽然从现实政治圈中急流勇退，但是他关怀现实的心志从未一刻忘记，他说"我对中国问题，不是站在一个分析家的立场来讲话，而是以一个'关与者'的

---

①徐复观学生萧欣义称他为"传统的创新者"，参见萧欣义：《一位创新主义者的传统观——〈徐复观文录选粹〉编序》，徐复观著，萧欣义编：《徐复观文录选粹》，第5—10页；刘鸿鹤称徐复观为"Confucian Liberal"，参见Honghe Liu, *Confucianism in the Eyes of a Confucian Liberal: Hsu Fu-kuan's Critical Examination of the Confucian Political Tradition*。
②参见本书第二章。
③徐复观：《中国人对于国家问题的心态》，《徐复观杂文——记所思》，第156页。

心情来讲话"①，1949年5月他在香港创办《民主评论》，正式执笔为文，由政论而学术，开辟了进入大学教书，并专心从事研究与著作的三十年的新生命历程，也获得蒋介石的资助。②时代的巨变，在徐复观心中打下无可磨灭的烙印，他将时代的血泪倾注到他的学问世界里，甚至他的考据工作也深深浸淫在时代的感怀之中。③徐复观于1982年2月14日在台大医院907病房口述而由曹永洋记录的这一段话，最可以总括他的学问的特质：

> 入五十年代后，乃于教学之余，奋力摸索前进，一以原始数据与逻辑为导引，以人生社会政治问题为征验，传统文化中之丑恶者，抉而去之，惟恐不尽；传统文化中之美善者，表而出之，亦惧有所夸饰。三十年之著作，可能有错误，而决无矫诬；常不免于一时意气之言，要其基本动心，乃涌出于感世伤时之念，此则反躬自问，可公言之天下而无所愧怍者。④

徐复观的治学，正是从"感世伤时"之中，起而匡时救世。

在上述这种极其强烈的经世动机之下，徐复观勇敢地跃入中国历史文化的长河，披沙拣金，指出："中国传统文化在今后有无意义，其决定点之一，在于它能否开出民主政治。在传统文化中能开出民主政治，不仅是为了保存传统文化，同时也是为了促进民主的力量。我三十年在文化上所倾注的努力，主要是指向这一点。"⑤徐复观这项看法形成于1949年左右，⑥年纪愈大而信之愈笃。

---

①徐复观：《中共问题断想》，《徐复观杂文——论中共》，第156页。
②参见徐复观：《末光碎影》，《徐复观杂文续集》，第341—349页，尤其是第349页。
③徐复观的弟子翟志成曾说，徐先生的新考据有五大优点：深厚的旧学根底、对原始材料的认真爬梳、西方学术思想的严格训练、以材料支持义理、以义理发明材料以及与历史人物的内部对话和个人从政经验对历史的照明。参见翟志成：《当代新儒学史论》，（台湾）允晨文化出版公司1993年版，第379页，其中第五点最具特色。
④徐复观：《中国思想史论集续篇自序》，《中国思想史论集续编》，第1页。
⑤徐复观：《中国传统文化中的性善说与民主政治》，《徐复观最后杂文集》，第140页。此文写于1981年12月9日。
⑥徐复观：《对殷海光先生的忆念》，《徐复观杂文——忆往事》，第168—179页，尤其是第174页。

　　徐复观在他的各种学术论著或政论文字中，一再痛切剖析：中国文化中的政治传统以专制政体为其主要特征，以"君主主体性"为其本质，对农村社会压榨，并扭曲先秦儒家政治理想。[①]他分析秦始皇统一中国以后建立"一人专制"的体制，[②]以及这种体制在汉代的演变。[③]他敏锐地分析中国专制政治中"国君主体性"的现实，与儒家政治思想中"人民主体性"之间的矛盾，[④]并深刻地指出这种"二重主体性的矛盾"对中国知识分子造成巨大的压力感。[⑤]徐复观分析汉代知识分子的"怨"，他称《离骚》是中国政治史上第一篇"弃妇吟"，这些深具慧识的历史判断都一针见血。徐复观之所以能够深刻地剖析中国专制的本质，除了治学勤谨之外，与他参与实际政治的经验颇有关系，所谓"伤心最是近高楼"者是也。

　　传统中国既为专制所荼毒，那么，近代中国又如何呢？在徐复观笔下，二十世纪中国的文化思想特征有二：第一是由中外政治的冲突而形成中西文化思想的冲突。反对西方文化者多出于民族的感情，并非出于对西方文化之批判；反对中国文化者亦多出于对西洋势力的欣羡，而非出于对中国文化自身的反省。这种冲突至五四运动而达到高峰。第二个特征是在中国社会大变动之际，凡是有力的文化思想，没有不关心到社会政治的问题，而社会政治的问题，也没有不影响到文化思想。于是文化思想与现实政治，结下不解之缘，纯学术的活动，退居不重要的地位。而现实政治势力的分野，也常常就是文化思想的分野。因此，文化思想由独立的学术研究发展而来者较少，由政治的目的要求所鼓荡而来者特多。[⑥]徐复观认为：

---

①参见本书第二章。

②参见徐复观：《封建政治社会的崩溃及典型专制政治的成立》，《两汉思想史》（卷一），第63—162页。

③参见徐复观：《汉代一人专制政治下的官制演变》，《两汉思想史》（卷一），第203—280页。

④参见徐复观：《中国的治道——读陆宣公传集书后》，徐复观著，萧欣义编：《儒家政治思想与民主自由人权》，第218—219页。

⑤参见徐复观：《两汉知识分子对专制政治的压力感》，《两汉思想史》（卷一），第281—294页。

⑥参见徐复观：《三十年来中国的文化思想问题》，《学术与政治之间》（乙集），第140—141页。

人类只有在民主政治之下，才可以根据自己的意志，选择自己的政府；政权可以在人民自由选择之下，作和平的递嬗，才能保证因争夺政权所发生的杀伐虐刘之祸，使人类在精神上、在物资上，得到不断地发展。因此，民主政治的建立，是表现中国历史运命的飞跃的展开。而民主政治的没落，是表现中国历史运命的总挫折。①

这一段话是他历尽沧桑饱尝忧患之后，所留下的亲身证言，他呼吁今日欲言中国文化，首须辨清何者为中国文化之本来面目，何者为在专制政治压迫之下所受之奸污。必认定中国文化，应先向专制政治复仇，然后中国文化乃可继续担当其对人类之伟大使命。②他毕生努力将作为中国文化主流的儒家思想与专制政治彻底区别开来。

在二十世纪中国民主政治一再受挫的历史脉络之中，徐复观解释古典儒学时，特别关心儒家与现代民主政治之间的关系。徐复观将儒家思想放在二十世纪历史中加以"脉络化"之后，古典儒家思想的弱点就一一呈现了，如熊自健所指出的，徐复观认为儒家因为缺乏有限政府、主权在民、个人权利等观念与制度，以致无法从民本转为民主，而儒家政治思想要接上民主政治，则必须把政治的主体，从统治者移归人民，变成以被统治者为起点，并把德治客观化，凝结为具体可行的制度。③

徐复观明确指出儒家的根本缺点在于站在统治者立场思考政治问题，他说儒家：

因为总是站在统治者的立场来考虑政治问题，所以千言万语，总不出于君道、臣道、士大夫之道。虽有精纯的政治思想，而拘束在这种狭窄的主题上，不曾将其客观化出来，以成就真正的政治学，因之，此种思想的本身，只算是发芽抽枝，而尚未开花结

---

①徐复观：《中国历史运命的挫折》，《中国思想史论集》，第257页。
②徐复观：《国史中人君尊严问题的商讨》，《学术与政治之间》（乙集），第201页。
③熊自健：《徐复观论民主政治》，《鹅湖学志》1993年第10期；参见Honghe Liu, *Confucianism in the Eyes of a Confucian Liberal: Hsu Fu-kuan's Critical Examination of the Confucian Political Tradition*, 38–50.

果。①

这段批判可以说是一针见血，切中要害。针对儒家这项缺点，徐复观开出的药方是：转换儒家政治思想的主体性，他说：

> 总之，要将儒家的政治思想，由以统治者为起点地迎接到下面来，变为以被治者为起点，并补进我国历史中所略去的个体之自觉的阶段，则民主政治，可因儒家精神的复活而得其更高的依据；而儒家思想，亦可因民主政治的建立而得完成其真正客观的构造。②

徐复观把儒家思想放在他自己所处的现代中国的脉络中思考，所以他才能提出"主体性的转换"（从"君主主体性"转换为"人民主体性"）这项工作，作为儒家在二十世纪从灰烬中浴火重生的契机。

在这项主体性转换的巨大工程中，徐复观特别寄望于知识分子。他固然对历史上逢迎帝王的"小人儒"挞伐不遗余力，但他对当代中国知识分子更是痛加批判。他指出，中国近代知识分子在文化问题的思考上，缺乏突破历史及时代障蔽来把握传统文化的能力，而且也常常根据势利而不是根据知识来看问题③。他对知识阶层责备最切，也期许最殷，希望知识阶层起而承担改造儒学以与现代民主政治接榫的重责大任。

关于徐复观"以今释古"的诠释学方法，他在1975年回顾自己的研究工作时曾说："在二十余年的工作中，证明了克罗齐'只有现代史'的说法。没有五十年代台湾反中国文化的压力，没有六十年代大陆反孔反儒的压力，我可能便找不到了解古人思想的钥匙，甚至我不会作这种艰辛地尝试。江青辈以《盐铁论》为儒法斗争的样板，郭沫若、冯友兰也加入在里面，由厚诬贤良文学以厚诬孔子、儒家，我便在他们的声势煊赫中，写了《〈盐铁论〉中的政治社会文化问题》，

---

① 徐复观：《儒家政治思想的构造及其转进》，《学术与政治之间》（甲集），第48页。
② 徐复观：《儒家政治思想的构造及其转进》，《学术与政治之间》（甲集），第52页。
③ 徐复观：《徐复观先生谈中国文化》，《徐复观杂文——记所思》，第94—95页。

彻底解答了此一公案。这是最突出的例子。"①徐复观并不是为"历史"而"历史",他是为"现在"与"未来"而"历史"。他的研究工作处处充满了对现实世界的关怀,这种关怀现实的驱动,是他将儒家思想放在现代中国脉络思考的根本原因。②

(三)徐复观与唐君毅:诠释方法的比较

徐复观所采取的这种两个层次的古典诠释方法,以"脉络化"为其特质。但是,"脉络化"并非徐复观之独创,事实上,当代儒家学者唐君毅研究中国哲学的方法,从某个角度来看,也可以说是一种"脉络化"的研究方法。那么,两人的差别何在?这是我们必须加以考虑的问题。

大致说来,唐徐二人的诠释方法的差异在于:唐先生的"脉络化"在于将思想或概念放在思想体系内部的脉络中分析;而徐先生的是将思想放在具体的历史脉络中加以考虑。我们接着说明这个论点。

徐复观曾评论他的儒学同道唐君毅为"仁者型",牟宗三为"智者型",他说:

---

①徐复观:《中国思想史工作中的考据问题(代序)》,《两汉思想史》(卷三),第3—4页。
②最足以显示徐复观为"现代"而"历史"的,就是二十世纪五十年代徐复观对中国历史上所谓"二重主体性的矛盾"的看法。1953年5月1日,徐复观在《民主评论》第4卷第9期发表《中国的治道——读陆宣公传集书后》一文,指出中国政治思想要求人君从道德上转化自己,将自己的才智与好恶舍掉,以服从人民的才智好恶。在专制政治下言治道,不追根到这一层,即不能解消前面所说的在政治上二重主体性的基本矛盾,一切的教化便都落空。徐复观也基于这个看法,在《我所了解的蒋总统的一面》中,提出建议:"人主观底意志,解消于政治的客观法式之中,使国家政治的运行,一循此客观法式前进……亦可培养国家千百年的基础,这才是一条简易可行之路。"(徐复观:《我所了解的蒋总统的一面》,徐复观著,萧欣义编:《儒家政治思想与民主自由人权》,第311页)在这篇文章刊出后,徐复观受到台湾报纸(1957年2月7日)社论的批判,他不仅于1957年2月12日,在香港《华侨日报》以《悲愤的抗议》[收入《学术与政治之间》(乙集),第195—199页]一文提出批驳,而且在1957年3月13日在《自由人》为文强调:"由君臣关系之绝对化因而显出人君特为尊严之观念,乃长期专制政治下之产物,为先秦正统思想中所未有。"[徐复观:《国史中人君尊严问题的商讨》,《学术与政治之间》(乙集),第200页]徐复观在二十世纪五十年代所思考的君臣关系及"二重主体性的矛盾"等虽是历史问题,但实有鲜明的当代现实的投影。

中国当代有四大儒者，代表着中国文化"活地精神"。一是熊十力先生。一是马浮先生。一是梁漱溟先生。一是张君劢先生。熊先生规模宏大。马先生义理精纯。梁先生践履笃实。张先生则颇为其党所累；然他将儒家之政治思想，落实于近代宪法政治之上，其功为不可没。后起者则有唐君毅、牟宗三两先生。唐先生是属于仁者型，牟先生则是属于智者型的。[①]

徐复观对唐、牟二先生的刻画，很能得其肯綮。

唐君毅著述宏富，所著《中国哲学原论》，取《中庸》"天命之谓性，率性之谓道，修道之谓教"之旨，区分为《导论篇》（一册）、《原性篇》（一册）、《原道篇》（三册）、《原教篇》（二册）。《原道篇》论述形上学之发展，探讨人之究极实现与人文世界之道；《原性篇》论述人性论之发展；《原教篇》论述宋明理学之发展。通读唐君毅的诸多著作，我们发现，唐君毅相当强调在哲学史的整体脉络中分析哲学概念，他这样自述他著述的用心："吾书既欲见中国哲学义理有不同之型态，实丰富而多端，而又欲其合之足以见整个中国哲学之面目，故吾之说明中国哲学义理之道，既在察其问题之原，名辞义训之原，思想义理次第孳生之原；而吾于昔贤之言，亦常略迹原心，于诸家言之异义者，乐推原其本旨所存，以求其可并行不悖，而相融无碍之处。盖既见其不悖无碍之处，则整个之中国哲学面目，自得而见。"[②]唐君毅这种研究方法其实就是另一种形态的"脉络化"，他称之为"即哲学史以论哲学"的研究方法：

所谓即哲学史以论哲学者，即就哲学义理之表现于哲人之言之历史秩序，以见永恒的哲学义理之不同形态，而以论述此哲学义理之流行之谓。[③]

唐君毅认为中国哲学的研究，固然可以以人物为中心，探讨其思

---

①徐复观：《如何读马一浮先生的书：代序》，马一浮：《尔雅台答问》，（台湾）广文书局1979年版，第1页。
②唐君毅：《自序》，《中国哲学原论·导论篇》，新亚研究所1966年版，第3页。
③唐君毅：《中国哲学原论·原教篇》，第7页。

想、为人，与其家世、师友、山川地理、世风时习之关系，但他认为这种将思想家放在历史脉络中考察的"脉络化"方法皆属第二义，他说：

> 吾论中国思想，殊不慊于徒自外在之历史原流，以论各家思想之论法，如《汉书·艺文志》以降之所为。亦不慊于近人纯以西方思想，比附中国思想之论法。吾意，此二者皆非意在正面看古人之思想。此二种论法，非不当有，但宜属于第二义以下。而前种之论法，亦非中国最古之论列学术思想之法。①

唐君毅认为对中国思想的研究，必须进入古代思想家的"心"，他说：

> 吾人今真欲正面了解古人之思想，亦必须以吾人自己之思想，上与古人之思想相凑泊，求吾之心直契于古人之心，如不见所谓历史上之古今之隔。……吾意又以为了解中国先哲之思想，首须着重其心之思想。以中国思想之所重，本在人，人所以为人在其心故。②

唐君毅强调古往今来的思想家之"心"是不受历史条件所阻隔的，是超时空的，诚所谓"斯人千古不磨心"！

最具体地实践这种"即哲学史以言哲学"的"脉络化"方法的，就是唐君毅的《中国哲学原论·导论篇》。这部论著分析中国哲学中六种不同涵义的"理"："物理"、"名理"或"玄理"、"空理"、"性理"、"文理"与"事理"。这部书第三及第四章论孟墨庄荀思想中的"心"，标示四种形态的理性的心知：知类知故的知识心、虚灵明觉心、德性心与知历史文化之统类之心。在唐君毅书中，中国哲学思想中的"心"与"理"成为不占时间与空间的抽象概念。他的"脉络化"是将哲学概念放在哲学体系的脉络中考察，他认为这是中国哲学研究应循的新方向。在1966年他提出中国哲学研究的方向，应集中于哲学系统的辞义、义涵、义系、义旨、义趣、义用、义

---

① 唐君毅：《自序》，《中国哲学原论·导论篇》，第15页。
② 唐君毅：《中国哲学原论·导论篇》，第72—73页。

比、义贯之研究。①唐君毅的"脉络化"诠释方法，与徐复观的"脉络化"构成相当鲜明的对比。

四、作为政治学的诠释学：徐复观与儒家思想的互为创造性

现在，我们可以思考本章第一节所提出的第三个问题：徐复观的儒学新诠中有何涵义？

简言之，徐复观的儒学新诠是典型的"作为政治学的诠释学"，这是具有中国文化特色的经典诠释传统。②这种诠释传统的特征有三：一是，这种诠释传统的发生学基础并不是本体论或知识论，而是政治经济学或政治社会学，因为它的研究方法不是抽象的概念史方法。二是，从社会政治史与思想史的交叉点上切入的思想史方法（它本质上不是存有，或不仅是存有），而是活动，它不能只停留在本体界中，它强烈地要求落实在现象界，以贯通知识活动与实践活动，并将两者融合而为一体。三是，这种类型的诠释传统很能产生内在动力，而使诠释者与他所诠释的经典之间建立强烈的互为创造性的关系。我们在本章第二节分析徐复观以"忧患意识"为中心，重新诠释儒家思想时，已具体地论述：徐复观的古典诠释之基础不是形上学或本体论，而是政治社会学或政治经济学。在他的古典诠释世界中的人，不是孤岛上的鲁滨孙，而是活生生地参与日常活动的政治人与社会人。这些论述已说明上述第一个论点。关于第二个论点，我们在本章第三节探讨徐复观的儒家诠释学中"以古释古"与"以今释古"两个层次的方法学涵义时，已显示出这种"作为政治学的诠释"的即本体即工夫、即存有即活动的性质。现在，我们就第三项论点再进一步加以发挥。

在所谓"作为政治学的诠释学"中，解释者与被解释者之间存有"互为创造性"的关系，因而可以互相为对方赋予存在之理由，这项特质在徐复观这个个案中透露无遗。徐复观将儒家思想放在两个层次

---

①参见唐君毅：《中国哲学研究之一新方向》，香港中文大学1966年版，第10—11页。
②参见黄俊杰：《孟学思想史论》（卷二），第465—482页，及Chun-chieh Huang, *Mencian Hermenecitics: A History of Interpretations in China,* 155–171。

的时间脉络中重新加以解释，获致双重的效应：徐复观的新诠释赋予儒家思想在二十世纪新的内涵，创造了新的动力，使它可以与现实世界取得较为密切的互动关系（尤其在儒家与民主政治的关系）；徐复观对儒学的新解释也赋予他自己以存在的意义，处处展现他身处忧患的二十世纪中国时所坚守的儒家立场。我接着阐释以上两项论点。

徐复观对儒家思想所作的新诠释，对儒家最大的贡献乃在于重新开发两千年来郁而不彰的古典儒家政治思想中的人民主体性，使其与现代中国所需的民主政治相接轨，从而在二十世纪为儒学创造新生的契机。

先秦儒家大师如孔、孟、荀，皆生于春秋战国时代政权多元化的时代，大一统专制王权尚未成型，所以在他们的政治思想中人民均居于政治的主体地位。但是，到了秦汉以后，在大一统王权的压制之下，古典儒学中以民为本的政治思想就进入潜藏而不发舒的状态，"民本"成为两千年来儒者的"永恒的乡愁"。在当代儒家学者之中，徐复观特别将古典儒学中的民本政治思想加以阐扬，使儒学的"健动精神"与"忧患意识"再度显扬于二十世纪。徐复观首先指出，先秦儒家在"修己"和"治人"上提出不同的要求："修己"是学术上的标准，将自然生命向德性上提升。"治人"是政治上的标准，必以人民的自然生命的要求居于第一的地位。治人的政治上的价值，首先是安立在人民的自然生命的要求之上；其他价值都必附丽于此一价值之上。[1]他认为先秦儒家这种以人民的自然生命为首要考虑的政治思想，与现代民主政治的基本精神可以互相呼应。所以，在1953年徐复观就主张民主政治的基础应该向儒家精神转进一层，[2]并努力于将两者融合为一。[3]

但是，徐复观也同时注意到儒家政治思想有其局限性：儒家未能对人民主体的客观化或制度化问题给予充分注意。他说："儒家只指

---

①参见徐复观：《释〈论语〉"民无信不立"——儒家政治思想之一考察》，《学术与政治之间》（乙集），第40页。
②参见徐复观：《〈民主政治价值之衡定〉读后感》，《徐复观杂文——记所思》，第186—192页。
③参见徐复观：《保持这颗"不容自己之心"——对另一位老友的答复》，徐复观著，萧欣义编：《儒家政治思想与民主自由人权》，第343—346页。

出人君可以'易位',提出'征诛'与'禅让'的两种易位形式,同时指出了操易位大权的应该是人民。但人民如何去行使此一大权,则没有提出解答,而要等待今日民主政治的实现。"①徐复观一针见血地指出儒家民本政治思想的根本缺陷在于:

> 很少站在被统治者的地位来谋解决政治问题。这便与近代民主政治由下向上去争的发生发展的情形,成一极显明的对照。正因为这样,所以虽然是尊重人性、以民为本、以民为贵的政治思想;并且由仁心而仁政,也曾不断考虑到若干法良意美的措施;以及含有若干民主性的政治制度……而人民始终处于一种消极被动的地位。尽管以民为本,而终不能跳出一步,达到以民为主。于是政治问题,总是在君相手中打转,以致真政治的主体,没有建立起来。②

徐复观更指出中国文化在政权转移时的暴力问题上交了白卷,③所以他一方面阐扬儒家的民本政治观念,一方面指出它在制度建构上的局限,建议从制度上落实民本的理想。徐复观对儒学的修补与改造,有助于儒家在现代的新生,使潜藏在儒家传统之中的"健动精神"重新获得生机。④

徐复观对儒学的解释,也使他自己的生命充满了活力,他对现代中国专制政治的批判,就是二十世纪儒家学者的"健动精神"的具体展现。通贯徐复观的一生,他对专制政治批判不遗余力,都是站在以人民为政治之主体的立场发言,这正是他努力阐扬的古典儒家论政的基本立场。从徐复观对现代中国专制政治的批评,最可以显示古典儒家精神对现代儒家知识分子的浸润,也具体展现"作为政治学的古典诠释学"之通贯知识活动与实践活动的特质。我引用资料论证上述这

---

①徐复观:《中国自由社会的创发》,《学术与政治之间》(乙集),第36页。
②徐复观:《儒家政治思想的构造及其转进》,《学术与政治之间》(甲集),第47—48页。
③参见徐复观:《暴力与民主政治》,《徐复观杂文——看世局》,第255—258页;徐复观:《我们信赖民主主义》,《学术与政治之间》(甲集),第25—27页。
④但是徐复观寄望于从自耕农阶层奠定现代中国民主政治的基础的看法,涉及问题甚多,有待商榷,参见本书第三章第三节。

项看法。

徐复观不论治学或论政都以发扬"人民主体性"为其立场，他自述研究历史之目的在于发掘中国历史上"以各种方式反抗专制，缓和专制，在专制中注入若干开明因素，在专制下如何多保持一线民族生机的圣贤之心，隐逸之节，伟大史学家文学家面对人民的呜咽呻吟，及志士仁人忠臣义士，在专制中所流的血与泪"①。徐复观与古典儒学之间存有某种互为创造的诠释性关系。

五、结　论

本章探索的主题是：儒家学者徐复观如何在二十世纪下半叶中国历史的变局中重新诠释古典儒学，以使它适存于现代中国？我们发现：徐复观的确透过他的新解释，而致力于儒学在现代中国的转化。这种转化以"忧患意识"这个概念为中心而展开。徐复观认为古典儒学的核心概念在于从周代文化所继承而来的"忧患意识"。古典儒学中的重要概念"孝""仁""礼"，都有延续家族"孝"或政权，"仁"（"礼"）的社会性及政治性作用，都是"忧患意识"的表现。现代中国知识分子应该发扬这种儒家"忧患意识"，为中国民主开创新局。这是典型的"作为政治学的经典诠释"在现代中国学术史上的一种发展。徐复观之所以特别从"忧患意识"入手重新诠释古典儒学，实有一套别具特色的诠释方法作为基础。

徐复观诠释古典儒学的方法之基本特征是"脉络化"。这种方法将古典儒学放在古代中国的历史背景中，也将古典儒学放在二十世纪中国的时空条件中衡量。如果前者可以称为"以古释古"，后者不妨称为"以今释古"。这种双重的"脉络化"，使徐复观可以有效地重新开发儒学传统中潜藏的"健动精神"，使儒学经典不是形而上的概念游戏，而是与现实互动，为苦难人民伸张正义的福音书。在徐复观笔下，古典儒家如孔子、孟子都是为人民而向不义的统治者争正义、争公理的斗士，而不是专制政权的帮凶或独裁者的化妆师。古典儒家

---

① 徐复观：《良知的迷惘——钱穆先生的史学》，徐复观著，萧欣义编：《儒家政治思想与民主自由人权》，第182页。

不是专制政权的吹鼓手，而是人民胜利进行曲的作曲家。徐复观对这种充满活力的"健动精神"的再阐扬，不仅在二十世纪为儒学注入了源头活水，使儒学这艘艨艟巨舰可以在现代化的潮流中自在航行，而且也抚慰了徐复观个人在时代变局中收到挫折的心灵，为他厚植安身立命的根基。他深刻而透彻地浸润在古典儒学的"健动精神"之中，使他不仅可以出新解于陈编，而且能够从儒学的武库中撷取崭新的武器，以与二十世纪左右各派的专制统治者及其刽子手进行殊死的战斗。

　　徐复观解释儒学时所展现的诠释方法及其所完成的效果，具体地告诉我们，具有中国文化特色的经典诠释行动具有强烈的"实存的"特质：儒学与解释者之间存有某种互为诠释、互为创造的关系。儒学的繁衍有待于后代的解释者为它开拓新的思想泉源，赋予它新的生命，后代儒者的生命也有待于古典儒学的渗透与洗礼，使他们充满活力，赋予他们的存在以新的意义。中国文化中的经典诠释传统，具有强烈的现实取向，它不是虚无缥缈的形上学的玄思，而是与人民共呼吸，哀民生之多艰的政治学，它更是可以使人扼穷独处、知道而乐的生命哲学。从徐复观这个个案来看，儒家经典绝对不是博物馆里的木乃伊，而是意义丰富的图书馆。现代读者可以徜徉悠游于经典的智慧之海中，汲取现代的启示。徐复观透过解释古典儒学而致力于中国文化的创新，他的行动告诉我们：中国儒家经典诠释学的本质是一种"实践诠释学"，而儒家经典的诠释者不但是"观察者"，更是"入戏的观众"，是实质的"参与者"！

第七章 结 论

　　二十世纪中国的"当代新儒家"，是中国儒学史上第一批与西方思想文化深刻接触的儒家学者，其中徐复观因具有日本经验并经由日文而理解西方文化，而使他在"当代新儒家"之中较为突出。这部书探讨的是徐复观及其思想，所以我特别扣紧徐复观思想中的日本因素而立论。为了有效地刻画徐复观及其思想的特征，我们以徐复观对"中国文化往何处去"这个问题的思考作为分析的主轴，将徐复观置于二十世纪东亚儒家思想史的光谱之中加以考察，一方面将他与他的思想论敌如胡适、傅斯年、钱穆对比，又将他与同时代的学侣唐君毅、牟宗三比较；另一方面又将他与二十世纪日本的涩泽荣一、福泽谕吉互作比较，既求其同，又求其异，以突出徐复观在二十世纪东亚儒学史上的特殊地位。相对于唐、牟二先生之为哲学家而言，徐复观是一位思想史家，所以本书第一章先分析徐复观的思想史方法论，作为本书探讨的起点。

　　在二十世纪中国儒家思想人物中，徐复观较为特殊之处在于他早岁留学东瀛，能阅读日文著作，并经由日文作品而接触西方文化与学术，因此，他回顾并展望中国文化时，时时以日本及近代西方作为参照系，使得他的思想具有鲜明的东亚视野，而与其他的当代新儒家有所不同。为了突出徐复观的东亚视野，本书在第二、三章讨论了他对中国文化的解释及其自我定位之后，第四章及第五章分别讨论他对通过日本而理解的西方近代文化与他对日本文化的评论。徐复观与涩泽荣一虽同样推崇孔子与《论语》，但徐复观期许的是经由自耕农阶级的兴起而带动农业中国的复兴，为未来民主中国奠基，但涩泽荣一却努力于将《论语》与算盘融合，在"义利合一"的新理念之下将孔子思想遗产转化成为现代资本主义社会的新伦理。徐复观所凭借的是悠久的中国农业文明，而涩泽荣一思想的背后则是近代工业文明。这是"农业的"与"工商业的"视野的对比。也因此，徐复观批判西方近代化文化中的纵欲、贪婪与病态的个人主义，但福泽谕吉则要求东亚知识分子以近代西方为师，才能脱离落后与愚昧的东亚历史宿命。

　　在当代中国新儒家学者之中，徐复观的史学取向与唐君毅、牟宗三的哲学取向大相径庭。更具体地说，唐君毅哲学中的黑格尔倾向与牟宗三哲学中的康德因素，都与徐复观思想中的马克思因素，构成鲜明的对比。徐复观在中国历史中看到了人民的苦难与血泪，他像一条年迈的鲑鱼一样，奋其生命力游回他精神的原乡，这就是孔孟的古典儒学的世界。本书第六章讨论徐复观对古典儒学的解释，这是一种作为政治学的古典诠释学。徐复观与唐、牟的对比，正是古典儒学与宋明理学的对比。在某种意义上，也可以说是政治经济学与形上学的对比。徐复观笔下的"人"是胼手胝足参与生产劳动的人，而唐、牟笔下的"人"，则是负杖逍遥、"思入风云变态中"①的玄思冥想人物。

从徐复观对中国文化的解释及其对日本文化与西方近代文化的评论中，我们可以发现：从"自我"的角度来看，"自我"的觉醒与重建，常常透过对"他者"的接触与观察而完成。但是，从"自我"与"他者"互动的角度来看，每个人都是通过"自我"而理解"他者"。如果缺少了"自我"的主体性的照映，那么，"他者"的特质就常常难以彰显。在徐复观的生命历程之中，"政治的自我"与"文化的自我"是两个最为突出的面向，而"文化的自我"远比"政治的自我"重要。在徐复观的学问与思想中，"政治的自我"臣服于"文化的自我"之下，而且接受"文化的自我"的指导。正如本书第三章所说，徐复观的"文化的自我"具有"人民的""实践的""农本的"特质，这与他所描绘的由专制政体、经世儒学与农村社会所构成的中国文化图像是分不开的。徐复观通过他所建构的"文化的自我"，而观察日本文化，就感觉日本民族有一种悲怆性的性格，知识分子常有某种"锯齿型的心理习性"与文化的"直肠病"，日本政治不免有暴力倾向。他对日本的评论虽然不能免于激越，但是却有洞见。他基本上是通过中国农村社会传统中所见的"中道精神"，而评论日本社会与文化。

再从徐复观对西方近代文化的批评来看，他敏锐地指出西方近代文化的"异化"之特质，他甚至认为西方近代文化缺乏对人类的爱，表现而为一种反理性的思想倾向。徐复观对西方近代文化的评论，也许不能免于持论激越之弊病，但是，从他所身处的二十世纪动荡、乱离、撕裂的苦难历史背景来看，是完全可以理解的。徐复观思想中的"文化的自我"，是身处与"他者"及大自然亲切互动脉络之中的温润圆融的"自我"，他之所以批评西方近代文化展现一种"非人间"

①〔宋〕程颢、〔宋〕程颐：《秋日偶成二首》，《河南程氏文集》卷三，《二程集》，王孝鱼点校，第482页。

的虚无的黑洞,实在是从他所理解的中国文化之核心价值理念所提出的批评。

从徐复观思想的内涵来看,徐复观虽然是从"中国往何处去"这个问题切入,但是他实际上是在苦思"民族的"文化遗产与"民主的"的现代祈向,如何融合为一,为二十一世纪中国开出新的生命。徐复观毕生所思考的究其实正是"文化的特殊性"与"文化的普遍性"的互动与融合的问题。更进一步来说,任何文化传统及其生活方式如农本主义、经世儒学与专制政体,都是特定时空因素交织下的产物,都具有"时间性"(temporality)与"空间性"(spaciality),因而都有其"特殊性"。但是,包括徐复观在内的二十世纪东亚知识分子所面对的问题是:源于近代西方的价值观念与生活方式如资本主义、个人主义、民主政治等,随着最近两百年来西方势力的东渐,而成为全球"普世价值"。鸦片战争以后的中国知识分子所面对的这个问题,虽然在形式上是以"中国vs.西方""传统vs.现代"的方式而呈现,实际上它所触及的是"文化的特殊性"与"文化的普遍性"的问题。

在二十世纪东亚知识界,徐复观的突出之处在于他认知"文化的特殊性"与"文化的普遍性"两者之间,并不是一种"零和游戏"(zero-sum game)。徐复观深刻地认知"文化的特殊性"中存在着"普遍性"的因子,他指出,儒学传统中的人本主义与"仁"道是伟大的"普世性"的精神遗产,但被两千年来中国专制政治所玷污,因此,他努力于儒学的"主体性转换"的伟大事业,他要求中国知识分子将传统儒学中的"国君主体性"转化为"人民主体性"。他不为中国历史上的专制政权唱挽歌,他奋起心志,高唱人民胜利进行曲,迎接二十一世纪民主中国的曙光!

相对于福泽谕吉所坚持的"脱亚入欧"的主张,徐复观强调从中国文化中的儒学"主体性"的转换以及从农业传统中自耕农的复兴,而开出现代民主政治的新格局。徐复观由于深入中国文化的特殊性,所以可以从其中开发出具有普世性意义的价值理念,因而"传统"与"现代"更能融合一体。

徐复观也敏锐地认识到,所谓"文化的普遍性"或"普世价值"如民主、自由、人权等源起于近代西方的价值理念与生活方式,不能只停留于抽象理念的层次,"普世价值"必须落实到人民活生生的、具体的、有血有泪有欢笑的日常生活之中，并且随着人民日常生活而与时俱进，增益其内涵，才能为人民创造幸福。徐复观的人性论、政治经济学，以及他的"人民主体性"的经世儒学，都使他坚信"抽象的价值"只能在"具体的生活"中寻觅。徐复观所开出这一条道路，在思考方法上是"反实证主义的"（anti-positivistic），在思想内容上是"反形上学的"。徐复观对二十一世纪中国民主的设想，并不是诉诸"良知的坎陷"，也不是盲目地将近代西方以资本主义和个人主义作为经济社会基础的民主政治进行横面的移植，而是诉诸中国农村文化社会中自耕农阶级的壮大与儒学传统中"人民主体性"的彰显。诚如我在本书第三章第三节所检讨的，徐复观对二十世纪中国民主的展望，固然有许多值得进一步斟酌的地方，但是从二十世纪下半叶来看，徐复观的道路相对而言可能是二十一世纪东亚的诸多进路中，一条较为平易可行的坦途。

最后，我想用两个关键词来综摄徐复观的人格与思想。第一个名词是"健动精神"，这是对徐复观的人格与风格最恰当的描写。徐复观自己曾说他的个性是"任天而动"，[1]他的前半生参与政治，与共产党、国民党最高领导人都有直接的接触，并在1944年成为蒋介石的幕僚。从任教于东海大学开始，他的后半生浸淫于学术之中。徐复观的一生凭借着他强韧的"健动精神"而出入于"政治"与"学术"之间，他对1940年代国民党与共产党领导人物的观察与分析之敏锐与深刻，他对1960年代同时代知识界领袖如胡适等人批判之犀利，都显示他是一个活泼泼的生命，以他所说的"感愤之心"响应他的时代的挑战。

徐复观人格特质中的健动精神，使他的生命极像一只鲑鱼的生命历程。徐复观从8岁开始读书，从《论语》开始，读四书五经，15岁进入武昌省立第一师范学校，读书生活中旧学与新学并进，开始接触孙中山与马克思著作。徐复观很像一只诞生于山间溪涧的小鲑鱼，随着山涧小溪流入太平洋，在新旧思潮激荡的大洋中成长茁壮，直到1944年春间初谒熊十力先生，给予他极大的精神震撼，使他的精神与生命

---

①徐复观：《我的读书生活》，徐复观著，萧欣义编：《徐复观文录选粹》，第314页。

方向，向中国文化回归。①从此之后，他的后半生就像成年的鲑鱼一样，奋其生命的力量拼搏洄游，回到原生的山涧小溪，这就是儒家精神的原乡。儒家传统之于徐复观，绝对不是一套形上学的理论推衍，而是一套政治经济学的论述与实践。在儒家精神的召唤之下，他的儒学研究是一种"生命的学问"，他要以儒学的复兴，弥补现代民主政治的缺失；他要以"儒家民主"的新愿景，高唱人民胜利进行曲，抚慰中国人民两千年来在专制体制下的创伤，启动中国文化之复兴。

第二个通贯徐复观的学术思想与终极关怀的关键词是"人文精神"。如果将"人文精神"一词定义为广义的对"人"的关怀的话，我们可以说世界各文明传统都各有其不同的"人文精神"元素，②但是，长期以来"人文精神"一词的涵义充满了欧洲近代启蒙文明（enlightenment）的思想色彩，却也是事实。徐复观毕生学术论述的一个主轴，就是在追索并弘扬中国文化脉络中的"人文精神"。

徐复观强调，具有中国文化特色的"人文精神"，立足于"人"而不是"神"之上。他认为，中国人文精神跃动于西周初年，周公与周文王等人在取得统治权之后，怀抱深沉的"忧患意识"，戒慎恐惧。到了孔子的思想世界中，"仁"成为中国人文精神的最核心之价值。③徐复观认为，儒家人文精神的重点在人的道德，而不是在人的才智或能力之上。通贯徐复观毕生著作的主题就是儒家人文精神，他批判近代西方文化缺乏人类爱，他批判中国的"文化大革命"与四人帮，都是以儒家人文精神作为立足点。我过去的研究曾指出：东亚儒家人文精神传统包括四大支柱：身心一如、"自""他"圆融、天人

---

①徐复观：《有关熊十力先生的片鳞只爪》，徐复观著，萧欣义编：《徐复观文录选粹》，第343—351页；徐复观：《我的读书生活》，徐复观著，萧欣义编：《徐复观文录选粹》，第311—319页。

②Jörn Rüsen,"Introduction Humanism in the Era of Globalization: Ideas on a New Cultural Orientation," in Jörn Rüsen and Henner Laass eds., *Humanism in Intercultural Perspective: Experiences and Expectations* (Bielefeld: transcript Verlag, 2009), 11-19.

③徐复观这项观点与陈荣捷（1901—1994）的说法若合符节。陈荣捷说中国"人文精神"不同于西方文化的"人文精神"之建立在"人"与"神"的紧张关系之上。见Wing-tsit Chan trans. And ed., *A Source Book in Chinese Philosophy* (Princeton: Princeton University Press, 1963, 1973), 3.

合一、"过去"与"现在"的融合，其中以第四项最为重要。①因为儒家浸润在深厚的时间感之中，历史意识特别发达。徐复观的学术论述与对现实的批判，都呈现植根于深厚历史意识的儒家人文精神。司马迁曾回顾历史上伟大的人物写作的动机说："此人皆有所郁结，不得通其道也，故述往事，思来者"（《史记·太史公自序》），我们完全可以引用司马迁这句话，来总结徐复观毕生学术思想的特质。

---

① Chun-chieh Huang, *Humanism in East Asian Confucian Contexts* (Bielefeld: transcript Verlag, 2010), 11−28.

附 录

附录一 徐复观著作所见的日本人名及其评论表

人名	评论	出处
武内义雄	我老实告诉他（神田喜一郎），对于有些负大名的老先生的著作，并不很以为然。武内义雄这位先生的东西，倒还平实。他听了我的话，写"卓见"两个字给我看，告诉我一点武内先生的情形。	《京都的山川人物》，《民主评论》11卷15期，1960年5月28日。收于《徐复观文录选粹》，第56页。
神田喜一郎（京都国立博物馆馆长）	他随即拿出尚未完全告成的一部近著给我看（书名我忘记了），我先看他前面的序，原来全是用骈散兼行的汉文写出来的，文章写得非常典雅，使我大吃一惊。……接着知道他还著有《东洋学说林》《典籍学札记》等书，这都非博雅不能办，最近又出了一部《敦煌五十年》。	《京都的山川人物》，《民主评论》11卷15期，1960年5月28日。收于《徐复观文录选粹》，第56—57页。
重泽俊郎（京都大学中国哲学室主任、教授）	重泽先生是不长于应酬的人，一谈便谈到我们的本行，我随便提出研究中国思想史的若干关键，他非常同意。他不赞成目前走超直赶近的治学风气；认为治中国思想史的人，依然应对经学下一番功夫，并应认真看注疏。我也非常同意。他说"不丢掉经学，这是京大的传统"。我觉得这是最好的传统。……经过几次交往后，我了解重泽先生外表虽然冷淡，但内心对朋友、对学问，实在很热情。因此，我想把旁人加给他的"冷酷"两字，改为"清严"两字。	《京都的山川人物》，《民主评论》11卷15期，1960年5月28日。收于《徐复观文录选粹》，第57—58页。
吉川幸次郎（京大中国文学研究室教授）	他对中国文学方面的著作很多，汉文汉诗，也有很高的成就。加以他具有为一般文人所容易缺少的气概与活力，所以在学问方面，除了埋头研究以外，还有向社会开拓的力量。京都能维持儒雅风流于不坠，大概和他有很大的关系。	《京都的山川人物》，《民主评论》11卷15期，1960年5月28日。收于《徐复观文录选粹》，第58页。

续表

人名	评论	出处
贝冢茂树（前京都大学人文科学研究所长）	（吉川幸次郎）随即带我参观有关中国的图书……同时又介绍前人文科学研究所长贝冢茂树，他是考古学专家，实际是非常平易近人的一位学者；有人因为他曾到过大陆，无形中便对他有点界限，这实在是可以不必的。	《京都的山川人物》，《民主评论》11卷15期，1960年5月28日。收于《徐复观文录选粹》，第59页。
狩野直喜（吉川幸次郎之师）	（吉川幸次郎）自己是狩野先生最小的学生。送了我两部《君山文》（狩野先生的字），内有一篇《左氏辨》，实在非常精到。我以前看过他老先生的《中国哲学思想史》，不很满意，原来他老先生是不喜欢宋学的，但在汉学方面，实在功力很深。	《京都的山川人物》，《民主评论》11卷15期，1960年5月28日。收于《徐复观文录选粹》，第59页。
平冈武夫（京都大学人文研究所教授）	我因为很早看到平冈武夫先生所著的《经书的成立》《经书的传统》很感兴趣，便想见其为人。……见面后，他说"不了解中国的文学，便不能了解中国的思想史；所以我们现在正整理白居易的《长庆集》"。他的话，我觉得也很有道理。并且知道在他指导之下，对唐代的文学乃至历史，出了好几部有价值的书。	《京都的山川人物》，《民主评论》11卷15期，1960年5月28日。收于《徐复观文录选粹》，第60页。
宫崎市定（京都大学教授）	京都大学的宫崎市定教授，是关西东洋史方面的重镇，不能不和他谈谈。一见面，便可看出他是一位纯朴的学者。最近两年，是用全力研究《元典章》，并把油印稿的《元典章》索引稿送了我两本，他诉苦似地说，最好的版本在台湾，我希望能照一本照片来，但一直没有答复。我对《元典章》毫无兴趣，便请教他"京都大学，没有研究中国史学的人吗"，我的意思是研究"历史"和研究"史学"，应有点区别的。他说："内藤先生的中国史学后，再没有传人了。"这倒令我感到一点寂寞。	《京都的山川人物》，《民主评论》11卷15期，1960年5月28日。收于《徐复观文录选粹》，第61页。
牧田谛亮	承他送了两种近著，未及从容请教，这都是很抱歉的。	《京都的山川人物》，《民主评论》11卷15期，1960年5月28日。收于《徐复观文录选粹》，第61页。

人名	评论	出处
木村英一	这次来东京初逛书店，即发现有厚厚一册的《老子的新研究》，脑筋里便有"木村英一"的印象。……黄君济清陪我前往，瘦瘦的个子，真挚的表情，一看便知道是一位非常用功而又是肯用思想的（许多人用功，但并不用思想）学者。席地坐下后，即谈老庄的问题。……假定说人与人之间，真可找出一片性情之地，推诚相与，那便是木村先生府上前后四小时的交往了。随后我拜读他的大著，了解他的研究工作很精很密，而眼光又非常犀利。	《京都的山川人物》，《民主评论》11卷15期，1960年5月28日。收于《徐复观文录选粹》，第61—62页。
木村英一	接木村英一教授来长信，始悉其年来病况乃中风而不能说话，经年余调治，已大有进步。病中曾阅读我之著作，颇加称道，其用意之笃，尤为可感。	《无惭尺布裹头归——徐复观最后日记》，第84页。
白川静（立命馆大学教授）	立命馆大学的白川静教授，过去曾通过信、交换过著作……他是个很纯朴的人，有点像乡下佬，对考古学方面有兴趣。……随后，白川静教授送我们到校门口，校门口的学生们正呼啸着作蛇状示威运动。研究室里，和研究室外的气氛，可以说是天壤悬隔。从这种悬隔中可以看出做中国学问者的没落，也可以看出整个学者天堂正走向没落。	《京都的山川人物》，《民主评论》11卷15期，1960年5月28日。收于《徐复观文录选粹》，第62页。
青木正儿	大概我对中国文学史有兴趣，是从青木正儿先生的著作开始。那不过是偶然的机会。……青木先生今年七十五六岁，清癯的身体，显得非常健康。见面后，他老先生拿出最近的一本研究中国衣、食方面的书给我们看，又说他现在还能喝酒，尤其是想喝中国的老酒（绍兴酒），我随即和他约定一块儿吃一次酒。	《京都的山川人物》，《民主评论》11卷15期，1960年5月28日。收于《徐复观文录选粹》，第63页。
三上谛听（关西大学教授）	四十多岁，研究国共关系，人非常和气。	《京都的山川人物》，《民主评论》11卷15期，1960年5月28日。收于《徐复观文录选粹》，第64页。

续表

人名	评论	出处
高桥孝盛（关西大学教授）	是一个典型的学究型的人物。除了中国文学外，还通蒙古语（或者是西夏语）。	《京都的山川人物》，《民主评论》11卷15期，1960年5月28日。收于《徐复观文录选粹》，第64页。
石滨太郎（关西大学教授）	石滨先生长于中国的目录学；又开辟了东亚半岛民族语言的研究。	《京都的山川人物》，《民主评论》11卷15期，1960年5月28日。收于《徐复观文录选粹》，第64页。
藤泽东涯（关西大学）	泊园书院的创始人（明治初年），先经商发了财后，再治学讲学；凡四传而到石滨太郎，这当然要算一段佳话。	《京都的山川人物》，《民主评论》11卷15期，1960年5月28日。收于《徐复观文录选粹》，第64页。
柴山全庆（临济宗南禅寺总管）	他对唐代的禅宗，非常倾倒；但很客气地说：自己不懂中国文学。我告诉他：唐代的禅师，都受了唐代诗歌很大的影响；《碧岩录》（按此为宋佛果圜悟撰）即其一例。可以说唐代的文学先影响了唐代的禅宗；以后，禅宗思想又反转来影响了后来的文学。……中国和尚的蔬笋气太多；而日本和尚蔬笋气太少。他们强壮的身体、便捷的动作，简直和他们的佛殿不相称。柴山先生，还保有些蔬笋气，这便是难得的。	《京都的山川人物》，《民主评论》11卷15期，1960年5月28日。收于《徐复观文录选粹》，第65页。
日本东京大学"制度委员会"	日本东大此次文科的改制，可以说是"通才教育"的扩大。通才教育，是第二次世界大战后美国所倡导的新趋势。不过，在通才教育的上面，假定没有研究院的设置，其结果，不过是骗人的洋式村塾而已。今日大学已面临到非改制即无以适应学术发展与社会要求的关头。但是这种改制，既需要知识的努力，更需要负责者为国家下一代设想的诚意。	《今日大学教育问题》，《华侨日报》1962年8月4日。收于《徐复观文录选粹》，第124页。
森户辰男（日本中央教育审议会会长）	在上面森户氏的看法中，可以看出历史与传统在现实中的一部分的意义，这意义即在推动建设，加强科学化、现代化。……我们是保有最伟大、最丰富的历史与传统的民族，但在世界各国的统治阶层与知识分子阶层中，却是保持历史与传统最少的民族。	《面对传统问题的思考》，《华侨日报》1964年6月28日。收于《徐复观文存》，第55—56页。

人名	评论	出处
永田洋子（联合赤军副委员长）	像这样残暴的女人，原来是共立药科大学非常用功而认真的学生，并且是很纯洁的学生。她何以会演变至此？因为她有了革命的主义，有了革命的思想。她相信她的主义、思想，是至高无上的；人的生命，不过是作为达到他们主义、思想的手段。	《在日本暴力主义的背后》，《华侨日报》1972年3月19日。收于《徐复观杂文——看世局》，第64—65页。
川端康成	川端在这种对外的应接繁忙，对写作又要求紧迫的夹缝中，如何对社会有所交代以保持自己的令誉，不是他的纤细的感情所能负担的。"盛名自古为身累"，这可能是使他决心一死的一个重要因素。老子说："身与名孰亲？"至此倒真感到值得提出此一反问了。	《川端康成之死》，《华侨日报》1972年4月21日。收于《徐复观杂文——看世局》，第70页。
三岛由纪夫	三岛们修改宪法的主张即使正当，但不通过明朗练达的言论以求实现，而遽诉之于暴力的手段，这可以动摇民主的根底，所以各个人不论如何优秀，动机不论如何纯洁，这种行为还是不能允许而须判处四年徒刑的。通过这一判例的历程，日本的司法，在精神上还是站在三岛的这一边。但顾虑的周详、用心的精密、安排的技巧，实表现出很高的水准。	《日本三岛由纪夫案件的判决》，《华侨日报》1972年5月12日。收于《徐复观杂文——看世局》，第74—75页。
森恒夫（联合赤军领导人）	森恒夫独处于一间狱室之中，狂热渐消，煽起狂热的观念退潮，代之而起的则是自己的良心。在自己良心照察之下，觉得自己是人，被他下令残杀的也是人。由此而他不能不发生忏悔之念。所以日本检察官发现他与其他同志一同出庭时，"他深刻露出了良心与观念的矛盾"。观念与良心的不同作用，这在文化上的启发性也实在太大了。	《观念、良心——森恒夫的自杀》，《华侨日报》1973年1月20日。收于《徐复观杂文——看世局》，第79—80页。

续表

人名	评论	出处
大佛次郎（日本作家）	但大佛次郎赏的第三基准（作者按：即作为历史与现代文明的批评，有重大意义的作品），只说对历史及现代文明的批评，没有提到对现实的批评。大概因为日本文学家对政治社会的现实批评，早已不成问题，所以提出进一步的要求。同时我觉得没有活在现代生活的历史，对它的批评，不是文学家所应担负的责任。他们在"现代文明"上面，加上"历史"两字，反而使意义有些含混了。	《日本文学一动态》，《华侨日报》1973年10月9日。收于《徐复观杂文——看世局》，第88页。
桑原武夫	日本筑摩书店请吉川幸次郎及小川环树两位对中国文学极有研究的汉学家，主编一部《中国语文选》，共二十四卷。其中第四卷是《论语》，推京都大学名誉教授桑原武夫氏担任。桑原氏以研究西洋文学成名，是受西方文化熏陶而很有成就的学人，不是汉学家，可以称之为"现代知识分子"。他注释的《论语》，在今年四月二十五日出版，颇获一般好评，朝日新闻特有文推荐。……从某一个角度看，也可以批评桑原氏对孔子的体认有所不足。但他从具体生命、生活上去接近孔子，较之从形而上学，从思辩逻辑上去接近孔子，远为正确而亲切。由此而可以"升堂"。若从形而上学入手，则自以为"入室"，但实际连"升堂"也感到困难了。我可以肯定地说，以卑俗和超越两种态度，都不能了解《论语》，不能了解《论语》，便不能了解孔子。	《日本一位现代知识分子对〈论语〉的反省》，《华侨日报》1974年8月27日。收入《徐复观杂文——论中共》，第299、303页。
田中角荣（日本前首相）	日本首相田中角荣因"金脉"问题，终于受不了羞耻之心的压迫，宣布辞职。这等于在"政者正也"，"自天子以至于庶人，壹是皆以修身为本"的圣人训告之前屈膝。田中在宣布辞职以前，特别在佛菩萨面前烧香叩拜。其实，他应驱车到汤岛的圣堂，向孔子神位伏地痛哭，说明自己是如何辜负了圣人的深恩厚泽。	《壹是皆以修身为本！——略评日本田中政权的短命》，《华侨日报》1974年12月3日。收于《徐复观杂文——看世局》，第89—90页。

人名	评论	出处
宫本显治、不破哲三、野板参三等日本共产党员	日共已经把共产主义与一般社会主义划分界线的暴力与专制两大支柱放弃了,则他们应当立足于日本现实要求之上,从马列主义中完全脱皮出来,而不必迂回曲折地,挂上这块招牌。但日共依然认为自己是马列主义的党,这可做两种解释:一是他还在脱皮的过程之中,另一是目前的改变,只是策略而不是本质的改变。	《日共的和平革命路线》,《华侨日报》1976年2月25日。收于《徐复观杂文——看世局》,第97页。
向板逸(社会党顾问)	向板逸凭什么把社会党与列宁主义说为不可分的关系?既与列宁有不可分的关系,当然不会放弃无产阶级……日本社会党左派的大脑,实由教条主义的中毒,以致陷于麻痹状态,只能作书本上的概念的直接反应了。	《日本社会党左派的"大脑麻痹症"》,《华侨日报》1976年6月1日。收于《徐复观杂文——看世局》,第100页
福田起夫(日本首相)	日本福田首相,以迅捷无比的速度,全面接受日本赤卫军劫机者的条件时,西方民主国家一致感到不安与不满。……西德施米特和日本福田所作的对劫机事件的处理,都得到各国上下一致的支持,所以这里所反映的不是执政者个人的个性,而是反映出两个民族的特性。同时,假定把此一事件,不是孤立地去看,则我可以得出这样的结论:日本的民族性是彻底坚持一种态度,以追求自己当下的利益,而不肯对未来、对相关者,担负一点责任的民族性。	《从劫机事件看日本的民族性》,《华侨日报》1977年10月25日。收于《徐复观杂文——看世局》,第114、116页。
池田末利	池田先生是老师(作者按:即徐复观)认为"天资极高,思辨力极强,为日本有数之汉学家,且热情豪迈,不愧为豪杰之士"(一九七〇年十月二十日的信)的一位师长。	王孝廉:《古道照颜色——徐复观师逝世三周年祭》,《中国时报》1985年4月1日、2日。收入《徐复观文存》,第352页。
住友宽一	关于石涛生平的问题……日人住友宽一氏家藏《杂画卷》中所收藏石涛的《瘦石图》,有"甲午秋九月廿又六日清湘人大涤子极"的款志。甲午为康熙五十三年(西纪一七一四)据此,则石涛得年生平应为八十五六岁。但此图未曾过目,不知是否可靠。	《石涛画语录中的"一画"研究》,收入《石涛之一研究》,第13页。

续表

人名	评论	出处
杉村勇造	把"一画"说得太低，我想以日人杉村勇造氏的说法为代表。……杉村氏的意见，是把"一画"认作实际作画时所画出的一条线条。画出的一个线条，石涛为什么认为有那么大的意义呢？杉村便接着写上一些没有理路可寻的神秘句子。……这说明了另一个事实，即是在对"一画"所作的最高与最低的解释之间，不能建立合理的通路。	《石涛画语录中的"一画"研究》，收入《石涛之一研究》，第22—23页。
桥本关雪	桥本关雪因为他在上海清道人家首先看了一通，所以在他所著的《石涛》一书中，便特标明"石涛非剃发僧"。……石涛于明亡后，实系剃发僧，并非假僧之名以自饰，是不容推翻的事实。	《石涛晚年弃僧入道的若干问题》，收入《石涛之一研究》，第82—83页。
永原织治	日人永原织治所藏"石涛致八大山人"书中谓"闻先生年逾七十……济才六十四五"，我谓其与两人实际的年差相合，所以此书札是真的。……石涛在写此信可以推测为六十五岁，八大山人为七十一岁，正是相差六岁。所以我说是两人的年差相合。	《再答李叶霜先生》，收入《石涛之一研究》，第162—163页。
宇野精一	日本宇野精一博士，在昭和二十四年（1949）刊有《中国古典学之展开》一书，对中日有关此书（按：指《周官》）的讨论，作了初步的整理，给我很多方便。	《周官成立之时代及其思想性格》，第187页。
白鸟库吉、饭岛忠夫	关于屈先生（按：屈万里）提出《尧典》中四个中星的考证问题……屈先生说"尤以推算为战国时代之现象的人为多"，这在日本，主张最力的是白鸟库吉、饭岛忠夫这一派，他们认为四个中星的年代为B.C.400。……（以上见白鸟库吉的《中国古代史》《中国古代史的批判》，及饭岛忠夫的《中国古代史与天文学》）	《由尚书甘誓、洪范诸篇的考证看有关治学的方法和态度问题敬答屈万里先生》，收入《中国思想史论集续编》，第126—127页。
梅原末治	再谈到梅原博士那篇文章，主要是讨论在卫辉出土的十二件铜利器，其中两件是"以铁作刃"的。……梅原博士原文中并附有相当精密的照片。	《由尚书甘誓、洪范诸篇的考证看有关治学的方法和态度问题——敬答屈万里先生》，收入《中国思想史论集续编》，第128—129页。

人名	评论	出处
近重真澄、道野鹤松	屈先生提到近重真澄和道野鹤松用化学方法分析古铜器的问题；近重博士的东洋古铜器的化学研究，及道野鹤松的确认古代中国纯铜器时代的存在，及从化学上看古代中国的金属与金属文化等论文，我没有看到，但我看到梅原博士《对于从化学上确认中国纯铜器时代的疑问》一文，这是针对道野鹤松的结论所作的批评。	《由尚书甘誓、洪范诸篇的考证看有关治学的方法和态度问题——敬答屈万里先生》，收入《中国思想史论集续编》，第129页。
大野信三	此文系应东京明治大学教授大野信三先生之约，为《新生亚细亚》月刊所撰，发表于该刊之五月号，正如其编后记所说："有的是使日本人士听了刺耳的，但确实提到使人考虑的要点。"	《向日本人士的诤言》，收入《学术与政治之间》（乙集），第27页。
伊藤仁斋	既以"中庸"名篇，而此处发而皆中节的，何以不称之曰"庸"，而称之曰"和"？于是日儒伊藤仁斋，以此为《乐经》之断简，偶然错入的。但此处分明系就人之自身来说，并非就音乐而言。依我的看法，此段乃紧承慎独的工夫说下来的。	《中国人性论史·先秦篇》，第126页。

附录二 徐复观著作所见日本论著及其评论表

论著	作者	评论	出处
《希腊人的政治与思想》	出隆	我提出反省的口号，意欲使任何办法，先要在提办法人的生命内部生根，再从生命的内部流露出来，发乎其所不容自己，以为救亡图存求得一个切实的起点。（遂译此文）	《希腊人的政治与苏格拉底》，《民主评论》1卷9期，1949年10月16日，收入《论战与译述》，第115页。
《哲学入门》	田边元	他在科学的哲学中，怎样来安顿爱呢？……田边氏便在这种逻辑之下，把力和爱结合起来，以使爱能在代表近代文化的力学中有其根据。至于力何以能意识到容许对方，要爱反抗自己的对方，而不一往冲击下去，则田边氏没有告诉我们。	《复性与复古》，《民主评论》2卷5期，1950年9月1日，收入《徐复观文存》，第128—129页。
日译本《人性之再建》	P.A. Sorokin原著，北聆吉译	吾人对其结论纵不完全赞成，然通过此种大胆而深刻的西方文化的反省，可借以了解今日世界真正病痛之所在。	《索罗金论西方文化的再建》，《民主评论》3卷8、9期，1952年4月1、15日，收入《论战与译述》，第213页。
《学问的方法》（《日本文化问题》之附录）	西田几多郎	我之所以将其译出，因为这里所谈的问题，正是自由中国目前争论的问题。我深望读者一面了解他说话的时代背景，一面将不能十分了解的一小部分暂存而不论，而虚心地研究一个真正有哲学素养的日本学者，是如何来看和我们今日所遇相同的问题。	《学问的方法》，《民主评论》4卷4期，1953年2月16日，收入《论战与译述》，第233页。
《近代我的自觉史》	朝永三十郎	可以说，近代我的自觉的开始，便是找出人与物的不同之处，来重新奠定人的地位和责任，这用中国的旧名词说，即是所谓"人禽之辨"。	《今日中国文化上的危机》，《东风》1959年3月2日，收入《徐复观文存》，第135页。

论著	作者	评论	出处
《希望个性的脊骨》	池岛信平	池岛信平的"希望个性的脊骨"的文章，似乎说得比较深刻一点。……池岛氏接着指出日本战前的文学青年大约有五万人，战后大约有二十万人。各种作品虽多，但除了那些陈腔滥调的恋爱、战争的小说以外，在流行一时的推理小说中，看不出可以唤起"知的共感"的推理小说，也没有能唤起从内心发出哄笑的讽刺小说，并且也找不到温暖而锐敏的真正幽默小说。	《泛论报纸小说》，《华侨日报》1963年4月14日。收入《徐复观文录选粹》，第258页。
《艺术与深层心理》	岛崎敏树	几何的抽象主义，过于枯干了、僵化了，便又有所谓抒情的抽象主义。抒情的抽象主义，我觉得在实质上是向超现实主义的靠拢。	《现代艺术对自然的叛逆》，《华侨日报》1961年11月5日。收入《徐复观文录选粹》，第251页。
《大汉和辞典》	诸桥辙次	"文体"条下，也犯了同样的混乱。他的解释是"（一）文章的体裁"，这句话只是说得不周延，但并不算错，因为文体是把体裁也包括在内的。	《文体观念的复活——再答虞君质教授》，《民主评论》13卷4期，1962年2月16日，收入《论战与译述》，第115页。
《生活意识中的人文主义》	前田阳一（东京大学教授）	"许多国家，他们教育的方法与精神，渐次导入本国的古典教育，这是值得非常注意的。"……最引起我注意的是：古典教育，实际即是人文的陶冶教育。因此，各大学里的文史系，主要应该负起这种责任。我国大学里的文史系，当然主要开的是古典方面的课程。但几十年来的风气，教书的人，一面教古典，一面又认为古典毫无意味。甚至假使有少数好学深思之士，能费力把古典的意味发掘出来，多数人便会视为异端，加以非笑。因此，文史系便完全失掉了目标，不知到底它是为了什么而存在？尤其是中文系。各大学的中文系，都成了文化的垃圾桶。	《欧洲人的人文教养》，《华侨日报》1962年3月10日。收入《徐复观文录选粹》，第95—96页。

续表

论著	作者	评论	出处
《怎样使人快乐》	川口松太郎	他主张新闻小说应找出任何家庭中也会存在的极普遍的现象，掌握住使每一读者都可以引起共感的主题，这才是新闻小说成功的起点，川口氏的文章，对问题也只算有起码的提出。	《泛论报纸小说》，《华侨日报》1963年4月14日。收入《徐复观文录选粹》，第258页。
《新的发现与主张》	石川达三	石川下面的话，更富于启发性。"小说，都是人与人的关系。一个恋爱，由某种看法是平凡的；但换一个角度，却是特殊。……这即所谓roman（长篇小说）。"所谓roman者，我以为指的是从非常中发见普遍的东西，从普遍事物中却发见出特殊性格的这种事。	《泛论报纸小说》，《华侨日报》1963年4月14日。收入《徐复观文录选粹》，第259—260页。
《历史哲学中的传统问题》	务台理作	务台理作氏在其《历史哲学中的传统问题》一文中却说："没有基层文化的民族，也便是没有高层文化的民族。"这又是什么原因呢？因为人类的生活，常常表现为两种互相矛盾的要求，而且又是二者不能缺一的。一方面求前进，一方面又要求安定。一方面要求新鲜，一方面又眷念故旧。一方面要求自由，一方面又要求规律。一方面要求个性解放，一方面又要求社会和谐。所以一个安定而进步的民族，必定要使两个层次的文化，并进不悖。	《传统与文化》，《华侨日报》1962年4月6日。收入《徐复观文录选粹》，第99页。
《民族意识与传统》	青木顺二	青木顺二在他所写的《民族意识与传统》一文中说："传统一定包含民族，民族也一定包含传统。"……所以离开了民族，便无所谓传统；离开了传统，也无所谓民族。民族意识的觉醒，同时必会伴随着某种程度的传统意识的觉醒，这是历史上及当前民族主义运动中，随处可以找到证明的。	《论传统》，《东风》2卷6期（1962年3月）。收入《徐复观文录选粹》，第108页。

论著	作者	评论	出处
《抽象美术的解体》	福田新生	福田氏说抽象与具象，是相对地对立，这是很平实的说法。但我觉得还没有透入到艺术的根源上面。艺术的根源问题，不在于抽象或具象，而在于从艺术家的艺术心灵中所流露出的对于第三者——自然、社会、历史的状态。一个绝对排斥第三者，同时，又要求第三者加以赞颂的由现代艺术家所流露出的心灵状态，是变态而绝望的心灵状态。人类前途，不可能在这种心灵状态之下，开出一条康庄大道。	《艺术的胎动，世界的胎动》，《华侨日报》1964年3月14、15日。收入《徐复观文录选粹》，第267页。
《改变了的莫斯科》	森户辰男（日本中央教育审议会会长）	森氏的看法中，可以看出历史与传统在现实中的一部分的意义，这意义即在推动建设，加强科学化、现代化。……问题得再进一层去思考！在中国，反对传统最力的人，却是一些最不懂西方文化，乃至是一些学术界中的游惰之民。胡适之二十年来未发表的遗著目录，整理出来了，他二十年来，竟仅没有沾过半丝半毫的西方文化，并且没有研究过一个稍有意义的文化问题。	《面对传统问题的思考》，《华侨日报》1964年6月28日。收入《徐复观文存》，第55—56页。
日译本《人文主义的构想》（The Humanist Frame）	Julian Sorell Huxley编著	（日本）他们的译本是用"人文主义的危机"作正标题，用"新人文主义的构想"作副标题，负责翻译的是日本联合国文教组织协会联盟中的"人文主义者组合翻译刊行委员会"分工执笔的……一共有十五人，不仅都是日本第一流的学者，而且其中有不少的人是七十岁上下的高龄。他们能这样重视翻译、积极翻译，才有今日现代化的成果。	《一个自然科学家的悲愿》，《华侨日报》1964年9月8日。收入《徐复观文存》，第59—60页。

续表

论著	作者	评论	出处
昭和三十七年审定的中学国语教科书之"古典篇"及"古文篇"		他们（日本）决不会像我们的教科书一样，选入活人的作品。这是古今中外选文的通例，更不会下流到以选文作为追女人的工具。……日本中学国语课程中既有这种古典教材，则当考试时，若有人以古典为试题，大概在他们的报纸上，不会有人狠毒地骂出题者为精神分裂吧！	《由一个国文试题的争论所引起的文化上的问题》，《征信新闻报》1964年10月5日。收入《徐复观文存》，第63—64页。
《被期待的人间像》的试案	日本中央教育审议会	我的想法，试案最弱的一环是在作为"个人"的第一章。因为六个项目，都是平面拼凑起来的不曾把握到人的本质，不曾把握到所以成为一个人的基本内容。……中国文化中所把握到的个人的特质，或者说"仁且智"（《论语》），或者说"智仁勇"（《中庸》），或者说"仁义礼智"（《孟子》），不仅相互之间，是一脉贯通，而且在实践时，必然要由个人以贯通于家庭、社会、国家、天下。所以在这一试案中，没有弥补住现代化中的"个人的迷失"。但在家庭、社会两章中，却很值得我们重视。	《被期待的人间像的追求》，《华侨日报》1965年3月5日。收入《徐复观文录选粹》，第173—174页。
《美国现代文化与GOGO》	日本舞蹈专家	我很希望这位舞蹈专家的看法是正确的。但现代文化，尤其美国文化，有两点特别值得注意。第一是由机械之力，把每一个人都紧密地糅进于各种集团之中，但每一个人又都要求和他所属的集团乃至整个的社会，完全解脱分离出来。……第二是科学、技术的飞跃发展，使人们的生活方式也改变得非常快。……裸裸舞，快风靡到香港台湾来，而增加两地的西化运动吧！因为这是最便宜的西化运动。	《从裸裸舞看美国文化的问题》，《华侨日报》1965年11月18日。收入《徐复观文存》，第124—125页。

论著	作者	评论	出处
《科学与国民性》	山内恭彦	日本科学家几乎都用西欧文字，特别是用英文，发表自己独特的研究成果。山内氏指出"这种事，从科学发达的历史和现状看，乃不得已之事。然而因此便以为科学教育非英文不可，这并非所以推进科学。苦口的再说一遍吧，科学不是少数热心家之力所能发达的，没有国民全体的兴味、关心，难望有健全的发达"。我想：台湾今日造成少数人表演，多数人摇头，甚至弄到在台湾教科学、研究科学的人也由摇头而愤慨，难道说这批空心大老板要实行科学的"绝育"吗？	《日本科学技术发展的基本条件》《征信新闻报》1966年5月15日。收入《徐复观文存》，第103页。
《越过世代之断绝》	《朝日新闻》社论	日本在战前，规律压倒了自由。在战后，则自由压倒了规律。由上述社论所反映出来的日本今日的要求，是规律与自由能得到调和的中庸之道。这种中庸之道，也可以应用到平等与自由的关系上去，也可以应用到道德与自由的关系上去。	《在历史教训中开辟中庸之道》，《华侨日报》1966年8月25日。收入《徐复观文录选粹》，第201—202页。
《人向何处去》	《朝日新闻》社论	由执笔者的用心之深、着眼之远，引起了我对该社论所提出的问题，不断地作反复地思考。我国过去在广大的社会中，流行着非常通俗的"人传人，代传代"的观念，这种通俗观念，实际为上、中、下三等的人们，解答了"人向何处去"的问题，因而使其不成为问题。	《上下两代之间的问题》，《华侨日报》1970年1月23日。收入《徐复观杂文——忆往事》，第245页。

续表

论著	作者	评论	出处
《朝日新闻》的一封投书	尾坂德司	八月二十三日的东京《朝日新闻》，发表了尾坂德司教授约一封投书……日本的政客、资本家，觉得可以说得出口，是认为中、美、苏在争取他，他便可利用这种"外交神风"向三方面都搞上一把。尾坂教授认为说不出口，这是发自尾坂教授的良心。良心与当前的利害，似乎处于矛盾的状态，但到最后便会统一的。真正的利害，最后的利害，必决定于良心，尾坂教授良心呼唤的声音，在日本显得太微弱了，也和我的声音一样的微弱。这是日本在经济发展的陶醉中所潜伏的真正危机。	《从日本人的良心说起》，《华侨日报》1972年9月2日。收入《徐复观杂文——记所思》，第352—353页。
《中国语文选》第四卷之《论语》	桑原武夫	他注释的《论语》，在今年四月二十五日出版，颇获一般好评，《朝日新闻》特有文推荐。……从某一角度看，也可以批评桑原氏对孔子的体认有所不足。但他从具体生命、生活上去接近孔子，较之从形而上学，从思辩逻辑上去接近孔子，远为正确而亲切。由此而可以"升堂"。若从形而上学入手，则自以为"入室"，但实际连"升堂"也感到困难了。我可以肯定地说，以卑俗和超越两种态度，都不能了解《论语》，不能了解《论语》，便不能了解孔子。	《日本一位现代知识分子对〈论语〉的反省》，《华侨日报》1974年8月27日。收入《徐复观杂文——论中共》，第299、303页。

论著	作者	评论	出处
《论语译著》	木村英一	自发动批孔运动后，就我所入手的，日本在去年出版有关《论语》的书籍有四种。一是岩波书店重新发行的津田左右吉博士的《论语与孔子思想》。二是筑摩书房《中国诗文集》中桑原武夫博士译注的《论语》。三是河出书房新社《世界大思想》中由木村先生指导四位青年学人译的《论语》及《孟子》。四是岩波书店出版的宫崎市定博士的《论语之新研究》。……上述四种互有短长，但他们所下的功力及所达的水平，远超出于近三十多年来我们在这一方面的有关著作之上。……我最推崇木村先生这一册普及版的《论语译注》。	《人类之宝的古典——〈论语〉》，《华侨日报》1975年10月22日。收入《徐复观杂文——论中共》，第314—315页。
《当用汉字表》	国语调查委员会	《当用汉字表》实行了三十一年后，经过调查研究的结果，终于承认了汉字在日本国语中的重大意义，在日本社会生活中的重大意义，否定了走向全部表音的方向。这是汉字所受考验中的胜利。……汉字本身是挟带着丰富的文化而流入日本的。汉字的废除，使由汉字所挟带的文化，也归于模糊，社会生活将陷于枯窘，这是莫大的损失。	《汉字在日本的考验》，《华侨日报》1977年2月10日。收入《徐复观杂文——看世局》，第110—111页。
《越南社会主义之蹉跌》	近藤纮一	近藤的文章，是由长期经历体验所写出的忠实报道，越共的许多情形，近藤氏开始并不相信，或者向好的方向去解释。例如他开始不相信越共会收出国费这种卑鄙无耻的行为，但他的出生于越南的太太，便认为一定是真的，后来由于事实的积累，证明他的太太判断绝对正确。这说明越共的精神状态，与世界绝大多数人精神状态，中间有太大的距离。	《世界开始向河内报复！》，《华侨日报》1979年9月18日。收入《徐复观杂文续集》，第284页。

续表

论著	作者	评论	出处
《中国文学思想史》	青木正儿	有的人尽管写《文心雕龙》的文章，却根本不曾检阅原典……有的人则硬把眼面前的"体"字，换成另外的名词，来一套偷天换日的手段。例如青木正儿氏硬把"体"字换成"品"字。	《文心雕龙的文体论》，收入《中国文学论集》，第12—13页。
《中国诗论》	铃木虎雄	近数十年来，在中日有关中国文学史的著作中，一提到《文心雕龙》时，便说上篇是文体论，下篇是与文体论相对的什么修辞说或创造论等，这不能不算是一个奇怪的现象。例如铃木虎雄氏（即是）。	《文心雕龙的文体论》，收入《中国文学论集》，第5页。
《经济学大纲》	河上肇	河上氏《经济学大纲》规模宏大，组织、论证严密，曾由陈豹隐译成中文，在中国也发生很大的影响。此外他对经济思想史、唯物论与唯物辩证法等，都有光辉的著作。他的《贫乏第二物语》曾给我以在文学作品中不容易得到的感动。他不断地与当时日本的经济学界即思想界展开论战。文字的泼辣犀利，与鲁迅有点相像。但从文字的规模、气势来说，则河上氏的文章是大家，而鲁迅却只能算是名家。这样一来，我由鲁迅迷一变而为河上肇迷了。	《漫谈鲁迅——在香港中文大学新亚书院文学会的讲演稿》，收入《中国文学论集》，第536页。
《秦汉帝国》	西嶋定生	西嶋定生教授所著的《秦汉帝国》页265—271，特别谈到"论争的政治背景"问题。他似乎太偏重在内外朝的斗争的一面，忽视了政策需要修正的一面。西嶋氏是日本治汉代史有成就的学者，故特别值得提出。	《〈盐铁论〉中的政治社会文化的问题》，收入《两汉思想史》（卷三），第210页，注11。

论著	作者	评论	出处
《秦汉思想史》	金谷治	治《淮南子》颇有成绩的日本学者金谷治氏，在其《〈淮南子〉之研究》的第二节中，认为"把'《内篇》新出'，马上与今日的二十篇的成立联结在一起，不太适切。今本应看作一直到淮南王之卒年（前一二一年），逐次书写，最后由《要略》所统一的，要妥当些。"（注六：见日本学术振兴会出版的金谷治著《秦汉思想史》第459页）这样一来，不仅使"献所作《内篇》"的明确语句，失掉了着落。且不了解刘安此书的目的，是为统治天下的"刘氏"而作，故自称"刘氏之书"（《要略》）。	《〈淮南子〉与刘安的时代》，收入《两汉思想史》（卷二），第178—179、287页。
《汉书律历志研究》	能田忠亮、薮内清合著	即如为人所诟病的三统历，经近人研究，认为"以实地观测为基础，详细记述五星现象的历法，始于三统历。中国历不仅止于气朔的推步，实广包日月食、五星等的现象、运行，可以说是具有'天体历'的内容，也是天体历好的开端"。并且由他们观测所得的会合周期的数值，"得到可与今日的精密值作充分比较的结果"，即其一例。	《扬雄研究》，收入《两汉思想史》（卷二），第496页。
《中国官制发达史上的特色》	和田清	通过两千多年的专制，都是循环地破坏宰相在制度上的客观地位，而以皇帝身旁的地位低微的人去执行宰相的实权。执行久了，原来在地位上本是与宰相悬隔的，也慢慢被承认其为宰相，因而取得官制上的若干客观地位。……和田清在《中国官制发达史上的特色》一文中，对于这种情形，有扼要的陈述。	《汉代一人专制政治下的官制演变》，收入《两汉思想史》（卷一），第268—269页。

東亞儒學視域中的徐復觀及其思想

论著	作者	评论	出处
《汉代家族之大小》	牧野巽	在《汉学会杂志》三卷一期刊出《汉代家族之大小》一文后，引起日本学术界对汉代家族形态的研究，盛极一时。他们虽然"家族"连称，但日本一般所说的家族，实际说的只是家而不及族。他们对于汉代的家的形态，有若干争论；这些争论中最重要的，一是由牧野博士所代表的，主张汉代一家的平均人口为五人前后。另一是由宇都宫清吉氏自己第二次修正的，主张家是包含父母妻子兄弟的三族制。……日本学术界有关汉代家庭形态的研究，并不足以发展汉代社会的特色。	《中国姓氏的演变与社会形式的形成》，收入《两汉思想史》（卷一），第324—325页。
《中国哲学史》《史记会注考证》《中国合理思维之成立》	狩野直喜、泷川资言、重泽俊一郎	日人狩野直喜在其《中国哲学史》中及泷川资言在其《史记会注考证·五帝本纪》中，现京都大学中国哲学室教授重泽俊一郎（按：疑系重泽俊郎之笔误）在其《中国合理思维之成立》一文中，对五行观念之演变，均有极好的见解，惟皆语焉不详。	《阴阳五行及其有关文献的研究》，收入《中国思想史论集续编》，第42页。
《王若曰考证》	加藤常贤	甲骨文及周书的"王若曰"，即是"王如此说"，以表明代替开口说话的史官或周公，他说的不是自己的话，而是代表王说的话。……而日人加藤常贤氏的《王若曰考证》（二松学舍大学创立八十周年纪念论集），把它解释成降神的话，恐怕更与原义相远了。	《阴阳五行及其有关文献的研究》，收入《中国思想史论集续编》，第60页，注6。
《中国哲学史》	狩野直喜	六府亦称为五材：按日人狩野直喜博士，发表过好几篇研究五行的专文，其结论具见于其所著的《中国哲学史》第71—73页。……狩野氏认六府、五材、五行为同一事物之说，乃是一种通说。我在中国典籍中，发现不出有人认为六府中的金木水火土，与五材的金木水火土，是两件不同的事物的说法。	《由尚书甘誓、洪范诸篇的考证，看有关治学的方法和态度问题——敬答屈万里先生》，收入《中国思想史论集续编》，第133页。

论著	作者	评论	出处
《王阳明与其时代》	佐藤仁、福田殖	日本九州大学教授佐藤仁、福田殖两先生，约集了二十到二十五位学者，合写一部《王阳明与其时代》，以作为冈田武彦教授的古稀纪念。……二十年前，我在《象山学述》一文中曾谈到王阳明，后来深悔立论的粗率。……今借向冈田先生祝嘏的机会，忙碌中写成此文，以补前过。	《王阳明思想补论》，收入《中国思想史论集续编》，第495页。
《殷代帝国》	贝冢茂树	近来谈殷周文化关系的人，我觉得有两点偏见。第一点，忽略了殷代文化，是经过了长期发展的结果。……第二点，一方面强调中国古代文化与中近东的关系，好像古代的文化交流，比现在还容易。但另一方面却忽视殷代的"帝国的"性质（注二：日本京都大学贝塚茂树教授，近著有《殷代帝国》一书）。	《中国人性论史·先秦篇》，第16、32页。
《中国思想史》	加藤常贤	日本汉学家中，有的以礼的起源，来自原始民族间对于有神秘之力的东西的一种禁忌（Taboo-Mana）（注四：见日本东京大学加藤常贤博士监修的《中国思想史》十二页）。但一切原始民族皆有禁忌，何以其他民族没有由此发展出礼的观念？	《中国人性论史·先秦篇》，第46、61页。
《老子原始》	武内义雄	老子四十二章，"道生一，一生二，二生三"一段……日人武内义雄氏以为《淮南子》所据《老子》原没有"道生一"三字，这完全是不正确的。因为古人引书，并不如今人的谨严，不可以此来推断文献的异同。	《中国人性论史·先秦篇》，第368页。

论著	作者	评论	出处
《老子原始》	武内义雄	凡仅根据援引中，文字的出入、称谓的参差，以断定一书之真伪或时代之先后的（注四：顺此一路数以考证现行《老子》一书成立之年代，而用力甚勤者，有日本武内义雄博士之《老子原始》），皆不足据。	《中国人性论史·先秦篇》，第467、503页。
《老子的新研究》	木村英一	最近大阪大学教授木村英一氏之《老子新研究》，尤为邃密，拙文对先秦资料的搜集，借助于木村氏之大著者不少。然因对先秦时代背景了解不同，因而对材料之批判各异，遂导致完全不同之结论。	《中国人性论史·先秦篇》，第503页，注4。
《禅与日本文化》	铃木大拙	明人董其昌以禅论画，日人受其影响，从而加以张皇（注八：如日人铃木大拙在所著的《禅与日本文化》中，特强调此点，即其一例）。	《中国艺术精神主体之呈现——庄子的再现》，《中国艺术精神》，第48、137页。
《中国绘画史研究》	米泽嘉圃	最早的山水画论，近人常推顾恺之的《画云台山记》。此处的云台山，有人以为指的是在四川省苍溪县东南三十五里，一名天柱山（注六：见日本平凡出版米泽嘉圃著《中国绘画史研究》中的《顾恺之的画云台山记》页四十）。	《魏晋玄学与山水画的兴起》，《中国艺术精神》，第237、249页。
《中国绘画史研究》《中国山水画之起源与其本质》	下店静市	日人下店静市，以中国古代的原始祭祀，作为山水画的起源，即是以山水画为起于对自然的恐怖。甚至到了中世、近世，"山水画也不是描写作为物自体的自然，也不是喜悦山水之美。而是为了古代的仪式，残留着四岳巡狩（《尚书·尧典》）时代祭礼之梦"。因而对于上述大山、主峰的意义，说是"一幅（祭祀）仪式图"。这完全是既无绘画史的常识，又无艺术常识的一种很奇异的说法。	《山水画创作体验的总结——郭熙的林泉高致》，《中国艺术精神》，第337页。

附录三　日本友人致徐复观书信资料表①

人名	通信日期	内容大要
安冈正笃	1953.2.16	今时事日犯，东亚诸国有土崩瓦解之忧……孙子曰"上兵伐谋，其次伐交，其次伐兵"，又曰"兵以诈立，以利动，以分合为变者也"。苏联之政与战都是诈术耳，而更磨练之以近代科学技术，自由主义诸国，若学术不正，人心萎靡，未能定策决机，徒欲缓眼前之决裂，驯致柔世化为巾帼，抑又愚矣。虽然，犹与之豪杰，思一报社稷，毕致身之义者亦不少，天下之事，虽万万不可为，志士仁人，岂有不下手之理，犹豫之士，倘能奋起，则天下之文尚可为，先生天下之士也，不愿复以居功，试之四海风波之中。弟九月末，将趋访于锦地，就近雅教。
木下彪	1958.6.3	弟今草《王国维与颐和园词》一文，不日脱稿付印，即当呈阅。值此风雅沦丧之日，与中华人士订文学之交，此极所愿也。例年授课之初，询诸生所欲学，皆欲由俗文以窥所谓近代文学如鲁迅辈小说者，志在诗文者殆希，时移事殊，无可奈何，不知贵学诸生何如。
安冈正笃	1959.8.19	久违，道标。适长论《文心雕龙》函至，存念之深，甚感。今月尝在唐君毅先生归途之际，过访一夕，置酒畅谈，池田、中山优等关系诸贤亦在座，但恨先生不在而已。迁弟小时读过《文心雕龙》，始识中国文章之妙论。后得铃木虎雄有关《文心雕龙》之记复，玩索旧本为乐，皆战祸遗失，尔来此书亦自去念头矣。适赐寄先生之大，欣幸，明日将赴山黉讲学，必携之，专此布覆。
安冈正笃	1962.10.21	久违，道标。倍切怀思，偶忽从学生至台湾返，即上东京来访，详语闻见，且最喜得先生畅聆雅教，感荷！弟羡先生讲学精到，每喜凡近之见也。学生又说，庄垂胜先生重患，恐不能复起，实不堪叹惜，云山万里，不能躬问，神驰仿佛，冀祷而已。
池田末利	1963.7.12	昨日收到惠赠贵著《中国人性论史·先秦篇》，由衷感谢先生之盛志，之前尝惠赐先生之《中国思想史论集》《阴阳五行观念的演变及若干有关文献的成立时代与解释的问题》《佛家名相通释》等数文，对于我的研究甚有裨益，感谢至极。此次之浩瀚大作，关于礼的发展受五行思想之影响、探究礼的宗教哲学化之过程……（再解）

①本表据东海大学图书馆收藏徐复观信函档案之日文原件译成，通信日期以来信者书写的日期为准。

续表

人名	通信日期	内容大要
木村英一	1963.7.23	屡惠与《民主评论》之好意,感佩至极,最近特惠赠甫完成之大著《中国人性论史·先秦篇》,诚属难能可贵,虽已在《民主评论》拜读过,但此书之系统整然,行论绵密,思想丰富,诚兴味深刻,深感佩服,以此一函聊表深谢之意。
木村英一	1966.6.22	前日惠与《中国艺术精神》《中国文学论集》之大著二册,甚谢此盛意厚礼。先生每篇各章,均出之于周到的考证和熟虑,且两书均各有规模雄大的系统之著述,深为佩服。与前之《中国人性论史·先秦篇》合观,先生意图之全貌,渐具体显现而出,把人类文化的道德、艺术、科学三大支柱之分野,从中国文化特有的构造和性格去深刻究明,先生之作法极为正当。
中山优	1966.7.6	小弟在山上养病中,潜心逐句地拜阅您之《中国之艺术观》,考证之广博、议论之卓确、实为极高价值之作。
木村英一	1968.12.18	拜阅贵著《从学术上抢救下一代》一文,① 对您之炽烈求真的精神,深表敬意。最近小生指导的研究所年轻研究者,出版日语译注《论语》《孟子》《老子》《庄子》等四书,另函寄送。
中岛千秋	1972.9.28	前日拜读高著《周秦汉政治社会结构之研究》,深深敬服先生明快之论断,给予小生在研究上有很大的助益。
金关西三	1973.10.17	请教先生《环绕石涛的伪造伪鉴问题》一文: 1.何以先生以石涛之函,指之为真,又以大涤草堂指之为假。 2.对于米泽教授:"包括所有石涛八大山人画的一切事情,可谓均不可信。"请教先生看法。
木村英一	1973.12.28	感谢先生惠赠《周秦汉政治社会结构之研究》及《与陈梦家、屈万里两先生商讨周公旦曾否践阼称王的问题》两文,推崇先生从中国政治社会的本质之构造,解决周秦汉政治社会问题,是由根柢去探究的集成和理解,受教良多。读先生文章,每深感有耿秋忧世救国之怀,最佩服先生实事求是的论述和能融合不同的意见。

---

① 此文于1968年9月刊于《中华杂志》第6卷第9期,后收入徐复观:《两汉思想史》(卷一),改名为《有关周初的若干史实的问题》。

人名	通信日期	内容大要
木村英一	1975.10.16	反复拜读惠赠《帛书老子所反映的若干问题》一文，因来年亦欲发表有关"帛书老子"之文章，希冀指正，随函敬赠所咏"应徐复观教授述怀"诗三首。
木村英一	1976.11.21	拜读先生于春发表《孔子在中国的命运》《〈盐铁论〉中的政治、社会文化问题》，以及七月大著《两汉思想史》（卷二），佩服先生之勤勉，亦感谢先生给予之启发。讨论数十年来现代世界受机械文明所带来之公害、人口、资源等问题，应重新检讨中国文化、印度文化及产生机械文明的欧洲文化，请教先生如何从中国文化的天下观思考促进全球的天下观。
大野信三（创价大学教授）	1979.12.26	收到大著《两汉思想史》（卷三），精读序文后，深为感动。小生所写的有关中国的经济思想论，不知会有如何的评价，但请承认在日本学界很早即深切地注意"中国经济思想"的事实。先生完成大著三卷（《两汉思想史》），不胜感叹与庆贺，精读后，尚祈就教于先生。
木村英一	1980.1.5	陈耀南先生来访拙宅，承知先生因病动手术，甚为怅然，其实我亦于去年七月突然发病，无法说话，住院约一个月，检查结果才知会产生语言障碍的脑塞栓的一种病状……如是一年又半，今渐恢复，请勿念。先生惠赠《两汉思想史》（卷三）及《周官成立的时代及其思想性格》，据此二书，益知先生向来所发表的学问、目的、方向、方法，尤其对于先生之学问，实未曾有的高明之表现。……相对于宋学，反而失去经学精神而堕入技术的乾嘉以来的汉学，固然不满足；先生对于旧学的科学之批判的意图，以及一时流行的疑古派立场，和早就被超越的所谓"释古派"，尚无法充分满足。对于生在中国文化最真切严重危机的时代，能够透过自身的生活体验，舍身护持中国文化的先生您，甚为敬重。
小室祐子（与上函系同封信）	1980.1.20	和先生会晤时，有种温情如遇父亲之感，以及久不相逢的心情。
小室金之助（创价大学法学部长）	1980.1.30	在香港和先生相遇，于黄山谷和天童寺时，先生给予的种种赐教，鼓励甚多，想起先生如慈父般地与我畅谈，由衷敬谢。
波多野太郎	1980.2.10	昨奉巨著《两汉思想史》乙册，敬领之下，感荷奚如。窃思贵书内容洪渊，理论详密，尤其批判乾嘉考据之弊，前后无比，日后抽闲，敬当捧诵。

续表

人名	通信日期	内容大要
大野信三	1980.4.12	我等两人（和小室金之助）协议在创价大学的经济学部和法学部，拟请先生在本校进行为期一周的访问，向学生演讲以及安排与教员的恳谈会。
木村英一	1981.6.23	此次度美疗养之同时，尝与来美旅行的令嬢会谈。小生亦逐次进行有关中国经学史的研究；最近已完成西汉经学史，又五经博士的成立及其后之学术情形，尚承达见。
大野信三	不详	先前在东京，从来访的唐君毅博士听到先生健康之消息，窃为心喜。关于先生去东海大学之后的情况，虽所知不多，但亦能略推一二，对此深表遗憾。先生之大著《周秦汉政治社会结构之研究》，我于二十八九年前，即在东京中央大学时代担任"东洋经济思想史"的课程时，尝对周汉时的经济思想赋予很大的关心，先生此力作正与我的观点不谋而合。……万一先生势必离开香港的话，请随时告知。
波多野太郎	（年份不详）腊月27日	先生不论在文学、艺术、政治、社会等领域均无所不能，佩服之至。
中山优	（年份不详）11.14	对于先生之卓世文章，由衷敬服。友人小仓音次郎君，谦杰练达之实业家也，将来趁其往南方之便，椽侧就教，仓卒之间，不暇细节。
八木登女	不详	冈田夫人时时来会，相谈甚欢。长男已进中学，正值困惑的年代，时刻挂念他能否在扰嚷甚多的社会中，顺利地渡过重大的人生波浪。

附录四 《中国人性论史·先秦篇》中的方法论立场及其创见[①]

一、引言

台湾商务印书馆将徐复观先生的《中国人性论史·先秦篇》重新排版发行，并希望我为这部书的新版写一篇序文，我深感惶恐。半世纪前向徐先生请示学问的往事浮现心头，历历在目。几十年来，徐先生的诸多著作给我深刻的启示，至今感念在心，我曾撰专书探讨徐先生的思想。[②]我就以这一篇读书报告，权充徐先生书的代序。

二、发展的观点与追体验的方法

《中国人性论史·先秦篇》这部书完成于1962年，徐先生刚到东海大学任教不久，时年58岁。这部书析论古代中国思想家的人性论，全书共十四章及三篇附录，胜义纷披，确属巨构。这部书中的论述展现鲜明的方法论立场，尤其是以下这两点：

第一，徐先生析论古代中国思想中的人性论，特重"发展"的观点。徐先生在本书《再版序》中说：

> 思想史的研究，也可以说是有关的重要抽象名词的研究。但过去研究思想史的人，常常忽略了同一抽象名词的内涵，不仅随时代之演变而演变；即使在同一时代中，也因个人思想的不同而其内涵亦因之不同。本书在方法上，很小心地导入了"发展"的观点，从动进的方面去探索此类抽象名词内涵在历史中演变之迹；及在演变中的相关条件；由此而给与了"史"的明确意义。[③]

这一段话是徐先生毕生从事中国思想史研究的方法论立场。徐

---

①徐复观先生的《中国人性论史·先秦篇》初版由台湾商务印书馆于1969年出版，本文系新版之代序。

②黄俊杰：《东亚儒学视域中的徐复观及其思想》，（台湾）台大出版中心2009年版；此书有法文译本Chun-chieh Huang, translated by Diana Arghirescu & Ting-sheng Lin, *Xu Fuguan et sa pensée dans le contexte du confucianisme de l'Asie de l'Est* (Quebec: Presses de l'Université Laval, 2015)。

③徐复观：《再版序》，《中国人性论史·先秦篇》，第1—2页。

先生认为，思想或概念都处于历史脉络或语境之中，恒处于演变的过程，所以《中国人性论史·先秦篇》第一章就批判清儒及傅斯年将思想史问题等同训诂学或语言学问题的研究方法。徐先生在《中国艺术精神》一书的《自叙》中，有一段夫子自道之言，他说：

> 近年来我所作的这类思想史的工作，所以容易从混乱中脱出，以清理出比较清楚的条理，主要是得力于"动的观点""发展的观点"的应用。以动观点代者静的观点，这是今后治思想史的人所必须努力的方法。[1]

徐先生所强调的"动的观点""发展的观点"，是一种"脉络化"（contextualization）的研究方法，将所研究的思想或概念，都"脉络化"于历史情境之中，也"脉络化"于思想或概念所从出的经典的"全体"与"部分"的诠释的循环之中。徐先生在《中国思想史论集》中又说：

> 我们所请的古人的书，积字成句，应由各字以通一句之义；积句成章，应由各句以通一章之义；积章成书，应由各章以通一书之义。这是由局部以积累到全体的工作。在这步工作中，用得上清人的所谓训诂考据之学。但我们应知道，不通过局部，固然不能了解全体；但这种了解，只是起码的了解。要作进一步的了解，更须反转来，由全体来确定局部的意义；即是由一句而确定一字之义，由一章而确定一句之义，由一书而确定一章之义；由一家的思想而确定一书之义。这是由全体以衡定局部的工作。即是赵歧所谓"深求其意以解其文"（《孟子题辞》）的工作；此系工作的第二步。此便非清人训诂考据之学所能概括得了的工作。[2]

徐先生启示我们：只有掌握了思想与概念在者多层次的脉络中的循环与发展，我们才能进入古代思想家的心魂，才能做到如孟子所

---

①徐复观：《自叙》，《中国艺术精神》，第7页。
②徐复观：《有关思想史的若干问题——请钱宾四先生老子书晚出补证及庄老通辨自序书后》，《中国思想史论集》，第113、116页亦发挥上述看法。

说的"以意逆志"①，才能做到如庄子所说的"得鱼忘筌""得意忘言"。②我过去在《东亚儒学视域中的徐复观及其思想》一书中，所说的徐先生思想史方法论中的"整体论的方法"与"比较的观点"，其实都可以在他自己所说的"发展的"（evolving）方法论立场中获得胜解。

第二，徐先生研究中国思想史特别强调"追体验"的方法，他在这部书《再版序》中说：

> 中国的先哲们，则常把他们体认所到的，当作一种现成事实，用很简单的语句，说了出来；并不曾用心去组成一个理论系统。尤其是许多语句，是应机、随缘说了出来的；于是立体的完整生命体的内在关联，常被敧在各处，以独立姿态出现的语句形式所遮掩。假定我们不把这些散在的语句集合在一起，用比较、分析、"追体验"的方法，以发现其内在关联，并顺此内在关联加以构造；而仅执其中的只鳞片爪来下判断，并以西方的推理格套来作准衡；这便是在立体的完整生命体中，任意截取其中一个横断面，而断定此生命体只是如此，决不是如彼；其为鲁莽、灭裂，更何待论。③

徐先生所强调的这种"追体验"的研究方法，主要是着眼于中国思想的特质，他说：

> 中国的思想家，系出自内外生活的体验，因而具体性多于抽象性。但生活体验经过了反省与提炼而将其说出时，也常会澄汰其冲突矛盾的成分，而显出一种合于逻辑的结构。这也可以说是"事实真理"与"理论真理"的一致点、接合点。④

徐先生不仅在《中国人性论史·先秦篇》中常常"追体验"古人

---

①《孟子·万章上》，见〔宋〕朱熹：《孟子集注》，《四书章句集注》，中华书局1983年版，第306页。
②《庄子·外物》，见〔清〕郭庆藩：《庄子集释》卷九上，王孝鱼点校，中华书局1961年版，第944页。
③徐复观：《再版序》，《中国人性论史·先秦篇》，第3页。
④徐复观：《研究中国思想史的方法与态度问题（代序）》，《中国思想史论集》，第2页。

的心志（例如对周初"忧患意识"的析论），他在所著《中国艺术精神》一书中，对庄子艺术精神世界的探索，更可以被视为"追体验"方法的具体落实。徐先生所谓"追体验"的方法，近似20世纪英国历史哲学家R. G. Collingwood（1889—1943）所谓的"re-enactment"，[①]都强调将古人古事在研究者的心中加以重演，使主客交融，古今如相会于一堂。在这种"追体验"工夫的运用之下，徐先生的思想史研究就不再是冷冰冰的"概念的游戏"，而是有血有泪有生命的思想与人间的现实搏斗的历史。以上这两点，是我们读《中国人性论史·先秦篇》这部书时，可以特别注意的徐先生的方法论立场。

三、"忧患意识"的创新意义

《中国人性论史·先秦篇》这部书虽然只聚焦于古代中国思想中的人性论，但全书各章创见纷披，发人之所未见，其重要的原因在于徐先生治思想史但不废考据工作，这部书附录三篇可以看出徐先生在古典文献所下的工夫之深，使他的思想史研究取得了扎实的基础。

这部书第二章《论周初宗教中人文精神的跃动》，第三章《论春秋时代以"礼"为中心的人文世纪之来临》，第六章《论孟子之以心善言性善》，都是极具创新的见解，也得到后来许多学者的追随与发挥。

为节省篇幅，我想只指出徐先生在这部书中最具卓识的一项创见，就是"忧患意识"的提出。徐先生说：

> 周人革掉了殷人的命（政权），成为新的胜利者；但通过周初文献所看出的，并不像一般民族战胜后的趾高气扬的气象，而是《易传》所说的"忧患"意识。……忧患意识，乃人类精神开始直接对事物发生责任感的表现，也即是精神上开始有了人的自觉的表现。[②]

徐复观先生指出，"忧患意识"是长期的历史过程所形成，并

---

①R. G. Collingwood, *The Idea of History* (Oxford: Clarendon Press, 1946), 228；另参见中译本，R. G. Collingwood著，黄宣范译：《历史的理念》，（台湾）联经出版事业公司1981年版，第232页。
②徐复观：《中国人性论史·先秦篇》，第20—21页。

不是少数政治领袖如周文王或周公凭空创造。徐先生将"忧患意识"置于具体的历史环境中加以理解，将"人"当作活生生参与生产劳动的人，而不是不食人间烟火的高人隐士。徐先生对"忧患意识"的析论，使我想起战后法国存在主义哲学家Jean-Paul Sartre（1905—1980）在1946年所发表的《存在主义是一种人文主义》[①]演讲中，所提出"存在先于本质"的马克思主义式的命题。徐先生在这部书中常常有意无意之间透露他的人性论立场。徐先生的思想史学与儒 学研究，乃至于他以"在悲剧时代所形成的一颗感愤之心"[②]对20世纪现实政治的批判，都与他的人性论立场有不同程度的关系。

总之，徐先生这部《中国人性论史·先秦篇》，既是一部考据与义理融而为一的思想史著作，又是一部寄寓他对中国文化的未来所怀抱希望的作品，正如徐先生在1966年诗云："岂意微阳动寒谷，顿教寸木托岁楼。"[③]这部书在1960年代海峡两岸反中国文化的特定时代氛围中，实有徐先生深刻的用心与祈响！

（徐复观先生的《中国人性论史·先秦篇》初版由台湾商务印书馆于1969年出版，本文系新版之代序）

[①] Jean-Paul Sartre, "Existentialism Is a Humanism," In *Existentialism from Dostoyevsky to Sartre*, Edited by Walter Kaufman (London: Meridian Publishing Company, 1989),17–55.
[②] 徐复观：《文录自序》，徐复观著，萧欣义编：《徐复观文录选粹》，第2页。
[③] 徐复观：《悼念萧一山、彭醇士两先生》，《徐复观杂文——忆往事》，第202页。

附录五　本书日译版序

　　这部书的中文原版在2009年由台湾大学出版中心出版，至今已历九个寒暑，承蒙畏友神户大学绪形康教授费心译为日文，使本书得以与广大日本读友见面，我衷心感激，谨向绪形教授敬致深切的谢意。现在趁着日文版出版的机会，我乐于简单说明徐复观思想在现代东亚视野中的特殊面向，以就教于日本读友。

　　中日两国地理距离不远，1898年康有为就有"海水排山到日本"的诗句，自古以来两国关系至为密切，唐代文化对日本文化影响至为深远。但是，1894年甲午战争大清帝国惨败，日本成为亚洲强权之后，乃成为中国仰视的对象，于是大量中国学生赴日本留学。26岁的青年徐复观在1930年留学日本，入明治大学攻读经济学，开始接触马克思主义政治经济学家河上肇的著作，其后转入日本陆军士官学校步兵科，在1931年因为抗议日本发动九一八事变而返国。徐复观留学日本虽然只有一年，但是，这一年的学习奠定了他阅读日文著作的能力，他自己说直到晚年每年都要购买并阅读大量日译的西方经典著作。我们可以说，徐复观就像他同时代的一些中国知识分子一样地通过日本而了解西方文化。日本留学经验虽短，但在徐复观的生命中，所打上的烙印是如此地深刻。但是，在20世纪中国知识分子之中，徐复观对日本社会与文化的批评，却是如此犀利而独到。他敏锐地指出日本民族性易于趋向极端，表现而为一种悲剧性的性格。徐先生的论断，使我想起日本哲学大家和辻哲郎（1889—1960）在《风土：人间学的考察》一书中所说的"季风型"的风土与性格；也使我想起17世纪中国流亡日本的儒者朱舜水（1600—1682）说日本人的性格"气果而轻生"的判断。徐复观又说，日本政治人物与知识分子多半具有一种他所说的"锯齿型的心理习性"，这种说法虽然不一定获得所有人的同意，但是确实是目光独到，一针见血。

　　我常常想：徐先生并非长期居住日本，为什么他能如此敏锐地指出日本民族与文化的特征？我认为，最主要的原因是徐先生深深地浸润在中国文化的思想氛围之中，他通过中国文化而建构他的"自我"，并经由"自我"的文化之眼，就能够了解作为"他者"的日本社会与文化的特质。第4世纪东晋（317—420）郭璞（景纯，276—324）撰《山海经·序》云："世之所谓异者，未知其所以异。世之所谓不异，未知其所以不异。何者？物不自异，待我而后异。异果在我，非物异也。"郭璞关于"自""他"关系的说法可以在徐复观的日本观之中，获得充分的印证。其次，我想讲讲在20世纪下半叶作为"离散"（diaspora）社群中的一分子的徐复观。1949年国共内战结束，徐复观与当代新儒家学者及知识分子漂泊台湾或香港，成为从故土中连根拔起的难民。徐复观与他同时代的"离散"中国知识分子仰天长叹，埋忧无地，他们"流浪者的灵魂的安息地方"（徐先生语）在哪里呢？

我认为，徐复观和当代中国新儒家一样，都以中国文化作为他们灵魂的安息之地。徐复观虽然因为政治变局而不能再安住于他的地理的故乡，但是，他像太平洋里的鲑鱼，以他的后半生的生命力，奋力游回他原生的山上溪涧。徐复观将他的后半生完全安立在儒学的精神原乡之中。徐复观的儒学研究，不仅是纯学术研究，更是他个人生命意义的安顿场所；他的儒学研究不只是"事实判断"，也是"价值判断"，更在"价值"的脉络之中衡定"事实"的是非对错。徐复观所做的学问，正是他同时代的儒家哲学家牟宗三所说的"生命的学问"。徐复观之所以批判清代考据学，他之所以激烈批判傅斯年与胡适的根本原因正在于此。

19世纪提倡"文明开化"的日本知识分子福泽谕吉曾说，他和他同时代的日本知识分子经历明治维新之后，都具有"一生两身"之特质："汉学的上半身"与"洋学的下半身"。明治时代以降许多日本知识分子，为追求"洋学的下半身"，却常常遗忘了"汉学的上半身"，这种文化的断裂不能不说是一种深沉的遗憾。徐复观与近代日本知识分子不同的是：青壮时代的徐复观虽然通过日本而学习"洋学"（尤其是马克思思想），但是，他却从未忘情于"汉学的上半身"。徐复观生命的抉择启示我们：在21世纪全球化与反全球化激烈震荡的新时代中，"自我"、"他者"、"文化认同"（cultural identity）、"政治认同"（political identity）四大象限激烈互动与拉扯，"自我"的"文化认同"始终是人之所以为人最重要的立足点。也许这正是生于21世纪的我们，必须重访徐复观的思想与精神世界的最重要的原因吧！

黄俊杰

2017 年 10 月 6 日

序于文德书院

参考文献

中日文论著

Collingwood, R. G. 著，黄宣范译：《历史的理念》，（台湾）联经出版事业公司 1981 年版。

Masur, Gerhard 著，袁颂西译：《西方史学家心目中西方文明之特点》，《西洋史译丛》（第四辑），台湾大学历史系 1971 年版。

Ricoeur, Paul：《诠释的冲突》，林宏涛译，（台湾）桂冠图书公司 1995 年版。

土屋喬維：《日本資本主義史上の指導者たち》，岩波書店 1939 年版。

小島祐馬：《中国思想史》，創文社 1968 年版。

山本七平：《近代の創造：渋澤栄一の思想と行動》，PHP 研究所 1987 年版。

山根幸夫：《大正時代におにる日本と中国のあいだ》，研文出版 1998 年版。

中国史学会编：《戊戌变法》，神州国光社 1953 年版。

井上順理：《本邦中世までにおける孟子受容史の研究》，風間書房 1972 年版。

毛子水：《毛子水全集·学术论文》，（台湾）台大中文系汇编 1992 年版。

王晓波：《忆徐复观先生：他行走过厄难困顿的中国》，《大地生活》1982 年第 1 卷 8 期。

法政大学国際日本学研究所編：《中国人の日本研究：相互理解のための思索と実践》，法政大学国際日本学研究セソタ 2009 年版。

王晴佳：《台湾史学五十年（1950—2000）：传承、方法、趋向》，（台湾）麦田出版社 2002 年版。

王学典：《二十世纪后半期中国史学主潮》，山东大学出版社1996年版。

朱　熹：《朱子全书》，朱杰人、严佐之、刘永翔主编，上海古籍出版社2002年版。

朱　熹：《四书章句集注》，中华书局1983年版。

牟宗三：《中国哲学的特质》，台湾学生书局1963年版、1976年版。

牟宗三：《徐复观先生的学术思想》，收入《徐复观学术思想国际研讨会论文集》，（台湾）东海大学1992年版。

牟宗三：《熊十力先生的智慧方法》，收入《师大学术讲演专集》（第二辑），台湾师范大学1986年版。

牟宗三：《心体与性体》，（台湾）正中书局1968年版。

羊忆蓉:《现代化与中国人的价值变迁——教育角度的检视》,收入《中国人的价值观国际研讨会论文集》，（台湾）汉学研究中心1992年版。

成荷生：《三岛由纪夫盖棺论定》，《新闻天地》1971年第1204期。

李明辉：《当代儒家之自我转化》，（台湾）"中研院"中国文哲研究所1994年版。

李明辉：《儒家与康德》，（台湾）联经出版事业公司1990年版。

李弘祺：《宋代教育散论》，（台湾）东升出版事业公司1980年版。

李中兴：《田中因五千万元丢官》，《新闻天地》1975年第1413期。

李国祁：《清末国人对甲午战争及日本的看法》，收入《甲午战争一百周年纪念学术研讨会论文集》，台湾师大历史研究所1994年版。

李维武编：《徐复观与中国文化》，湖北人民出版社1997年版。

李明辉主编：《当代新儒家人物论》，（台湾）文津出版社1994年版。

何炳松：《历史研究法》，商务印书馆1972年版。

何信全：《儒学与现代民主——当代新儒家政治哲学研究》，（台湾）"中研院"中国文哲研究所1996年版。

何应钦：《旅日观感》，《新闻天地》1951第174期。

冈田英弘：《现代中国と日本》，新書館1998年版。

余英时：《〈周礼〉考证和〈周礼〉的现代启示》，《新史学》1980年第1卷3期。

余英时：《中国思想传统的现代诠释》，（台湾）联经出版事业公司 1987 年版。

余英时：《中国文化与现代变迁》，（台湾）三民书局 1992 年版。

余英时：《犹记风吹水上鳞——钱穆与现代中国学术》，（台湾）三民书局 1991 年版。

余英时著，李彤译：《十字路口的中国史学》，（台湾）联经出版事业公司 2008 年版。

余英时等：《中国哲学思想论集·清代篇》，（台湾）牧童出版社 1976 年版。

池田温：《陈寅恪先生与日本》，收入《纪念陈寅恪教授国际学术讨论会文集》，中山大学出版社 1989 年版。

肖　滨：《传统中国与自由理念——徐复观思想研究》，广东人民出版社 1999 年版。

林毓生：《思想与人物》，（台湾）联经出版事业公司 1983 年版。

林毓生：《中国意识的危机——"五四"时期激烈的反传统主义》，穆善培译，贵州人民出版社 1988 年版。

林之助：《鸠山吉田争夺自由党》，《新闻天地》1951 年第 165 期。

沈云龙等访问，林忠胜记录：《齐世英先生访问记录》，（台湾）"中研院"近代史研究所 1990 年版。

汪一驹：《中国知识分子与西方》，梅寅生译，（台湾）久大文化出版社 1991 年版。

阮　元：《揅经室集》，《四部丛刊》本。

和田一郎：《保守派压倒胜利》，《新闻天地》1961 年第 169 期。

胡　适：《中国古代哲学史》，台湾商务印书馆 1966 年版。

胡　适：《胡适文存》，（台湾）远东图书公司 1961 年版。

胡　适：《四十自述》，（台湾）远东图书公司 1967 年版。

罗荣渠主编：《从"西化"到现代化——五四以来有关中国的文化趋向和发展道路论争文选》，北京大学出版社 1990 年版。

胡颂平编著：《胡适之先生年谱长编初稿》，（台湾）联经出版事业公司 1984 年版。

狭间直树编：《一九二〇年代の中国》，汲古书院 1995 年版。

徐复观：《学术与政治之间》（甲集），（台湾）"中央"书局 1957 年版。

徐复观：《学术与政治之间》（乙集），（台湾）"中央"书局 1963 年版。

徐复观：《学术与政治之间》，台湾学生书局 1980 年版。

徐复观：《中国人性论史·先秦篇》，台湾商务印书馆 1969 年版。

徐复观：《中国艺术精神》，（台湾）东海大学 1966 年版。

徐复观：《石涛之一研究》，台湾学生书局 1979 年版。

徐复观著，萧欣义编：《徐复观文录选粹》，台湾学生书局 1980 年版。

徐复观：《徐复观文存》，台湾学生书局 1991 年版。

徐复观：《两汉思想史》（卷一），台湾学生书局 1978 年版。

徐复观：《两汉思想史》（卷二），台湾学生书局 1976 年版。

徐复观：《两汉思想史》（卷三），台湾学生书局 1979 年版。

徐复观：《周官成立之时代及其思想性格》，台湾学生书局 1980 年版。

徐复观：《徐复观杂文——看世局》，（台湾）时报文化出版事业有限公司 1980 年版。

徐复观：《徐复观杂文——记所思》，（台湾）时报文化出版事业有限公司 1980 年版。

徐复观：《徐复观杂文——论中共》，（台湾）时报文化出版事业有限公司 1980 年版。

徐复观：《徐复观杂文——忆往事》，（台湾）时报文化出版事业有限公司 1980 年版。

徐复观：《徐复观杂文续集》，（台湾）时报文化出版事业有限公司 1981 年版。

徐复观：《徐复观最后杂文集》，（台湾）时报文化出版事业有限公司 1984 年版。

徐复观：《中国文学论集》，台湾学生书局 1980 年版。

徐复观：《中国文学论集续篇》，台湾学生书局 1981 年版。

徐复观：《中国思想史论集》，台湾学生书局 1975 年版。

徐复观：《中国思想史论集续编》，（台湾）时报文化出版事业有限公司 1982 年版。

徐复观：《中国经学史的基础》，台湾学生书局 1982 年版。

徐复观：《论战与译述》，（台湾）志文出版社 1982 年版。

徐复观：《无惭尺布裹头归——徐复观最后日记》，（台湾）允晨文化实业股份有限公司 1987 年版。

徐复观著，黎汉基、李明辉编：《徐复观杂文补编》，（台湾）"中研院"中国文哲研究所 2001 年版。

徐复观著，萧欣义编：《儒家政治思想与民主自由人权》，（台湾）八十年代出版社 1979 年版。

广东省社会科学院历史研究室、中国社会科学院近代史研究所中华民国史研究室、中山大学历史系孙中山研究室合编：《孙中山全集》（第 11 卷），中华书局 1986 年版。

唐君毅：《中国哲学原论·原教篇》，新亚研究所 1975 年版。

唐君毅：《中国哲学原论·导论篇》，新亚研究所 1966 年版。

唐君毅：《中国哲学原论·原性篇》，新亚研究所 1968 年版。

唐君毅：《中国哲学原论·原道篇》，新亚研究所 1974 年版。

唐君毅：《中国哲学研究之一新方向》，香港中文大学 1966 年版。

唐君毅：《唐君毅全集》，台湾学生书局 1991 年版。

島田虔次:《新儒家哲學について: 熊十力の哲學》,同朋舍 1987 年版。

殷海光：《殷海光选集》，友联出版社有限公司 1971 年版。

张　灏：《幽暗意识与民主传统》，（台湾）联经出版事业公司 1989 年版。

张君劢：《中国专制君主政制之评议》，（台湾）弘文馆 1986 年版。

许冠三：《新史学九十年：一九〇〇—》（上册），香港中文大学出版社 1987 年版。

许慎撰、段玉裁注：《说文解字注》，《续修四库全书》（经部小学类第 207 册），上海古籍出版社 1995 年版。

梁漱溟讲演：《东西文化及其哲学》，陈政、罗常培编录，商务印书馆 1922 年版。

梁漱溟：《朝话·年谱初稿》，（台湾）龙田出版社 1979 年版。

梁漱溟：《中国民族自救运动之最后觉悟》，台北影印本 1971 年版，未标出版社。

梁启超：《饮冰室文集》，台湾中华书局 1960 年版。

梁启超：《饮冰室合集》，中华书局 1936 年版。

梁启超：《戊戌政变记》，台湾中华书局 1965 年版。

傅斯年：《傅孟真先生集》，台湾大学 1952 年版。

傅斯年：《性命古训辨证》，台湾大学 1951 年版。

程树德：《论语集释》，（台湾）艺文印书馆 1965 年版。

劳思光：《新编中国哲学史》，（台湾）三民书局 1981 年版、1988 年版。

冯友兰：《西洋哲学史》，台北影印本，未标出版时地。

黄俊杰：《孟学思想史论》（卷二），（台湾）"中研院"中国文哲研究所 1997 版。

黄俊杰：《战后台湾的教育与思想》，（台湾）东大图书公司 1992 年版。

黄俊杰：《农复会与台湾经验（1949—1979）》，（台湾）三民书局 1991 年版。

黄俊杰：《战后台湾的转型及其展望》，（台湾）台大出版中心 2006 年版。

黄俊杰：《德川日本〈论语〉诠释史论》，（台湾）台大出版中心 2007 年版。

黄俊杰：《东亚儒学史的新视野》，（台湾）台大出版中心 2015 版。

黄俊杰：《东亚文化交流中的儒家：互动、转化与融合》，（台湾）台大出版中心 2016 版。

黄俊杰：《东亚儒学视域中的徐复观及其思想》，（台湾）台大出版中心 2009 版。

黄俊杰：《思想史视野中的东亚》，（台湾）台大出版中心 2016 版。

黄俊杰：《儒家思想与中国历史思维》，（台湾）台大出版中心 2014 版。

黄俊杰：《东亚儒家仁学史论》，（台湾）台大出版中心 2017 版。

黄福庆：《清末留日学生》，（台湾）"中研院"近代史研究所

1983 年版。

黄志辉：《我国近现代之交的中西文化论战》，广东高等教育出版社 1992 年版。

杨祖汉编：《儒学与当今世界》，（台湾）文津出版社 1994 年版。

杨儒宾：《梁漱溟的"儒家将兴说之检讨"》，《清华学报》1993 年新 23 卷 1 期。此文有日译本，楊儒賓：《梁漱溟の"儒家將興說"を檢討する》，《日本思想史》1993 年第 41 期。

熊十力：《原儒》，（台湾）明儒出版社 1971 年版。

熊十力：《读经示要》，（台湾）广文书局 1970 年版。

熊自健：《徐复观论民主政治》，《鹅湖学志》1993 年第 10 期。

翟志成：《当代新儒学史论》，（台湾）允晨文化出版公司 1993 年版。

廖正宏、黄俊杰：《战后台湾农民价值取向的转变》，（台湾）联经出版事业公司 1992 年版。

溝口雄三：《方法としての中国》，東京大學出版會 1989 年版。

溝口雄三：《中国前近代思想の屈折と展開》，東京大學出版會 1980 年版。

福泽谕吉：《福泽谕吉自传》，马斌译，商务印书馆 1995 年版。

福沢諭吉：《文明論の概略》，岩波書店 1997 年版。中译本，福泽谕吉：《文明论概略》，北京编译社译，商务印书馆 1995 年版。

福泽谕吉：《劝学篇》，群力译，商务印书馆 1996 年版。

景海峰编：《儒家思想与现代化——刘述先新儒学论著辑要》，中国广播电视出版社 1992 年版。

刘述先主编：《当代儒学论集：传统与创新》，（台湾）"中研院"中国文哲研究所 1995 年版。

实藤惠秀：《中国人留学日本史》，谭汝谦、林启彦译，香港中文大学出版社 1982 年版。

扬雄撰，郭璞注，戴震疏证：《輶轩使者绝代语释别国方言》，《丛书集成简编》，台湾商务印书馆 1996 年版。

逯耀东：《史学危机的呼声》，（台湾）联经出版事业公司 1978 年版。

黎汉基、曹永洋编：《徐复观家书集》，（台湾）"中研院"中国文哲研究所 2001 年版。

陈　拱：《关于义理之学（上）——读毛子水先生〈再论考据与义理〉后》，《民主评论》1957 年第 8 卷第 8 期。

钱　穆：《钱宾四先生全集》，（台湾）联经出版事业公司 1998 年版。

陶德民：《ペリーの旗艦に登った松陰の"時間"に迫る——ポゥハタン号の航海日誌に見た下田密航関連記事について》，《東アジア文化交渉研究》（第 2 號），關西大學文化交渉學教育研究據點 2009 年版。

蒋年丰：《牟宗三与海德格的康德研究》，1990 年 12 月"当代新儒学国际研讨会"宣读论文。

赖泽涵、黄俊杰编：《光复后台湾地区发展经验》，（台湾）"中研院"中山人文社会科学研究院 1991 年版。

蒋连华：《学术与政治：徐复观思想研究》，上海三联书店 2006 年版。

戴季陶：《日本论》，（台湾）"中央"文物供应社 1954 年版。

涩泽荣一：《论语与算盘》，洪墩谟译，（台湾）正中书局 1988 年版。

郑家栋：《现代新儒家概论》，广西人民出版社 1990 年版。

萧公权：《宪政与民主》，（台湾）联经出版事业公司 1982 年版。

厳安生：《日本留學精神史》，岩波書店 1991 年版。

余励余：《何应钦受谁欢迎？》，《新闻天地》1951 年第 161 期。

陈昭瑛编：《徐复观的政治思想》，（台湾）台大高研院东亚儒学研究中心 2018 年版。

陈昭瑛编：《徐复观的思想史研究》，（台湾）台大高研院东亚儒学研究中心 2018 年版。

帕米尔书店编辑部编：《中国本位文化讨论集》，（台湾）帕米尔书店 1980 年版（影印自上海文化建设月刊编：《中国本位文化建设讨论集》，文化建设月刊 1935 年版）。

马一浮：《尔雅台答问》，（台湾）广文书局 1979 年版。

郭庆藩：《庄子集释》，王孝鱼点校，中华书局 1961 年版。

欧阳哲生编：《傅斯年全集》，湖南教育出版社 2003 年版。

程颢、程颐：《二程集》，王孝鱼点校，中华书局 1981 年版。

越智重明：《孝思想の展开ヒ始皇帝》，《台大历史学报》1990 年第 15 期。

罗梦册:《中国论》，商务印书馆 1943 年版。

英文论著

Ackerly, Brooke. "Is Liberalism the Only Way toward Democracy? Confucianism and Democracy." *Political Theory* 33, no. 4 (2005): 547−576.

Balázs, Étienne. *Chinese Civilization and Bureaucracy: Variations on a Theme.* Translated by H. M. Wright. Edited by Arthur F. Wright. New Haven: Yale University Press, 1964, 1972.

Berlin, Isaiah. "Two Concepts of Liberty." In *Four Essays on Liberty*. Oxford: Oxford University Press, 1969.

Bresciani, Umberto. *Reinventing Confucianism: The New Confucian Movement.* Taipei: Ricci Institute for Chinese Studies, 2001.

Chan, Joseph. *Confucian Perfectionism: A Political Philosophy for Modern Times.* Princeton: Princeton University Press, 2014.

Chan, Wing-tsit, trans. and ed. *A Source Book in Chinese Philosophy*. Princeton: Princeton University Press, 1963, 1973.

Chen, Albert H. Y. "Is Confucianism Compatible with Liberal Constitutional Democracy?" *Journal of Chinese Philosophy* 34, no. 2 (2007): 196−216.

Cheng, Chun-Ying, and Nicholas Bunnin eds. *Contemporary Chinese Philosophy*. Oxford: Blackwell Publishers, 2002.

Collingwood, R. G. *The Idea of History*. Oxford: Clarendon Press, 1946.

Elstein, David. *Democracy in Contemporary Confucian Philosophy*. London: Routledge, 2015.

Fairbank, John K., ed. *Chinese Thought and Institutions*. Chicago: University of Chicago Press, 1957.

Fröhlich, Thomas. *Tang Junyi: Confucian Philosophy and the Challenge of Modernity*. Leiden: Brill, 2017.

Furth, Charlotte, ed. *The Limits of Change: Essays on Conservative Alternatives in Republican China*. Cambridge: Harvard University Press, 1976.

Geertz, Clifford. *The Interpretation of Cultures*. New York: Basic Books, 1973.

Halbwachs, Maurice. *On Collective Memory*. Edited and Translated by Lewis A. Coser. Chicago: University of Chicago Press, 1992.

Harrell, Stevan, and Chun-chieh Huang, eds. *Cultural Change in Postwar Taiwan*. Boulder: Westview Press, 1994.

Huang, Chun-chieh. "On the Relationship between Interpretations of the Confucian Classics and Political Power in East Asia: An Inquiry Focusing upon the Analects and

Mencius." *The Medieval History Journal* 11, no. 1 (2008): 101–121. Also included in Chun-chieh Huang, *East Asian Confucianisms: Texts in Contexts*. Göttingen and Taipei: V&R Unipress and National Taiwan University Press, 2015.

————. *Taiwan in Transformation: Retrospect and Prospect*. New Brunswick: Transaction Publishers, 2014.

————. *Mencian Hermeneutics: A History of Interpretations in China*. New Brunswick: Transaction Publishers, 2001.

————. *Humanism in East Asian Confucian Contexts*. Bielefeld: transcript Verlag, 2010.

Huang, Chun-chieh, and Erik Zürcher, eds. *Norms and the State in China*. Leiden: E. J. Brill, 1993.

Kwok, D. W. Y. *Scientism in Chinese Thought, 1900—1950*. New Haven: Yale University Press, 1960.

Lee, Ming-huei. *Der Konfuzianismus im modernen China*. Leipzig: Leipziger Universitäts Verlag, 2001.

Lee, Su-san. "Xu Fuguan and New Confucianism in Taiwan: A Cultural History of the Exile Generation." PhD diss., Brown University, 1998.

Lee, Thomas H. C. *Education in Traditional China: A History*. Leiden: E. J. Brill, 2000.

————. *Government Education and Examination in Sung China*. New York: St. Martin's Press; Hong Kong: The Chinese University Press, 1985.

Levenson, Joseph R. *Confucian China and Its Modern Fate*. Berkeley: University of California Press, 1958.

Li, Chenyang. *The Tao Encounters the West*. Albany: State of University of New York Press, 1999.

Lin, Yü-sheng. *The Crisis of Chinese Consciousness: Radical Antitraditionalism in the May Fourth Era*. Madison: University of Wisconsin Press, 1979.

Liu, Honghe. *Confucianism in the Eyes of a Confucian Liberal: Hsu Fu-Kuan's Critical Examination of the Confucian Political Tradition*. New York: Peter Lang Publishing, 2001.

Masur, Gerhard. "Distinctive Traits of Western Civilization: Through the Eyes of Western Historians." *American Historical Review* 67, no. 3 (1962): 591–608.

Moore, G. E. *Ethics: And The Nature of Moral Philosophy*. Edited by William H. Shaw. Oxford: Clarendon Press, 2005.

Ratner, Joseph, ed. *Intelligence in the Modern World: John Dewey's Philosophy*. New York: Random House, 1939.

Rüsen, Jörn, and Henner Laass, eds. *Humanism in Intercultural Perspective: Experiences and Expectations*. Bielefeld: transcript Verlag, 2009.

Sartre, Jean-Paul. "Existentialism Is a Humanism." In *Existentialism from Dosto-*

yevsky to Sartre. Edited by Walter Kaufman. London: Meridian Publishing Company, 1989.

Tan, Sor-Hoon. *Confucian Democracy: A Deweyan Reconstruction*. Albany: State of University of New York Press. 2003.

Tu, Wei-ming. "The Creative Tension Between Jen and Li." *Philosophy East and West* 18, no. 1–2 (1968): 29–39.

Wang, Yi-chu. *Chinese Intellectuals and the West, 1872–1949*. Chapel Hill: University of North Carolina Press, 1966.

Wang, Fan-sen. *Fu Ssu-nien: A Life in Chinese History and Politics*. Cambridge: Cambridge University Press, 2000.

Yang, Chen-te. "Hu Shih, Pragmatism, and the Chinese Tradition." PhD diss., University of Wisconsin, 1993.

Yu, Ying-shih. "The Radicalization of China in the Twentieth Century." *Daedalus, Journal of the American Academy of Arts and Sciences* 122, no. 2 (1993): 125–150.

参考文献

致 谢

————

本书下列各章初稿，曾在下列场合发表，收入本书时曾大幅修订，谨向下列研讨会主办单位或出版单位敬申谢意：

第二章收入黄俊杰：《战后台湾的教育与思想》，（台湾）东大图书公司 1992 年版。

第三章收入刘述先主编：《当代儒学论集：传统与创新》，（台湾）"中研院"中国文哲研究所 1995 年版。

第五章收入李明辉、陈玮芬主编：《现代儒家与东亚文明：地域与发展》，（台湾）"中研院"中国文哲研究所 2002 年版。

第六章收入《第一届全国历史学学术讨论会论文集》，台湾大学历史系 1996 年版。